JN411313

최고의 전쟁 바이블

손자병법 사용 설명서

권해영 저

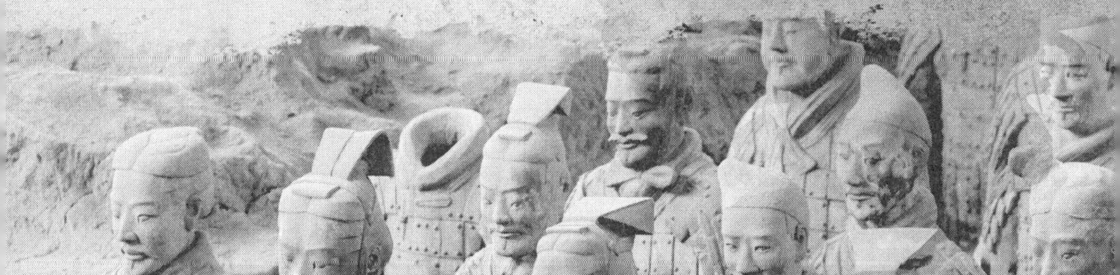

도서출판 진영사

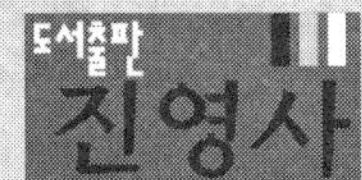

최고의 전쟁 바이블
손자병법 사용 설명서
권해영 저

2023년 07월 26일 초판 인쇄
2023년 07월 31일 초판 발행
발행인 박 진 영
발행처 도서출판 진영사
인천광역시 부평구 주부토로 236 인천테크노밸리 U1 지식산업센터 B동 1507호
전화 : 032)505-4207
팩스 : 032)505-4206
E-mail : 0183734207@hanmail.net
등록 : 제2007-000001호

ISBN 978-89-6541-614-2 93390
값 20,000원

목 차

프롤로그

여러분! 지금까지 살아오면서 손자병법이라는 말은 한 번씩 다 들어보셨죠? 그만큼 유명한 책입니다. 하지만, 손자병법을 얼마나 알고 있나요? 라고 물어보면 상황은 달라지죠. 유명세와는 반대로 제대로 모르고 있는 책 또한 손자병법입니다.

한문으로 되어 있어서 재미없는 과목으로 생각할 수 있겠지만, 저와 함께 공부해 가다 보면 인생살이, 세상살이에 필요한 수많은 지혜가 담겨있음을 알 수 있을 것입니다.

그럼 손자병법의 세계로 한 번 떠나 볼까요?

손자가 살았던 시대

손자로 알려진 손무는 기원전 7~6세기, 중국 역사에서 춘추전국시대로 알려진 기간에 살았던 사람입니다. 춘추전국시대는 중국의 고대 왕조였던 주나라가 쇠퇴하면서 지방 정권이 패권을 다투며 맹주가 되기 위해 서로 전쟁을 벌였던 기간입니다. 말 그대로 약육강식의 시대였죠.

손무가 살던 시대의 강국은 제나라, 오나라, 진나라, 초나라 정도로 볼 수 있는데, 손무는 원래 제나라 사람이었습니다. 하지만 사마천의 사기에 따르면 오나라 왕 합려에게 등용이 되어 궁녀들을 훈련 시켰던 사례가 나오는 걸 보면, 손무는 오나라에서 지금 같으면 국방부 장관의 역할을 하며 오나라가 힘을 키우는 데 큰 공을 세운 것으로 판단할 수 있습니다.

손무가 살던 시기에는 인의예지를 강조했던 공자도 살았습니다. 즉, 당시에는 공자의 사상이 지배적이었다고 볼 수 있는데, 공자와 손무가 만났는지는 확인할 수 없으나, 손자병법의 곳곳에는 공자 사상의 흔적들이 많이 녹아 들어가 있음을 알 수 있습니다.

병법이라고 하면 무조건 힘의 논리를 강조하기 쉬운데, 손무는 막무가내식 힘겨루기 보다는 인명손실과 피해를 줄일 수 있는 방법을 추구할 것을 강조하고 있습니다. 이런 면들이 손자병법이 다른 병법서들과 차별화된 점이고, 나아가 병법서의 최고봉으로 자리매김 할 수 있었던 요인이 아니었을까 생각합니다.

저자 손무는 누구일까요?

손자병법은 정말 유명합니다. 동네 꼬마들도 '지피지기 백전백승'이라는 문구를 떠들고 다닐 정도죠. 반면 손자병법의 저자인 손무에 대해서는 알려진 게 거의 없습니다. 한나라 시대에 사마천이 쓴 '사기'의 '손자 오기 열전'에 간략하게 기록된 것이 전부입니다. 그나마 기록된 내용이 궁녀들을 훈련시킨 내용인데요, 어떤 내용인지 볼까요?

손무가 오왕 합려에게 천거되었을 때, 오왕 합려는 손자병법을 대충 보고는 훌륭한 병법서라는 걸 인정은 했지만, 손무에게 병법가로서의 기질이 있는지는 의심했습니다. 그래서 얄궂은 테스트를 합니다. 오왕이 총애했던 궁녀들을 훈련시켜 최정예 부대로 만들어 보라는 거였죠.

손무는 자신 있게 왕의 명령을 받듭니다. 그런데 할 줄 아는 거라곤 화장하고 몸단장하고 아양 떠는 것밖에 모르는 궁녀들이 말을 잘 들을 리가 없죠? '앞으로 가!'라고 호령해도 낄낄거리기 일쑤였죠. 여러 번 경고를 했음에도 말을 듣지 않습니다.

그러자 손무가 대장격에 해당하는 궁녀의 책임을 물어 목을 벱니다. 그랬더니 놀랍게도 오합지졸 궁녀들이 지휘자가 시키는 대로 척척 해내는 정예부대가 된 것이죠.

안타까운 건, 목을 벤 궁녀는 오왕 합려가 가장 총애했던 궁녀였기에, 아무리 궁녀부대가 정예부대가 되었다고 한들 오왕 합려로서는 기분이 좋을 턱이 없었겠죠?

아무튼 손무는 오왕 합려의 테스트를 통과하고 등용되어 오나라 융성에 큰 기여를 하게 됩니다. 오나라 융성의 바탕에는 손무와 손자병법이 자리하고 있음을 기억해야 되겠죠?

손자병법의 구성

그럼 손자병법은 어떻게 구성되어 있을까요? 손자병법은 총 13편으로 구성되어 있습니다.

전쟁을 시작하기 전에 반드시 고려해야 할 사항을 제시하고 있는 시계편으로부터 시작해서, 전쟁 시 지휘관으로서 고려해야 할 사항들을 큰 범주로 묶어서 총 13편에 걸쳐 설명하고 있습니다.

시계편

손자병법은 시계편으로부터 시작합니다. 시계편의 '시'자에서 알 수 있듯이 '시작'을 의미합니다. 무슨 시작일까요? 네, 전쟁의 시작을 말합니다.

손무는 무인이라고 하기 보다는 병법을 연구한 전략이론가입니다. 무인이었다면 손자병법은 단도직입적으로 전쟁에서 이길 수 있는 방법을 제시했을 테지만, 이론가이자 사상가로서 전쟁을 하기 이전에 반드시 고려해야 할 사항들을 먼저 제시하고 있습니다.

전쟁을 해서 이기면 상관없겠지만, 지게 될 경우 수많은 군인들과 백성들의 희생이 따르고, 심지어 나라가 망하게 될지도 모르기 때문에 전쟁 결심권자들은 신중해야 함을 강조하고 있습니다.

작전편

작전하면 뭔가 웅장하고 거창한 개념을 떠올립니다. 이런 생각으로 손자병법의 작전편을 바라보면 참으로 초라하게 느껴질 수도 있습니다. 왜냐하면 이 작전편에서는 작전, 즉 전쟁을 수행하는데 필요한 예산, 군수 및 보급문제를 중점적으로 다루고 있기 때문이지요.

하지만, 조금만 더 깊이 음미해보면 작전이라는 것의 출발은 '준비'에 있음을 알 수 있습니다. 우선 병력이 있어야 됩니다. 병력이 있으면, 이들이 사용할 무기와 갑옷 등이 있어야죠. 또 말도 필요하고 마차도 필요합니다. 말에게 먹일 마초도 필요하고, 병사들이 먹을 식량도 필요합니다.

국가 차원에서는 인접 국가와 동맹을 맺기 위해서는 돈이 필요합니다. 식량을 실어 나르기 위해서는 동원 및 수송능력이 필요합니다.

간략하게 언급했지만, 이런 것들이 없이는 전쟁을 할 수가 없죠. 그래서 손무는 작전편에서 전쟁을 하기 위해서 필요한 수많은 준비 사항들을 제시합니다. 그리고 강조합니다. 이렇게 준비 소요가 많이 드는 게 전쟁이니까 신중하게 생각하라고 말입니다.

모공편

3편은 모공편입니다. 모공에서의 '모'자는 음모, 모략 등에 쓰이는 글자지요. 쉽게 말하면 꾀라는 말입니다.

통상 군인하면 단순하고 무식하고 용감하기만 하면 된다고 생각합니다. 이것은 잘못된 선입관입니다. 군대 하부조직을 구성하는 병사들은 그래도 됩니다. 하지만 전쟁을 계획하고 지휘하는 장교들이 무식할 경우 전쟁에서 패하고 나라가 망하는 결과를 초래하게 되지요. 그래서 장교들은 똑똑해야 합니다.

전쟁은 몸이나 무력만으로 하는 게 아니라 머리를 써서 하라는 점을 강조합니다. 그래서 상호 간에 피해를 최소화하면서 전쟁의 목적을 달성할 수 있기 때문이지요.

군형편

군형편에서는 전쟁에 임하는 군대의 운용, 즉 피아 전투력 비교에 따라 공격과 방어를 어떻게 활용해야 하는지를 다루면서, 전쟁을 잘하는 사람은 무턱대고 싸움부터 거는 게 아니라 이길 수 있는 만반의 준비를 갖춰놓고 이미 다 이겨놓은 싸움을 이기는 사람임을 강조합니다.

병세편

병세편에서는 다소 심오하고 어려운 주제가 나오는데, 바로 기와 정입니다. 정이라는 것은 바른 것, 즉 정공법을 의미합니다. 기라는 것은 정공법과 다른, 꾀, 계략, 지략 등을 통한 변칙을 말합니다.

전쟁을 시작할 때는 정공법으로 맞붙을지라도, 전쟁이 진행 중일 때에는 상대가 예측하지 못하는 수단과 방법을 동원하여 이길 수 있는 방법을 찾아야 되겠죠. 그것이 기와 정의 활용입니다.

허실편

허실편은 편명에서 알 수 있듯이, '허' 즉 허술한 측면과 '실' 즉 튼실한 측면을 잘 살펴서 활용해야 함을 강조합니다.

내가 공격할 경우, 적의 실한 부분을 공격하면 될까요? 그러면 엄청난 피해가 발생하고 이기기도 힘들 겁니다. 따라서 적의 허점을 노려야겠죠?

반대로 내가 방어를 할 경우, 적이 어디를 노릴지를 잘 판단해서 대비를 해야 합니다. 적이 생각하는 나의 허점이 어디일까? 끊임없이 고민하고 대비해야 합니다.

군쟁편

군쟁편에서는 손자병법의 핵심주제 가운데 하나인 우직지계라는 말이 나옵니다. '돌아가는 것이 바로 가는 것보다 빠르다'라는 걸 의미하는데, 감이 오나요?

명절날이면 고속도로가 꽉 막혀 답답했던 기억이 있습니다. 이때 어떻게 하면 좋을까요? 맞습니다. 국도로 우회하면 비록 멀리 돌아가는 단점은 있지만 시원하게 달릴 수 있고, 오히려 더 빨리 갈 수도 있겠지요.

이것을 우직지계라고 합니다. 전쟁을 할 때도 마찬가지입니다. 직접적인 방법보다는 우회적인 방법을 추구하는 것이 더 나을 수 있다는 점을 강조합니다.

구변편

제8편 구변편으로부터 제11편 구지편까지는 지형을 다룹니다. 지형은 전쟁과 뗄래야 뗄 수 없는 요소 가운데 하나입니다. 다소 어렵고, 지루할 수 있는 부분이지만, 곱씹어보면 중요한 교훈들을 제시하고 있기 때문에 끝까지 집중해서 읽어 주시기 바랍니다.

행군편

행군편에서는 지형별 행군요령이나 적 징후 식별요령, 그리고 전쟁에서의 리더십을 제시합니다. 손자병법이 리더십의 바이블이라고 해도 손색이 없는 이유가 바로 여기에 있습니다.

지형편

지형편에서는 6가지의 지형 형태를 제시하고 각각에 맞는 대처 요령을 알려줍니다. 그리고 전투에서 패배하는 군대의 유형도 6가지를 제시하면서 전장에서 장수가 가져야 할 올바른 태도와 리더십에 대해 얘기합니다.

구지편

여기에서는 9가지의 전장 형태를 언급하면서 각 형태에 맞는 대처요령을 제시합니다. 여기에서도 전장에서의 병력 지휘통솔 요령과 전쟁시 장수의 리더십, 전술 및 전략에 대해 차원이 다른 교훈을 제시합니다. 기대해도 되겠지요?

화공편

화공편은 말 그대로 전쟁에서 쓰는 화력, 즉 무기의 치명적인 측면을 강조합니다. 옛날 전쟁에서 화력은 말 그대로 '불'을 말합니다. 불을 이용해서 태우는 것이죠. 하지만 현대의 화력은 단순한 불의 의미를 넘어, 폭발력, 파괴력, 살상력 등을 의미합니다.

이런 수단들에 의해 수많은 인명이 죽고, 심지어 나라가 망할 수도 있습니다. 한 번 죽은 목숨을 살려낼 수 없지요. 한 번 망한 나라를 다시 되돌릴 수도 없습니다. 이런 비극은 결국 전쟁을 결심하는 순간에 이미 내재 되어 있는 것이지요.

그래서 손무는 다시 한 번 전쟁을 결심할 때 신중하라고 강조합니다.

용간편

손자병법이 남다른 측면 중 하나가 바로 용간편입니다. 용간이란 간첩을 활용해라는 뜻입니다. 수많은 군사서적을 보더라도 '간첩'의 활용은 단지 에피소드로 스쳐 지나갈 뿐, 하나의 주제로 다루어지는 경우는 거의 없지요. 하지만 손무는 간첩의 활용에 하나의 편을 할애하여 다루었습니다. 그만큼 중요하다는 얘기지요.

전쟁에서의 정보는 '눈'에 해당합니다. 정보가 있는 측은 눈을 뜨고 싸우는 격이고, 정보가 없는 측은 눈을 감고 싸우는 격입니다. 누가 이길까요?

하지만 정보획득에 돈을 투자하는 걸 아낍니다. 인색하다는 얘기지요. 그래서는 이길 수 없습니다. 전쟁을 결심했다면 정보획득에 드는 비용을 아끼면 안 됨을 강조합니다.

이렇게 손자병법의 구성과 각 편의 핵심내용들을 살펴보았습니다. 흥미가 당기나요? 어렵나요? 한 편 한 편씩 따라가다 보면 손자병법의 묘미를 느낄 수 있을 겁니다. 그럼 본론으로 넘어가서 시계편부터 시작해 봅시다.

시계(始計)

전쟁의 시작! 알고 덤벼라

손자병법의 시작, 시계편입니다.

'시'자는 시작을 뜻합니다. '계'자는 계획을 말합니다. 즉, 계획의 시작을 뜻합니다. 무슨 계획일까요? 네, 전쟁계획을 말합니다.

사진에서 보듯이, 장군으로 보이는 사람들이 뭔가를 보면서 토의를 하는 것 같죠? 네, 작전계획을 수립하는 것입니다.

전쟁을 시작하기 이전에 이것만은 꼭 짚고 넘어가라는 것인데요, 어떤 내용인지 알아볼까요?

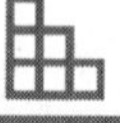
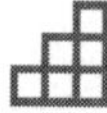

전쟁은 장난이 아니다

孫子曰　　兵者　　國之大事
손자왈　　병자　　국지대사

死生之地　　存亡之道　　不可不察也
사생지지　　존망지도　　불가불찰야

손자병법에서 '병자'라는 단어가 많이 나옵니다. 이는 대체로 전쟁을 뜻합니다. '병자 국지대사'라고 했습니다. 나라의 큰일이라는 얘기지요. 그러면 왜 전쟁이 나라의 큰일일까요? '사생지지'이고 '존망지도'이기 때문입니다. 즉 죽고 사는 것과 생존하거나 망하거나가 결정되는 문제이기 때문이지요. 그래서 살피지 않으면 안 된다고 강조하고 있습니다.

사진에서 보면, 한 남자가 시신을 안고 오열하는 모습이 있습니다. 전쟁 탓이지요. 전쟁을 하기로 결정한 사람들은 죽지 않아요. 그들은 전장에서 멀리 떨어져 있고 안전한 곳에 있기 때문입니다. 반면, 전장에 있는 군인들과 근처의 주민들은 전쟁의 화마에 휩쓸릴 수밖에 없습니다. 다치거나 죽을 수도 있다는 말입니다. 그러면, 전쟁 결정이 잘못된 결정이었다고 뒤늦게 후회한들 죽은 사람을 살릴 수 있을까요? 당연히 없습니다.

오른쪽 사진을 보면 벌거벗은 여자 아이가 뒤쪽의 검은 연기를 피해 도망가는 모습이 있지요. 월남전에서 네이팜탄으로 인해 불이 붙은 옷을 벗어 던지고 도

망가는 장면입니다. 저 어린아이들이 무슨 잘못을 했나요? 왜 저 아이들이 고통받아야 하나요? 모든 것이 위정자들이 전쟁을 결정하는 순간부터 내재된 고통과 희생들입니다. 저 아이는 어른이 되어서도 화상으로 인한 상처를 간직하고 살아가야 했습니다.

이런 점들을 고려한다면, 마치 게임이나 내기를 하듯이 전쟁을 결정하면 안 되겠지요.

전쟁 결심 전 이건 꼭 고려해라

故　經之以五事　校之以計　而索其情
고　경지이오사　교지이계　이색기정

一日道　二日天　三日地　四日將　五日法
일왈도　이왈천　삼왈지　사왈장　오왈법

손무는 전쟁을 결심하려면 5가지 핵심 사항과 7가지 비교 요소들을 고려해야 한다고 말합니다. 이것을 흔히 5사 7계라고 하기도 합니다.

먼저 5사에는 도, 천, 지, 장, 법 다섯 가지가 있다고 했는데요, 각각 무엇을 의미하는지 하나씩 살펴봅시다.

도(道)란? 국가 지도자의 리더십

道者	**令民**	**與上同意**	**可與之死**	**可與之生**
도자	령민	여상동의	가여지사	가여지생

而民不畏危也
이민불외위야

'도'란 리더십을 말합니다.

국민들로 하여금 지도자와 뜻을 같이하도록 만들고, 함께 죽고 함께 살기를 각오하도록 만들기도 하며, 나아가 위험을 두려워하지 않도록 만드는 것! 그것이 바로 리더십이라는 겁니다.

사진은 처칠입니다. 2차 세계대전 시, 독일의 공습으로 두려움에 빠진 영국 국민들에게 '절대 굴복하지 말 것'과 '우리는 승리한다'라는 것을 강조하면서 희망을 안겨준 위대한 리더입니다.

리더십의 진가는 평상시가 아니라 위기시에 발휘됩니다. 평상시에는 누구나 훌륭한 리더가 될 수 있습니다. 하지만 모든 것이 뜻대로 돌아가지 않고, 생명에 위협이 닥쳤을 때 보여지는 리더의 모습이야말로 그 리더의 실체인 셈입니다.

국가적 위기상황에서 국민들이 정부와 함께 한마음 한뜻으로 뭉쳐 위기를 타개해 나갈 수 있다면 그 나라는 국가 리더십이 탁월하다고 볼 수 있겠습니다. 반면, 그런 상황에서 뿔뿔이 흩어지고 모두가 자기 목소리만 내면서 뭉치지 못하는 나라는 국가 리더십이 없다고 볼 수 있습니다.

이 두 경우, 어떤 나라가 전쟁을 하면 이길 수 있을까요? 당연히 전자겠지요. 그래서 손무는 국가 리더십을 최우선적으로 언급한 것이지요.

천(天)이란? 기상, 시간 그리고 행운

天者　　陰陽　　寒署　　時制也
천자　　음양　　한서　　시제야

두 번째로 천을 꼽았습니다. 천은 곧 하늘을 뜻하는데요, 손무에 따르면 음과 양, 춥고 더움, 시간 등을 말합니다.

이런 것들은 무엇을 뜻할까요? 네, 사람의 뜻대로 어떻게 할 수 없는 것들입니다. 우연적인 요소일 수도 있고, 운명적인 요소일 수도 있고, 승자에게는 행운을 패자에게는 불운을 의미하는 요소일 수도 있습니다.

아무리 철저하게 계획하고 준비하고 훈련한들, 하늘이 도와주지 않으면 승리할 수 없음을 말합니다. 이런 요소들 때문에 전쟁이 계산대로 되지 않는 것이지요. 전쟁사는 절대강자가 패배한 사례와 절대약자가 승리한 사례들로 넘쳐납니다.

그렇다면 이런 요소들은 사람이 어떻게 할 수 없으니 그냥 운에 맡겨야만 하는 걸까요? 아니죠. 예측을 하기 위해 노력해야 합니다. 정확한 예측을 위해 노력하고 대비한 편에게 승리가 주어지지 않을까요?

지(地)란? 생사가 결정되는 곳

地者	**遠近**	**險易**	**廣狹**	**死生也**
지자	원근	험이	광협	사생야

세 번째 요소는 땅입니다. 땅이란 먼 곳과 가까운 곳, 험한 곳과 평탄한 곳, 넓은 곳과 협소한 곳, 싸우면 불리한 곳과 유리한 곳 등을 말합니다.

이런 지형적 요소들은 전쟁에 어떤 영향을 미칠까요? 과연 중요하기는 할까요?

통상 여러분들은 군사력이 막강하고 우수하면 쉽게 이길 수 있지 않느냐고 생각할 겁니다. 하지만, 이는 진공상태에서나 가능한 얘기입니다. 전쟁이란 지형이라고 하는 물리적 공간 상에서 일어나는 것입니다. 그러므로 지형의 형태와 특성의 영향을 받을 수밖에 없지요. 나아가 지형의 특성을 잘 활용하는 자에게는 자신의 군사력 외에도 지형 또한 막강한 조력자가 되어 주는 것이지요.

이순신 장군의 명량해전이 대표적인 역사적 사례입니다. 영화 300으로 유명한 테르모필레전투도 지형의 이점을 잘 활용한 경우라 할 수 있습니다. 지형의 이점을 믿었기에 소수 정예로 맞설 수 있었던 것이지요.

그러므로 전쟁을 하려면 전장환경을 잘 살펴야 합니다.

사업을 하더라도 주변환경에 대한 탐색과 이해가 선행되어야 합니다. 돈이 있다고 무턱대고 덤벼들었다가는 낭패 보기 쉽지요. 창업은 쉽지만 성공하는 것이 어려운 이유 중 하나가 바로 환경에 대한 무지 때문입니다.

장(將)이란? 리더다

將者　智　信　仁　勇　嚴也
장자　지　신　인　용　엄야

다음으로 제시한 것은 장수의 자질입니다. 손무가 제시한 장수의 자질에는 지성, 신뢰, 사랑, 용기, 엄함 등이 있습니다.

군인이라고 하면 용맹함을 최고의 미덕으로 꼽습니다. 물론 용맹해야 하지만, 그보다 더 중요한 것이 지성입니다. 장교는 많이 알아야 하고, 아는 것을 바탕으로 응용할 수 있어야 합니다. 장교가 지성이 부족하여 아는 것이 없고 나아가 임기응변을 하지 못하면 수많은 불확실한 상황에 제대로 대처할 수가 없겠지요. 그래서 지성이 가장 중요한 덕목입니다.

두 번째는 신뢰를 제시했습니다. 부하들은 대번에 알아차립니다. 지휘관이 자신의 공을 세우기 위해서 하는지, 국가를 위해서 하는지를 말입니다. 사심으로 지휘하는 상관을 마음으로 따를 부하들은 없습니다. 따라서 부하들이 믿고 따를 수 있도록 하기 위해서는 평소에 신뢰를 쌓아 놓아야 합니다. 그래야 위기 시에도 부하들의 자발적 동참을 이끌어 낼 수가 있겠지요.

다음은 사랑입니다. 군인다운 덕목보다는 지성, 신뢰, 사랑 같은 단어만 계속 나오지요? 군인이 뭐 별건가요? 같은 사람입니다. 단지 무기를 들고 싸우는 일을 할 뿐인 것이죠. 나머지는 평범한 사람들과 다를 바 없지요. 군인이라고 해서 '까라면 까!'라는 식으로 막무가내로 지시하는 상관을 좋아할까요? 아니죠? 그런 상관보다는 부하들을 동생이나 자식처럼 아끼는 상관의 말을 더 따르겠지요. 왜 그럴까요? 죽거나 다쳐도 뒷일을 잘 처리해 줄 거라는 믿음 때문이겠지요.

네 번째 요소가 바로 용맹입니다. 군인은 전쟁을 대비해서 키우는 사람들입니다. 그러니 당연히 용맹해야 합니다. 평화로운 시기에 단순히 직장인으로서의 군인으로 만족하고 살아가는 사람들에게서 전시의 용맹함을 기대할 수 있을까요? 군인에게는 육체적 용기는 물론, 자신의 결정에 대해 책임질 줄 아는 정신적 용기 또한 필요합니다.

마지막으로 엄격함입니다. 장교가 사사로운 감정을 앞세워 누구는 봐주고 누구는 처벌하는 일이 있어서는 조직을 제대로 통제할 수 없겠지요. 공과 사를 엄격히 하고, 잘한 일에는 보상을, 잘못한 일에는 책임을 지도록 하는 엄격함을 반드시 갖춰야 합니다. 그것이 곧 시스템입니다.

법(法)이란? 따랐을 때 마음 편한 것

法者 曲制 官道 主用也
법자 곡제 관도 주용야

5사 중 마지막 요소가 바로 법입니다.

여기서 말하는 법은 '법을 잘 지켜야 한다'고 할 때의 법의 의미보다는 제도 및 시스템이 갖추어져 있다면 이러한 것들을 잘 따르고 준수해야 함을 의미합니다. 곡제는 직급을, 관도는 관청에서 시행하는 규칙을 말합니다. 주용은 보급품을 지급하는 체계를 뜻합니다. 한 마디로 구성원들이 반드시 따라야 할 규칙이나 규정을 말합니다.

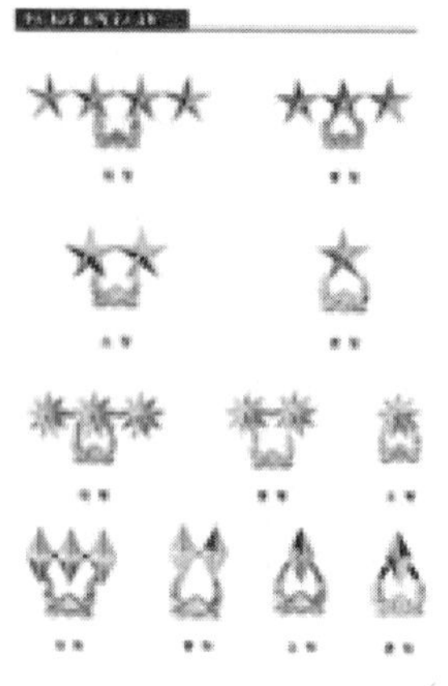

군대는 거대한 조직입니다. 아울러 인력, 물자, 시설 등의 요소들이 어우러져 임무를 수행하는 만큼 복잡합니다. 그래서 부대를 알맞게 편성하고, 부대를 지휘할 사람들을 임명하며, 그들에게 지휘권을 부여하고 책임을 지도록 합니다. 전투물자가 말단 병사에게까지 보급되도록 보급체계를 갖춥니다.

이렇듯 시스템이 갖추어져야만 거대한 조직을 일사분란하게 움직일 수 있겠지요. 눈에 보이는 대로, 손에 잡히는 대로 주먹구구식으로 일처리를 할 경우 수많은 혼란과 문제들이 생기게 될 게 뻔합니다.

그래서 손무는 시스템을 갖추는 것과 그 시스템을 준수하고 따르는 것이 중요함을 강조하고 있는 것입니다.

앎의 5가지를 알아야 이긴다

凡此五者 **將莫不聞**
범차오자 장막불문

知之者 **勝** **不知者** **不勝**
지지자 승 부지자 불승

전쟁을 아는 장교라면 5가지 사항을 분명히 들어 봤을 것이고, 이를 알면 이기고 모르면 이길 수 없음을 강조하고 있습니다.

프란시스 베이컨의 말처럼 '아는 것이 힘이다'라는 것이지요.

'면장도 알아야 한다'는 말이 있듯이, '아는 것'이 전쟁의 시작입니다.

7가지 비교요소로 승패를 판단해라

故	校之以計	而索其情
고	교지이계	이색기정

5사에 이어 7계, 즉 7가지 비교 요소들을 설명하려고 하네요.

저울 그림처럼 7가지 요소를 가지고 비교했을 때, 아군이 유리한지 적군이 유리한지를 면밀히 비교 분석할 것을 주문하고 있습니다.

7가지 비교요소(7計) 첫 번째는 '왕'

主孰有道
주숙유도

첫 번째는 왕입니다. 전쟁 당사국의 왕 또는 정부 가운데 누가 더 리더십이 있느냐는 겁니다. 국가 리더십에 따라 온 국민이 하나가 되느냐, 뿔뿔이 흩어지느냐가 좌우되는 만큼 가장 중요한 요소지요.

사진은 세종대왕입니다. 세종대왕은 한글 창제뿐만 아니라 조선의 국경을 확정 짓기도 하는 등 국방 현안에 대해서도 관심을 기울이고 능력을 발휘했습니다. 이런 왕이 통치했을 때는 나라 안팎으로 힘을 발휘할 수 있었습니다. 반면 선조나 고종의 경우를 보면 정반대지요. 이들의 통치기는 국가 수난기입니다.

무슨 차이일까요? 백성들이 무능력했기 때문일까요? 갑자기 백성들의 특성이 바뀌었기 때문일까요? 아닙니다. 리더 한 사람의 차이입니다.

한 번 생각해 봅시다. 한 마리의 사자가 이끄는 양 떼와 한 마리의 양이 이끄는 사자 떼 중 어느 팀이 더 강할까요? 비유를 든 것인데요, 한 마리의 사자가 이끄는 양 떼가 이깁니다. 왜냐구요? 리더가 사자이면 아무리 양 떼 같은 부하들도 리더를 닮아가게 마련입니다. 반면 리더가 양이면 아무리 사자 떼라도 양의 속성을 닮아갈 수밖에 없습니다.

한 사람이 무엇을 할 수 있느냐고요? 한 사람이 차이를 만들고, 그 차이가 세상을 바꿉니다.

7가지 비교요소(7計) 두 번째는 '장수'

將孰有能
장숙유능

두 번째 비교요소는 두 나라의 장교들입니다. 두 나라의 장교들 중 누가 더 유능하냐는 거지요. 전쟁을 결심하는 것은 문민 관료일지라도 전쟁을 계획하고 수행하는 주체는 장교들입니다.

그러므로 장교들이 유능하면 당연히 승산이 높을 수밖에 없습니다. 반대로 장교들이 무능하면 승산은 낮을 수밖에 없고, 나아가 나라가 망하는 결과를 초래합니다. 문민 관료들이 무능하다고 해서 나라가 망하지는 않지요. 국민들이 힘들어질 뿐입니다. 하지만, 장교들이 무능하면 나라가 망할 수도 있습니다.

아직도 군인은 단순하고 무식하고 용감하기만 하면 된다고 생각하나요?

7가지 비교요소(7計) 세 번째는 '하늘과 땅'

天地孰得
천지숙득

세 번째는 하늘과 땅입니다. 앞서 5사에 나온 바로 그 하늘과 땅입니다. 하늘과 땅이 누구에게 더 유리하냐는 겁니다.

하늘은 내가 어떻게 할 수 없는 '운'의 요소라고 했지요. 그래서 예측에 주의를 기울여야 합니다.

땅은 잘만 파악하면 제2의 조력자라고 했습니다. 그래서 지형을 잘 파악하라고 했습니다.

이 두 가지 요소를 비교했을 때 승산이 있는 쪽이 당연히 유리하겠지요.

7가지 비교요소(7計) 네 번째는 '법 집행'

法令孰行
법령숙행

네 번째는 두 나라 중에서 어느 나라가 법 집행이 잘 되느냐 입니다. 이건 무엇을 의미할까요? 그냥 법을 잘 지키기만 하면 된다는 의미일까요? 당연히 그것도 의미하지만, 그 이상을 의미하기도 합니다.

상위계층의 부정부패나 탈세 등이 만연한 가운데 하위계층에게는 엄격한 법 준수를 강요하는 국가가 과연 전쟁을 할 수 있을까요? 하나로 단결할 수 있을까요? 아마 국민적 분노와 불만으로 인해 단결은 고사하고 분열과 이탈만 가중될 겁니다.

바로 이런 측면에서의 법 집행을 말합니다. 법 집행에는 일체의 예외가 없어야만 상하 간의 신뢰가 쌓일 수 있는 법이지요. 그렇게 쌓은 신뢰는 유사시에 국가의 저력으로 나타나게 됩니다.

7가지 비교요소(7計) 다섯 번째는 '군대'

兵衆孰强
병중숙강

다섯 번째는 두 나라의 군대 중 어느 쪽이 더 강하냐는 겁니다. 전쟁을 앞두고 승산을 비교할 때, 군대의 강약은 당연한 비교 요소입니다.

그런데, 전쟁을 앞두고 단순한 전력만을 비교했을 때에도 승산이 없다면 절대 전쟁을 해서는 안 되겠지요. 군대가 열세하고 준비가 부족함에도 정세에 떠밀려 전쟁을 일으키거나 행운을 바라고 전쟁을 일으킬 경우에는 어떤 결과가 초래될까요? 네, 그것이 바로 비극의 시작이 되는 겁니다.

7가지 비교요소(7計) 여섯 번째는 '병사들'

士卒孰練
사졸숙련

여섯 번째는 전쟁 당사국 군대의 병사들 중 어느 쪽이 더 훈련이 잘 되었느냐입니다. 어느 쪽이 정예 병사들이고 어느 쪽이 당나라 병사들이냐는 거지요.

장교들도 유능해야 하지만, 장교들의 계획과 지시를 이행하는 것은 병사들입니다. 그 병사들이 훈련되어 있지 않다면 아무리 장교들이 우수한들 전쟁에서 이길 수 없습니다.

그런데 말입니다. 장교들이 유능하면 병사들도 우수합니다. 반대로 장교들이 무능하면 병사들도 무능합니다.

왜 그럴까요? 우수한 장교들이 자신의 부하들을 무능한 채로 방치하지 않기 때문이지요. 반대로 무능한 장교들은 자신의 부하들이 유능한지 무능한지에 관심이 없습니다. 그래서 '용장 밑에 약졸 없다'라고 하는 겁니다.

7가지 비교요소(7計) 일곱 번째는 '상벌의 엄격함'

賞罰孰明
상벌숙명

마지막 7번째 비교 요소는 상과 벌입니다. 어느 쪽의 군대가 더 상벌의 시행이 엄격하게 집행되느냐 입니다. 상벌의 집행이 엄격한 군대는 군기가 확립되어 있겠지요? 반대로 상벌의 집행이 느슨한 군대는 어떨까요? 병사들이나 간부들이 편하기야 하겠죠. 하지만 위기 상황에서 그런 간부들과 병사들을 써먹을 수 있을까요?

요즘에는 윗사람들이 아랫사람들의 눈치를 많이 봅니다. 상에는 후하지만 벌에는 인색하지요. 아니 벌주는 것을 두려워합니다. 아랫사람들의 불평이나 불만이 겁나는 거지요.

그렇다면 과연 아랫사람들은 벌을 주지 않는 것만으로 윗사람을 좋아할까요? 아닙니다. 착각입니다. 아랫사람들도 천차만별이지요. 잘하는 사람과 못하는 사람, 열심히 하는 사람과 안 하는 사람. 잘하는 사람과 열심히 하는 사람의 입장에서는 못하거나 안 하는 사람들과 동등하게 대우 받는 걸 어떻게 생각할까요? 좋게 생각할까요? 리더가 이들을 공평하게 대우한다면 잘하거나 열심히 하는 사람들이 더 이상 잘하거나 열심히 할 생각을 하지 않을 거라는 생각이 안 드나요? 그렇게 되면 그 부대는 어떻게 될까요? 써먹지 못하는 부대가 되고 말겁니다.

그러므로 상벌의 엄격한 시행은 강한 조직의 전제조건 중 하나인 것입니다.

7가지 비교요소(7計)로 승부를 판단한다

吾	以此	知勝負矣
오	이차	지승부의

손무는 7가지 비교 요소를 가지고 승부를 알 수 있다고 말합니다. 여러분들은 어떻게 생각하세요? 7가지 비교 요소들을 가지고 승부를 판단할 수 있다고 보나요?

전쟁은 해보지 않고는 알 수 없습니다. 우연이 개입하기 때문이지요. 하지만 승산이 있는 쪽이 이길 확률이 높은 것은 당연합니다.

여러분이 속한 조직은 어떻습니까? 앞서 알아본 5사와 7계를 가지고 비교 분석해보는 것도 재밌을 것 같네요.

내 계책을 쓰면 이기고 안 쓰면 진다

將聽吾計　用之　必勝　留之
장청오계　용지　필승　류지

將不聽吾計　用之　必敗　去之
장불청오계　용지　필패　거지

손무는 자신의 말을 새겨듣고 활용하면 반드시 이길 수 있다고 말합니다. 반대로 자신의 말을 새겨듣지 않으면 반드시 패한다고 강조합니다.

손무가 이렇게 강조하는 데에는 역사적 사례는 물론 본인의 수많은 경험을 통해서 입증을 했기 때문일 겁니다.

그러므로, 우리도 전쟁을 하거나 경쟁을 하거나 할 때, 손무의 5사 7계를 가지고 비교 분석해보는 습관을 키워보는 건 어떨까요?

세(勢)란? 쇠뿔도 단김에 빼는 것

計利以聽　　**乃爲之勢**　　**以佐其外**
계리이청　　내위지세　　이좌기외

勢者　　**因利而制權也**
세자　　인리이제권야

시계편 문구 중에서 어쩌면 가장 어려운 문구가 아닐까 싶습니다.

5사 7계에 대해서 쭉 얘기한 뒤에 어려운 말을 써놓았는데, 무슨 뜻인지 살펴볼까요?

계리이청: (손무가 앞서 언급했던 내용들이) 이롭다고 판단되면 들어서

내위지세: 이에 세를 형성하여

이좌기외: 그 밖의 것들을 도와야 한다

정리하면, 5사 7계에 관한 조언이 이롭다고 판단되면 받아들여서 일을 성사시킬 수 있도록 세(붐)를 조성하고, 그 기세를 몰아서 나머지 것들(나머지 전쟁준비)도 순조롭게 진행될 수 있도록 해야 한다는 의미입니다. 이해가 되나요?

여기에서 '세'가 무엇을 의미하는지를 언급하는데요, 세자 인리이제권, 즉 세라는 것은 '상황이 유리함을 이용하여 주도권을 잡는 것'이라는 겁니다. 이 말도 다소 어려운데요, 쉽게 말하면 '쇠뿔도 단김에 빼라'는 것이죠. 이왕 벌겋게 달아올랐을 때 빼면 쉽게 빠집니다. 일이 수월할 수 있겠지요.

뭔가 일을 추진할 때, 모든 상황들이 나에게 유리하게 돌아갈 때가 있습니다. 그럴 때에 평소에는 하기 어려웠던 일들을 끼워서 추진하면 그 일을 단독으로 추진할 때보다 훨씬 쉽게 해결할 수가 있지요. 바로 그런 의미입니다.

지금은 이해가 되지 않더라도 여러 번 음미하다 보면 이해가 되리라 믿습니다.

전쟁이란 적을 속이는 것이다

兵者　　詭道也
병자　　궤도야

이제까지는 전쟁을 시작하기 이전에 승산을 알아보기 위해서 반드시 살펴봐야 할 5사7계에 대해 언급했습니다.

그런데 여기에서부터 갑자기 장르가 바뀝니다. 약간 뜬금없다는 느낌도 드는데 어떤 내용인지 볼까요?

손자병법에서 빼놓을 수 없는 구절 중의 하나입니다. 병자 궤도야! '전쟁은 곧 속임수다'라는 말입니다. 전쟁을 할 건지 말건지를 판단하는 단계에서 갑자기 '전쟁은 속임수'라고 합니다. 전후 맥락을 살펴보면 흐름이 끊기는 모습입니다.

하지만 잘 생각해 보면 '전쟁은 속임수'임을 강조하면서 향후 전쟁을 계획할 때, 정공법으로 붙어서 싸우는 방법보다는, 지략과 꾀를 써서 이길 수 있는 방법을 강구해 보라는 취지의 의미로 받아들일 수 있습니다. 정공법으로 붙으면 이쪽이든 저쪽이든 피해가 막심할 수밖에 없겠지요. 하지만 치밀한 계산에 바탕을 둔 지략을 활용한다면 적은 힘으로도 큰 효과를 거둘 수가 있습니다.

사진은 2차 세계대전 시 연합군이 모형 탱크로 적의 항공기 관측을 속이려는 시도로 행했던 대규모 속임수의 일종입니다.

그러면, 구체적으로 어떻게 적을 속여야 하는 건지 살펴볼까요?

궤도(詭道) 1 무능하게 보여라

能　而　示之不能
능　이　시지불능

능력이 있으면서도 능력이 없는 것처럼 보여라! 내가 무능해 보이면 적은 얕잡아 보고 경거망동하거나 오판을 할 가능성이 높아집니다.

그 순간에 진짜 실력을 발휘하면 쉽게 이길 수 있겠죠?

사진은 세도가들의 살해위협에서 살아남기 위해 일부러 무능한 척했던 흥선대원군의 모습입니다. 아마도 흥선대원군은 손자병법의 달인이 아니었을까요?

궤도(詭道) 2 안 쓸 것처럼 보여라

用　而　示之不用
용　이　시지불용

쓸 수 있지만, 쓰지 않을 것처럼 보여라!

전략이든, 치명적인 무기든, 적이 두려워하는 것을 '나는 전혀 쓸 생각이 없다'고 강조하고 선전해서 그것이 마치 기정사실인 듯 적이 받아들이게 만들라는 것입니다.

2차 세계대전이 일어나기 전에 독일의 히틀러는 유럽 각국과 평화조약을 체결했지요. 독일은 유럽의 평화를 위해 노력하겠다는 뜻을 전했고, 영국을 포함한 유럽 각국도 이를 반겼습니다. 하지만 히틀러의 제스쳐는 위장임이 밝혀졌지요. 유럽 전체가 방심한 틈을 타서 전격적으로 제2차 세계대전을 일으킨 것이지요.

물론 히틀러는 전범이지요. 쉽게 말하면 나쁜 놈입니다. 하지만 전쟁을 하는 입장에서 보면 상당한 전략가임을 부인할 수는 없겠지요?

궤도(詭道) 3 거리를 속여라

近	**而**	**示之遠**	**遠**	**而**	**示之近**
근	이	시지원	원	이	시지근

가까이 있으면서도 마치 멀리 있는 것처럼 하고,
멀리 있으면서도 마치 가까이 있는 것처럼 보여라!

적과 가까이 있으면서도 적으로 하여금 내가 멀리 있다고 믿게 만들면 어떤 효과가 생길까요? 아마도 방심하게 될 겁니다.

반대로 적과 멀리 있으면서도 마치 가까이 있는 것처럼 믿게 만들면 어떤 효과가 있을까요? 아마 방책을 수립하고 대비하느라 분주하고 바쁘게 되지 않을까요?

적이 방심할 때 공격하면 쉽게 이길 수 있습니다. 적이 대책을 마련하느라 분주하고 혼란스러울 때를 노려서 공격하면 이 또한 쉽게 이길 수 있습니다.

이를 위해서는 적에게 허위정보를 믿도록 만드는 것이 중요하겠지요?

궤도(詭道) 4 미끼로 유인하라

利　　而誘之
이　　이유지

이득이 있음을 보여줘서 적을 유인해라!

전쟁이란 내가 원하는 장소와 시간에서 싸워야 승산이 있습니다. 쉽게 말하면 홈 그라운드의 이점이지요.

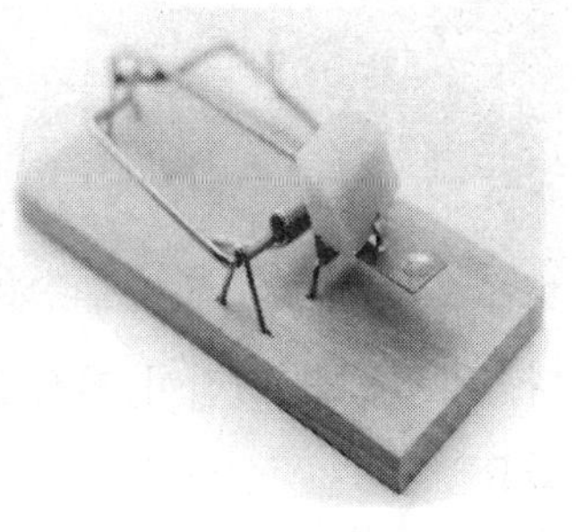

적을 내 홈 그라운드로 끌어들이려면 어떻게 해야 할까요? 맨입에 가능할까요? 거기에 걸려드는 바보는 아마도 없을 겁니다. 적에게 뭔가 미끼를 줘야지요. 그러기 위해서는 적이 원하는 바를 제시해야 합니다. 또는 일부러 아군의 허점을 노출시키는 방법을 쓸 수도 있습니다.

어떤 방법을 쓰던지 간에, 적군을 내가 원하는 장소로 끌어들일 수 있다면, 그 다음부터는 계획대로 적을 요리하면 됩니다.

이때 가장 중요한 것은 적이 미끼를 의심하지 않도록 만드는 것이겠지요?

궤도(詭道) 5 혼란하게 만들어라

亂　　而取之
난　　이취지

적이 혼란함을 틈타 공격해서 쟁취해라!

당연한 말이죠. 적이 안정되어 있을 때 공격하는 것은 자살행위나 다름없습니다. 아군이든 적군이든 상대방의 허점을 찾는 것이 가장 중요한 과업입니다. 그런데 그 허점이 저절로 생겼다면 재빨리 그 틈을 노려 공격해야 하지 않을까요?

하지만, 적이 의도적으로 만든 혼란이라면 그것은 기회가 아닌 함정이 되겠지요. 짧은 순간에 정확히 판단해야 합니다. 이럴 때가 바로 이론보다는 경험에서 나오는 직관의 힘이 중요해지는 때라고 할 수 있습니다.

궤도(詭道) 6 적이 강하면 대비해라

實　　而備之
실　　이비지

적이 튼실하면 그에 대비해라!

당연한 말이지요. 적의 준비상태가 착실한 반면에 내가 준비가 되어 있지 않다면 이는 싸워보나 마나겠지요.

'준비'라는 단어는 정말 중요합니다. 준비된 사람은 마음의 안정을 취할 수가 있습니다. 이순신 장군은 바다에 떠내려 오는 나무 파편들을 보고 일본의 침략을 예견했고 미리 대비했습니다.

반면, 사소하게 생각해서 준비를 게을리한 사람은 막상 실전에서 당황하게 되고 허둥지둥하게 되어 일을 그르치는 경우가 허다합니다.

궤도(詭道) 7 적이 강하면 피해라

强　　而避之
강　　이피지

적이 강하면 일단 피해라!

강한 적과 그대로 맞붙어 싸우면 어떻게 될까요? 당연히 막대한 피해를 입고 전쟁의 목적은 달성하지 못하는 최악의 사태를 맞게 될 겁니다. 5사 7계로 적과 나를 비교해 봤을 때, 적이 나보다 강하다고 판단되면 전쟁 자체를 회피해야 하겠지요.

만약 전쟁을 개시한 상황이라면, 적의 강한 공격이 헛스윙이 될 수 있도록 지략을 구사해야 합니다.

적의 예봉을 성공적으로 피하게 되면, 적군의 예봉은 꺾이고 병사들의 심리는 위축될 수밖에 없습니다. 이때가 반격을 가할 수 있는 절호의 기회입니다.

궤도(詭道) 8 화나게 만들어라

怒　　而撓之
노　　이요지

적이 분노에 차 있으면, 또는 적이 쉽게 분노하는 성향이 있다면 더 부추겨라!

요즘 분노조절 장애라는 말이 유행합니다. 분노 조절이 이성적으로 안 된다는 얘깁니다. 사람이 분노에 차면 이성적 판단이 마비되고 행동을 그르치게 됩니다. 그 대표적인 사례가 보복 운전입니다. 한순간의 실수로 범법자가 되는 겁니다.

전쟁에서도 마찬가지입니다. 적군이 분노한 상태거나, 쉽게 분노하는 경향이 있다면 작은 도발에도 발끈하게 될 것이고 대국을 그르치는 판단을 하게 될 것입니다. 반대로, 아군이 분노한 경우에는 적의 도발에 넘어가지 않도록 각별히 주의해야 되겠지요?

궤도(詭道) 9 비굴하게 보여라

卑　　而驕之
비　　이교지

일부러 나의 자세를 낮춰서 적을 교만하게 만들어라!

자세를 낮춘다는 말은 '나는 무능하고 싸울 의도가 없음'을 말합니다. 내가 무능하고 싸울 의도가 없다고 적이 인식하게 되면 적은 어떤 심리상태가 될까요? 만만하게 보지 않을까요?

명량 앞바다에 떠 있는 13척의 조선 함선을 보면서 약 300척의 함선을 몰고 온 일본 장수들은 어떤 심정이었을까요? 만만하게 보고 쉽게 생각했을 겁니다. 이미 거기에서부터 일본군은 진 것이죠.

운동경기를 하다 보면 지금까지 이기던 팀이 1회를 남겨두고 역전패당하는 사례가 비일비재합니다. 바로 이런 경우죠. 상대방을 우습게 본 겁니다. 문제는 상대방을 우습게 본 것에 있는 것이 아니고, 상대방을 우습게 보는 순간 내 능력을 전부 발휘할 수 없는 상태로 빠져든다는 데 있습니다.

전쟁은 결국 심리 게임인 셈이지요.

궤도(詭道) 10 피곤하게 만들어라

佚　　而勞之
일　　이로지

적이 편안하게 쉬고 있으면 피로하게 만들어라!

전쟁에서의 승패는 양자 간의 힘의 균형이 무너지는 순간에 판가름 납니다. 그래서 아군은 적군에 비해 상대적 우세를 취하기 위해 노력해야 하고, 반대로 적군은 아군에 비해 상대적 열세에 놓이도록 만들어야 합니다.

그렇게 하기 위한 방법 중의 하나가 적을 피로하게 만드는 겁니다. 전투는 위험과 고통, 육체적 노력의 장입니다. 그만큼 휴식과 재충전이 중요합니다. 그런데 적으로 하여금 휴식과 재충전을 못 하게 만들면 얼마나 괴로울까요? 나아가 제대로 휴식하지 못한 군대가 다음 전투에서 제대로 싸울 수 있을까요? 물론 없겠지요.

궤도(詭道) 11 떼어 놓아라

親　　而離之
친　　이리지

적 부대끼리 붙어 있으면 떼어 놓아라!

직역하면 '친하면 떨어뜨려라'라고 해석할 수도 있지만, 부대가 친하다는 것은 인접해서 있다는 의미로 볼 수 있습니다. 부대가 인접해 있다면 서로 도와줄 수 있는 상태라는 것이지요.

적 부대가 서로 인접해 있다면 아군의 입장에서는 적군의 부대가 서로 서로 도와줄 수 없도록 떨어트려야 되겠지요. 그래야 상대적으로 우세한 힘으로 적을 상대할 수 있는 여건이 마련되는 겁니다.

예를 들어, 적이 6이고 내가 4라고 칩시다. 전력비가 6:4로 적군이 우세합니다. 하지만 적군을 3+ 3으로 분리시킬 수 있다면 나는 4의 전력으로 적 3과 싸울 수 있게 됩니다. 내가 상대적으로 우세한 상황에서 싸울 수 있게 되는 것이지요.

궤도(詭道) 12 적의 허점을 찔러라

攻其無備　　　**出其不意**
공기무비　　　출기불의

속임수의 최고봉이라고 할 수 있는 문구입니다.

적이 대비하지 않는 곳을 공격하고, 적이 뜻하지 않는 곳으로 진격해라!

어떻게 생각하면 당연한 말입니다. 하지만, 대부분의 사람들은 직선적으로 생각하는 성향이 있어서 '이에는 이'로 응수합니다. 내 앞에 있는 적 이외의 것을 보기 힘들다는 것이지요.

하지만 전략가는 그 너머를 볼 줄 알아야 합니다. 조개에 비유하자면, 두꺼운 조개껍질과 맞서 싸울 생각을 하기보다는 연약한 속살을 노려야 한다는 겁니다.

그곳이 어디인지를 끊임없이 탐색하고 분석해야 합니다. 그곳을 찾으면 신속하게 치고 들어가야 합니다. 이 작전이 성공하면 적은 노력으로 큰 목적을 달성할 수 있게 되는 것이지요. 적의 입장에서는 허를 찔린 격이 되는 셈입니다.

2차 세계대전 시 연합군은 노르망디 상륙작전을 성공시키기 위해 방어가 제일 약한 지점으로 노르망디 해안을 선정했고, 상륙지점에 대한 적의 방비가 약해지도록 적을 속이는데 심혈을 기울였습니다.

전략가가 되려면 이 문구를 염두에 새겨둘 필요가 있겠지요?

궤도(詭道, 속임수)는 보안이 생명이다

此　　兵家之勝　　不可先傳也
차　　병가지승　　불가선전야

앞서 언급했던 적을 속이는 방법들은 승리의 비결이므로 적군에게 먼저 알려져서는 안 된다는 점을 강조합니다.

당연히 그렇겠지요?

군사보안, 산업보안 등의 문구를 들어봤을 겁니다. 군사기밀이나 산업기밀이 누설될 경우, 우리의 안보와 국가 경제에 치명적인 결과를 초래하게 됩니다.

그러므로 보안 유지는 선택사항이 아닌 필수사항인 것입니다.

전쟁은 싸우기 전에 승패를 알 수 있다

夫　未戰而廟算　勝者　得算多也
부　미전이묘산　승자　득산다야

未戰而廟算　不勝者　得算少也
미전이묘산　불승자　득산소야

굳이 싸워보지 않고 워게임을 해 봤을 때 이기는 쪽은 그만큼 승산이 크고, 지는 쪽은 승산이 작다는 말입니다.

물론 해보지 않고는 알 수 없습니다. 하지만 확률이라는 것이 있지요. 확률은 사소한 크기에서의 차이는 있을 수 있지만, 큰 틀에서는 거의 일치한다고 봐야 합니다.

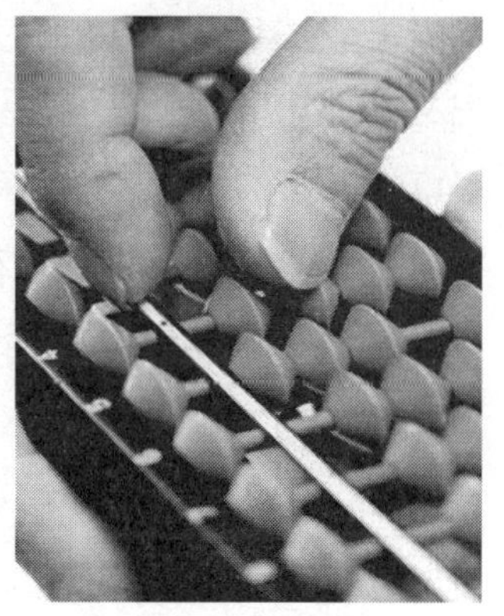

그렇다면 워게임에서 이긴 쪽이 당연히 실제 전쟁에서도 이길 확률이 높은 것은 당연한 이치입니다.

결론 : 승산에 따라 승패가 결정된다

多算　勝　少算　不勝　而況於無算乎
다산　승　소산　불승　이황어무산호

吾　以此觀之　勝負見矣
오　이차관지　승부견의

승산이 많으면 전쟁에서 승리할 것이고, 승산이 적으면 패배할 것인데, 아예 승산이 없다면 물어보나 마나겠지요.

결론적으로 손무는 앞서 언급했던 사항들을 가지고 쌍방을 비교해서 승산을 계산해 보는 것만으로도 전쟁의 승부를 알 수 있다고 언급하며 시계편을 마무리 합니다.

시계편을 통해 손무가 강조하고자 하는 것이 뭔지 감이 오나요?

첫째, 전쟁은 수많은 생명과 국가의 운명이 좌우되는 큰일 중의 큰일인 만큼 신중하게 결정해라!

둘째, 전쟁을 하기 전에 쌍방의 승산을 비교 분석해서 승산이 있으면 전쟁을 하더라도, 승산이 없으면 하지 마라!

셋째, 그리고 쌍방의 승산을 비교분석 할 때는 5사 7계로 해라!

넷째, 전쟁목적을 달성하는 방법은 효과적이어야 한다. 그러려면 지략을 써서 적을 속여야 한다.

이 정도로 요약할 수 있겠습니다.

여러분!

전쟁이든, 누군가와의 경쟁이든 누군가가 이기면 또 누군가는 질 수밖에 없는 win-lose 게임이라는 거 익히 알고 있지요? Win-win 게임은 이상세계에서나 가능한 경우입니다. 이런 경쟁 속으로 뛰어들기 전에 충분한 숙고와 분석이 필요하다는 거 잘 알겠죠? 무턱대고 덤벼서는 안 됨을 꼭 기억하시기 바랍니다.

작전(作戰)

작전계획 수립은
내 능력을 아는 것이 우선이다!

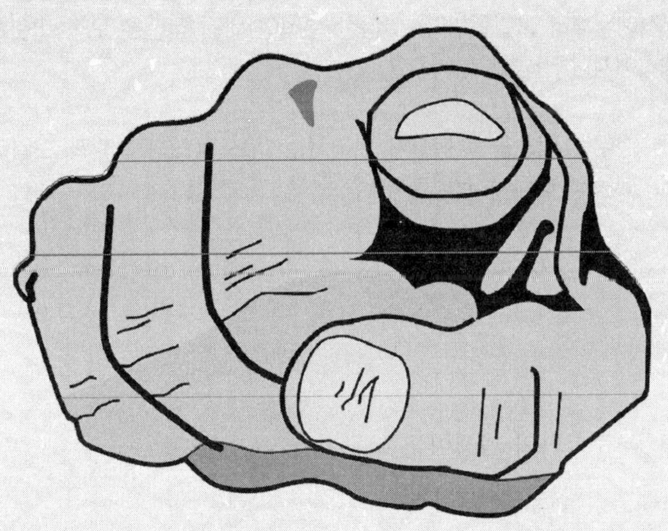

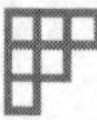

제2 작전편입니다.

'작전'이라고 하면 전쟁을 계획하고 실행하는 것으로 익히 알고 있습니다. 하지만 손자병법에서 말하는 작전은 '군수', '보급', '지원' 등의 측면에 초점을 맞추어 설명하고 있습니다.

작전을 하기 위해서는 우선 '나의 능력이 전쟁을 수행하기에 충분한가'에 대한 분석에서부터 출발합니다. 이러한 분석이 빠진 작전은 오직 머릿속 상상의 세계에서나 가능한 일이지요.

그러면 손무는 작전을 수행하기 위해서는 어느 정도의 자원과 노력이 필요하다고 했는지 하나씩 살펴볼까요?

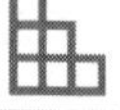
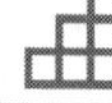

전쟁을 하려면 돈이 필요한 이유 1

孫子曰　凡　用兵之法
손자왈　범　용병지법

馳車千駟　革車千乘
치차천사　혁차천승

치차는 왼쪽 그림과 같이 영화 '벤허'에 나오는 고대 전차를 말합니다. 무장한 병사들이 말이 끄는 수레에 올라타서 적군과 싸울 수 있도록 제작된 일종의 마차입니다.

혁차는 아래 그림과 같이 서부영화에서 주로 볼 수 있는 짐마차를 말합니다. 식량이나 물자 등을 실어 나르는 대형 수레입니다.

손무가 살 당시에 전쟁을 한 번 하기 위해서는 적어도 전차 천대와 짐마차 천대 정도가 필요했나 봅니다.

한 번 생각해 보세요. 전차든 짐마차든 천 대씩이면 어느 정도인지를 말입니다. 마차 1대당 말 네 마리가 필요하다고 가정하면 전차와 짐마차에 필요한 말만 최소한 8천 마리가 필요합니다. 말 8천 마리를 붙여서 세워놓는다고 해도 어느 정도의 공간이 필요할까요? 상상이 안 됩니다.

이 정도의 전차나 짐마차, 말을 준비하려면 돈도 어마어마하게 많이 들겠죠?

전쟁을 하려면 돈이 필요한 이유 2

帶甲十萬 **千里饋糧**
대갑십만 천리궤량

대갑이란 갑옷으로 무장한 병사들을 말하는데, 이렇게 무장한 병사만 최소한 10만 명이 필요하다고 했습니다.

여러분들은 우리나라 국군 장병들이 대략 몇 명인지 아세요? 예, 대략 60만 명입니다. 지금 이 시대에도 60만 장병을 유지하는 데만도 엄청난 국가 예산이 듭니다. 그렇다면 지금으로부터 2천 5백여 년 전에 10만 장병을 준비시킨다는 것이 얼마나 어려웠을지 짐작이 되시죠?

그뿐 아니라 타국으로 원정을 나가게 될 경우 천 리나 되는 먼 거리에 식량을 실어 날라야 합니다. 전쟁을 하는 병사들이 먹을 식량을 나르는 일이지만, 운반하는 인부들의 식량은 물론 말들을 먹일 사료를 감안하면 엄청난 자원이 필요함을 알 수 있지요.

전쟁 한 번 하는 것을 쉽게 생각해서는 안 되겠지요?

전쟁을 하려면 돈이 필요한 이유 3

則　　內外之費　　賓客之用
즉　　내외지비　　빈객지용

내외지비란 국내적으로 일을 처리하는데 드는 비용과 국외적으로 외교관계나 동맹을 맺는데 드는 비용입니다.

빈객지용이란 전쟁을 수행하는 데 있어 동맹국 또는 지원국들의 내빈들이 방문할 경우 접대를 해야 하지요. 이때 드는 제반 경비를 말합니다. 전쟁을 하지 않으면 굳이 안 써도 될 돈이지요.

전쟁을 결심함으로써 이렇듯 부수적인 경비가 들어가게 되는 것입니다.

膠漆之材　　車甲之奉
교칠지재　　차갑지봉

교칠이란 아교와 옻을 말합니다. 붙이고 칠하는 재료인데, 활이나 창, 방패 등을 수리할 때 필요한 수리 부속을 뜻합니다. 차갑지봉이란 전차와 갑옷을 만들거나 구입하는 데 드는 비용입니다.

전쟁을 하려면 돈이 필요한 이유 4

日費千金
일비천금

然後	**十萬之師**	**擧矣**
연후	십만지사	거의

앞서 언급했던 것들을 모두 갖추고 준비하는데 하루에 드는 돈만 천금입니다. 당시로서는 어마어마한 돈입니다. 그래서 전쟁을 하려고 해도 돈이 없으면 못합니다.

지금 세계 최강국인 미국의 국방예산이 어느 정도일까요? 국방예산 지출순위 2위 국가에서부터 15위 국가의 예산을 합쳐놓은 액수라고 합니다. 수퍼 파워라고 할 만하지요?

영화 속 미군들의 장비를 보면 미래의 군대를 보는 듯 합니다. 반면 우리나라 장병들의 장비는 여전히 베트남전 수준에서 크게 벗어나지 못했지요. 상대가 되겠습니까?

한마디로 하루에 천금을 들인 이후에야 십만 군대를 일으킬 수 있다는 얘기입니다.

전쟁에서는 이기는 게 급선무다

其用戰也　　貴勝
기용전야　　귀승

이렇게 막대한 비용을 들여 전쟁을 할 경우 '이기는 것'을 귀하여 여겨야 한다는 말입니다.

당연하지요. 전쟁을 시작한 목적은 이겨서 적에게 나의 의지를 강요하고 내 뜻을 구현하기 위함이니까요.

그런데, 여기서 손무는 그런 뜻으로 언급한 것이 아니라, 이기는 것이 중요하지 오래 끌 생각을 하지 마라는 뜻으로 언급했습니다.

왜 그런지 살펴 볼까요?

전쟁을 오래 끌면 손해인 이유 1

久　則　鈍兵挫銳
구　즉　둔병좌예

'구'라는 말은 '오래 끌면'이라는 말입니다. 전쟁을 오래 끌면 병사들은 둔해지고 날카롭던 사기와 예봉도 꺾이게 된다는 뜻입니다.

축구를 한 번 생각해 보세요. 시합 전 선수들의 모습은 여유롭기도 하면서 이길 수 있다는 자신감으로 넘칩니다. 하지만 경기가 시작되고 승부가 나지 않는 상태에서 후반전으로 넘어가면 선수들의 행동이 급격하게 둔해지는 것을 본 적이 있을 겁니다.

전쟁도 마찬가지입니다. 결국에는 사람이 하는 것이니까요. 무엇을 하든지, 오래 끌면 안 됩니다.

攻城則　力屈
공성즉　력굴

성을 공격하면 병사들의 힘이 소진된다는 말입니다. 성이라는 것은 전투 준비태세가 완전히 갖추어진 요새입니다. 이러한 요새를 공격하게 되면 아군의 엄청난 손실을 예상해야 합니다. 수많은 부하 장병들을 죽이고도 성을 함락시키지 못하면 그건 재앙이지요.

설령 성을 함락시켰다고 해도, 그 가치가 장병들의 희생을 보상해 줄 수 있는 것인지를 면밀히 따져 봐야 하겠죠?

전쟁을 오래 끌면 손해인 이유 2

久暴師　　則國用不足
구폭사　　즉국용부족

폭사라는 말은 부대를 밖에 주둔시킨다는 뜻으로 '장기간 전쟁을 하게 되면'이라고 해석하면 됩니다.

장기간 전쟁을 하게 되면, 국용이 부족해진다. 즉 국용이란 국가 예산으로서, 국가재정이 바닥난다는 말입니다.

식량과 무기, 보급품, 연료들을 꾸준히 실어 날라야 됩니다. 비행기, 전차, 장갑차, 대포들도 새로 만들어서 전방 부대로 보내줘야 합니다.

이런 것들을 만들려면 자원을 수입해야 되고, 제조 인력들에게 임금도 지불해야 합니다. 이뿐만이 아니겠지요.

이렇게 막대한 돈이 들어가는 것이 전쟁인데, 오래하게 될 경우 국가 예산이 지탱할 수 있을까요?

전쟁을 오래 끌면 손해인 이유 3

夫　　鈍兵挫銳　　屈力殫貨
부　　둔병좌예　　력굴탄화

則　　諸侯　　乘其弊　　而起
즉　　제후　　승기폐　　이기

전투력이 둔해지고 예기가 꺾기며, 힘도 소진되고 돈도 다 떨어지면 인접국들(제후)이 그 피폐해진 틈을 타서 일어나게 된다는 말입니다.

국제정치에서 '영원한 우방도, 영원한 동지도 없다'라고는 말을 합니다. 기회가 오면 지금의 동맹이라도 적으로 돌변할 수 있다는 뜻이지요. 전쟁으로 나라가 피폐해지고, 국력이 약해졌을 때 공격하면 쉽게 정복할 수가 있는 셈이죠.

중동 국가들이 오랜 전쟁으로 인해 힘이 약해진 틈을 타서 무장 테러 단체인 IS가 등장했지요. 이 때문에 중동 국가들 뿐 아니라 세계 초강대국인 미국의 골칫거리가 된 바 있습니다. 결국 죽 쒀서 IS에게 갖다 바친 격이지요.

어부지리가 바로 이런 것 아닐까요?

전쟁을 오래 끌면 손해인 이유 4

雖有智者 **不能善其後矣**
수유지자 불능선기후의

피폐해진 틈을 타서 인접국들이 들고 일어나 우리를 노리면 아무리 지혜가 출중한 사람이 있다고 한들 그 뒷감당을 할 수 없다는 말입니다.

제갈공명이라도 수중에 쓸 수 있는 군대가 있어야 묘책을 구사할 수 있는 것이지요. 만약 수중에 쓸만한 군대도 없고 군대를 만들 수 있는 돈도 없다면 아무리 제갈공명이라도 할 수 있는 것이 없습니다.

따라서 속전속결이 최선이다

故　　兵聞拙速　　　未睹巧之久也
고　　병문졸속　　　미도교지구야

여기에서 손자병법의 핵심 문구 하나가 등장합니다. 바로 '졸속'입니다. 졸속이란 대충 빨리 끝내라는 뜻입니다. 평소에는 다소 부정적인 뜻으로 쓰입니다만, 여기서는 어떤 의미인지 볼까요?

"졸속이라는 말은 들어봤어도 전쟁을 솜씨 좋게 오래 끌었다는 말은 들어 본 적이 없다."는 뜻입니다.

훌륭하게 빨리 끝낸다면 더 없이 좋습니다. 하지만 전쟁이라는 것이 운동경기처럼 깔끔하게 진행되는 것이 아니므로 훌륭함을 기대하기란 어렵습니다. 그래서 되는대로, 미흡하더라도, 불완전하더라도 빨리 끝내는 것이 좋다라고 하는 것입니다. 완벽한 승리를 위해 전쟁을 오래 끈다면 앞에서 말한 폐해를 고스란히 받아들여야 하는 댓가를 지불하게 되겠지요.

'졸속'이라는 말이 그리 나쁜 의미는 아니지요?

속전속결의 이유 1

夫　　兵久而國利者　　未之有也
부　　병구이국리자　　미지유야

전쟁을 오래 끌면서 국가에 이익이 되었던 사례는 지금까지 없었다는 말입니다.

미국의 월남전이 대표적인 사례지요. 아무 성과도 없는 가운데에, 단지 민주주의 수호라는 이데올로기적인 목표를 위해 막대한 자원과 병력을 쏟아 부었지요. 하지만 결과는 반전여론, 장교 및 병사들의 탈선 행위 등과 같은 부정적인 것들 뿐이었습니다. 결국 패배를 인정하고 물러날 수밖에 없었지요.

전쟁터가 되었던 베트남은 어떤가요? 국토가 폐허로 변했습니다. 수많은 남자들이 희생되어 여자들밖에 남지 않았지요. 그래서 베트남의 발전이 더디게 된 것이죠.

전쟁을 오래 끌어서는 서로 간에 득이 될 게 없음을 의미합니다.

속전속결의 이유 2

故 不盡知用兵之害者 則不能盡知用兵之利也
고 부진지용병지해자 즉불능진지용병지리야

그러므로 용병의 해악을 다 알지 못하는 사람은 용병의 이점 또한 알 수 없다고 했습니다.

우리는 무슨 일을 할 때, 나에게 좋은 측면만을 생각합니다. 그 일이 잘못 되었을 때 일어날 수 있는 부정적인 측면에 대해서는 간과하기 일쑤입니다. 우리가 처음 예상했던 대로 일이 진행되면 문제 될 것이 없지만, 만에 하나라도 잘못 될 경우에는 아무 대책이 없었기 때문에 사태가 악화될 것은 불 보듯 뻔합니다.

전쟁도 마찬가지입니다. 죽거나 살거나, 이기거나 패해서 망하거나 하는 중차대한 문제임에도 전쟁에서 질 경우, 또는 전쟁으로 인해 발생하게 될 피해와 손실에 대해서 전혀 생각지 않을 정도의 판단력과 사고력을 가진 국가라면 설령 전쟁에 이겼다고 한들 수많은 고통과 희생의 대가로 쟁취한 승리를 제대로 활용할 줄도 모른다고 보는 것이 맞겠지요.

전쟁을 잘하는 장수의 비결 1

善用兵者 **役不再籍** **糧不三載**
선용병자 역불재적 량불삼재

이처럼 전쟁은 막대한 자원과 인력이 투입되는 국가 중대사 입니다. 그렇기 때문에 전쟁을 해 본 사람이라면 어떻게 하면 자원을 적게 들이면서도 효과적으로 전쟁을 수행할지를 잘 알 겁니다.

그래서 손무는 전쟁을 잘하는 사람이라면 병역의 의무를 두 번씩이나 강제하지 않고, 식량 수송도 세 번씩이나 하지 않을 거라고 했습니다.

왜일까요? 전쟁을 속전속결로 끝내면 병력이 모자랄 일이 없겠지요. 아울러, 타국에서 작전을 하더라도 점령지에서 식량과 보급품들을 징발해서 쓰기 때문입니다.

전쟁을 잘하는 장수의 비결 2

取用於國　　因糧於敵
취용어국　　인량어적

故　　軍食可足也
고　　군식가족야

계속해서 전쟁을 잘 하는 장수라면 상대방 국가에서 취할 것을 취하고, 식량은 적의 것을 탈취해서 충당하기 때문에 군대에 식량이 족할 것이라고 했습니다.

전쟁 상황에서 모든 보급 물자와 식량이 본국에서 원활히 지원될 거라고 생각하는 것은 정말 교과서적인 태도죠. 전쟁은 모든 것이 불확실합니다. 상대방의 병참 및 보급라인을 두절시키고 고립시키는 것이 전쟁을 빨리 끝내는 방법임을 서로가 잘 알기 때문에 어떻게 해서든 적의 병참선을 끊으려고 시도할 겁니다.

이런 상황에서 어떻게 본국으로부터의 보급지원을 기대할 수 있겠습니까? 보급이 없으면 싸울 수 없는 장수라면 '장수'의 계급장을 내려놓아야 하지 않을까요?

전쟁이 발발하고 적지에 투입된 이후에는 수단과 방법을 가리지 않고서라도 식량과 보급품들을 충당할 수 있는 능력쯤은 가지고 있어야 진정한 장수라 할 수 있겠지요?

카르타고의 명장 한니발은 로마 원정 시 로마인들을 회유하여 자신의 편으로 끌어들이고 점령지에서 자원을 획득함으로써 막대한 군수품 조달의 문제점을 한 방에 해결한 바 있습니다.

전쟁의 폐해 1

國之貧於師者　　**遠輸**
국지빈어사자　　원수

遠輸　**則百姓貧**　**近師者**　**貴賣**
원수　즉백성빈　근사자　귀매

貴賣　**則百姓財竭**　**財竭**　**則急於丘役**
귀매　즉백성재갈　재갈　즉급어구역

전쟁으로 인한 국가적 피해를 언급하고 있습니다.

나라가 빈곤해지는 것은 멀리까지 수송해야 하기 때문인데, 멀리까지 수송하게 되면 백성들이 가난하게 되고, 부대 근처에는 물건이 귀하게 되어 물가가 치솟고, 물가가 치솟으면 백성들의 재산이 고갈될 것이며, 백성들의 재산이 고갈되어서 더 이상 내놓을 것이 없으면 부역이 급격하게 늘어나게 된다고 했습니다.

앞서 언급한 것과 같이 전쟁의 참상은 이루 말할 수가 없겠지요?

전쟁의 폐해 2

力屈財殫	**中原**	**內虛於家**	**百姓之費十去其七**
력굴재탄	중원	내허어가	백성지비십거기칠

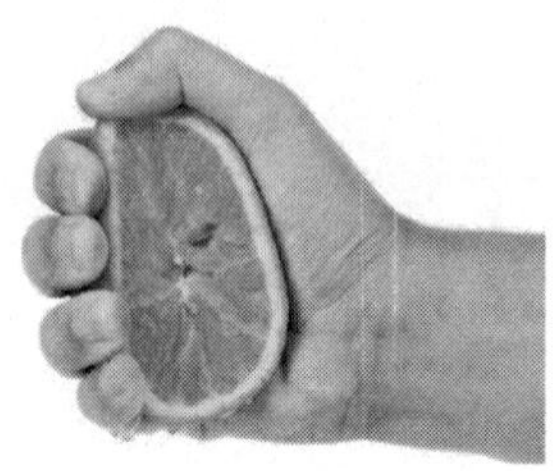

전쟁이 오래 계속되면 힘이 소진되고 국가 재정이 탕진되고, 국내적으로는 집집마다 텅텅 비게 되며, 백성들은 수입의 70%를 납부해야 한다는 뜻입니다.

그림처럼 백성들을 쥐어짜고 또 짜야 하는 상황에 봉착하게 되는 것이지요. 하지만 끝까지 쥐어짜면 결국 쓴 물 밖에 나오지 않는 법임을 잊지 말아야 하겠지요?

公家之費破車罷馬	**甲冑**	**弓矢**	**戟楯矛櫓**
공가지비파거피마	갑주	궁시	극순모로

丘牛大車	**十去其六**
구우대거	십거기육

국가재정 또한 전차의 파괴와 말의 피로, 갑옷과 투구, 활과 화살, 창과 방패, 소와 짐수레 등에 드는 비용이 60%나 된다고 말합니다.

국가 예산의 60%가 전쟁 비용 충당에 쓰인다는 얘기지요. 나머지 40%로 국가 살림을 해야 한다는 것인데, 그 예산으로 어떤 일을 할 수 있을까요? 기존의 인적 물적 시스템을 유지하는데 급급할 겁니다. 새로운 사업은 할 수가 없겠지요.

지혜로운 장수의 비결

故　智將　務食於敵
고　지장　무식어적

食敵一鐘　當吾二十鐘
식적일종　당오이십종

芑稈一石　當吾二十石
기간일석　당오이십석

앞에서도 비슷한 얘기가 나왔는데요, 다시 한번 강조합니다. 지혜로운 장수는 적에게서 식량을 탈취하는데 힘써야 한다고 말입니다.

적으로부터 탈취한 식량 일종은 본국에서 실어 나르는 식량 20종에 해당되고 적으로부터 탈취한 사료 일석은 본국에서 실어 나르는 사료 20석에 해당된다.

왜 그럴까요? 식량 1종을 실어 나르더라도, 거기에는 인부, 말 등이 먹을 식량과 사료가 필요한 법이지요. 결국 1종을 실어 나르기 위해서는 19종의 지출이 있을 수밖에 없다는 말입니다.

그렇기 때문에 앞에서 적으로부터 식량을 탈취하는데 힘써야 한다고 강조한 것이지요.

앞에서 한니발을 현지 조달을 잘한 사례로 언급한 바 있는데, 나폴레옹 또한 현지 조달에 힘쓴 장군 중 한 명입니다.

병사들을 싸우게 하려면

故　殺敵者　怒也
고　살적자　노야

전쟁에서 병사들을 싸우게 하려면 어떻게 해야 할까요? 따져 보면 일반 병사들이 적군에 대해 적개심이 있을까요? 거의 없다고 봐야 합니다. 이런 상태에서 이들로 하여금 전력을 다해 싸우라고 강요할 수 있을까요? 거의 불가능합니다.

그러면 어떻게 해야 이들을 적과 치열하게 싸우도록 할 수 있을까요? 손무는 말합니다. "적을 죽이게 만드는 것은 적개심이다."라고 말입니다. 장수는 병사들로 하여금 적개심을 갖도록 해야 합니다. 적에게 분노를 느끼도록 인위적으로 여건을 조성해야 합니다.

황산벌 전투에서 백제의 계백 결사대에 신라군이 쩔쩔매고 있었습니다. 그때 화랑 관창이 어린 나이에 희생됩니다. 이를 본 신라군은 적개심으로 전의에 불타고 결국 계백군을 물리치게 됩니다. 여기에서 주목할 점은, 관창이 희생한 것일까요? 아니면 희생당한 것일까요? 저는 후자에 무게를 둡니다.

장수의 일이란 바로 이런 것이지요.

병사들이 적의 것을 탈취하게 하려면

取敵之利者　　貨也
취적지리자　　화야

마찬가지로, 병사들로 하여금 적의 물자와 장비들을 탈취하도록 만들려면 두둑한 포상을 줘야 한다는 겁니다.

병사들이 적 전차를 탈취하고 적의 군마를 빼앗아 오면, 그에 상응하는 포상을 내립니다.

그러면 이를 지켜본 다른 병사들도 포상을 받기 위해 열띤 노력을 하게 되겠지요.

예나 지금이나 돈이 최고라는 점에서는 변함이 없는 듯합니다.

이길수록 강해진다

車戰 **得車十乘以上** **賞其先得者**
차전 득차십승이상 상기선득자

而更其旌旗 **車雜而乘之** **卒善而養之**
이경기정기 차잡이승지 졸선이양지

是謂 **勝敵而益强**
시위 승적이익강

전차전에서 10대 이상의 적 전차를 노획할 경우 가장 먼저 노획한 병사에게 포상을 하라는 말입니다. 병사들 사이에 경쟁심을 불러일으키라는 뜻이겠지요.

이렇게 적 전차를 탈취하게 되면 전차에 꽂는 깃발을 아군 깃발로 바꿔 단 후 아군 전차에 편입시키고, 포로들을 잘 대우하여 아군 전력으로 삼게 된다면 이를 일컬어 '이길수록 강해진다'라고 한다고 강조합니다.

전쟁은 빨리 이기는 것이 중요하다

故　兵貴勝　不貴久
고　병귀승　불귀구

그러므로 전쟁에서는 이기는 것이 소중하지 오래 끄는 것이 소중한 것이 아님을 강조합니다.

‘병귀승불귀구’ 간단한 말이지만 의미심장한 말이기도 합니다. 숙지해 놓으면 유용하게 활용하지 않을까 싶습니다.

이 결론을 도출해 내기 위해서 손무는 작전편 전체를 할애하여 전쟁에 소요되는 자원과 인력, 막대한 예산과 물자, 전쟁의 피해를 구체적으로 열거한 것입니다.

이겼으면 또는 목적을 달성했으면 빨리 끝내라! 쓸데없이 오래 끌지 말라! 이 얘기지요.

전쟁을 잘하는 장수란

故　　知兵之將　　民之司命
고　　지병지장　　민지사명

國家安危之主也
국가안위지주야

'병귀승불귀구'를 아는 지혜로운 장수는 백성들의 운명을 감당할 수 있을 뿐 아니라 국가안위의 주체임을 강조합니다.

이순신 장군 같은 분이 손무가 말하는 그런 장수라고 할 수 있지요. 이순신 장군은 나라의 안위와 백성들의 무탈을 위해 고심하고 또 고심했습니다. 국가적 지원이 없는 가운데에도 자구책을 마련하고, 어선들을 함대에 포함시켰습니다. 백성들을 적재적소에 배치하여 전투준비에 각자의 소질을 발휘하고 기여하도록 했지요. 결국은 이러한 노력 끝에 나라를 구할 수 있었던 것입니다.

작전편을 통해 전쟁이 얼마나 어렵고 힘든 사업인지를 잘 실감하셨지요? 여러분이 꼭 명심해야 할 구절은 '졸속', '병귀승 불귀구' 입니다. 전쟁은 빨리 끝낼수록 좋다는 점을 꼭 명심하시기 바랍니다.

모공(謀攻)

전쟁은 머리로 하는 것이다

제3 모공편입니다. '모공'할 때의 '모'자는 꾀를 뜻합니다. 머리를 써서 보다 나은 계책, 계략, 지략을 고안해 내라는 말입니다.

머리를 쓰지 않고 전쟁을 하게 되면 어떤 결과가 초래될까요? 대부분의 전쟁이 힘과 힘이 맞붙어 대결하는 각축장이 되고 말 겁니다. 그렇게 되면 엄청난 인명피해와 물적, 재산 피해가 발생하겠지요. 막대한 피해를 주고받은 후에 이긴다 한들 무슨 소용이 있을까요?

그래서 손무는 피해를 최소화하면서 이길 수 있는 방법이 있다면 그 방법을 찾으라는 겁니다. 그러기 위해서 머리를 쓰라는 것이지요.

그럼, 모공편의 세계로 들어가 볼까요?

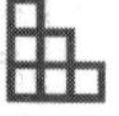
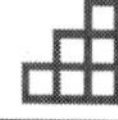

최고의 전략이란?

孫子曰　凡　用兵之法
손자왈　범　용병지법

全國爲上　破國次之
전국위상　파국차지

여기에서 손자병법의 핵심 사상 중 하나를 대표하는 글자가 나옵니다. 무엇일까요?

예, 바로 '온전할 전'자 입니다. 적이든 아군이든 온전한 가운데 전쟁이 종결되어야 한다는 것이지요.

손무는 이렇게 말합니다. "전쟁을 함에 있어, 그 나라를 온전히 하는 것이 최상이고, 그 나라를 파괴하는 것은 차선이다."

나라를 파괴하거나 황폐화하지 않고 전쟁을 할 수 있을까요? 전쟁을 개시했다고 한다면 어느 정도의 피해는 감수해야 합니다.

하지만, 전쟁을 개시하기 이전에 정치 외교적 노력을 통해 양국의 문제가 원만히 해결될 수 있다면 그 방법을 추구해야 하고, 그렇게 된다면 손무의 말대로 국가를 온전히 지킬 수 있게 되겠지요.

全軍爲上　破軍次之　全旅爲上　破旅次之
전군위상　파군차지　전려위상　파여차지

全卒爲上　破卒次之　全伍爲上　破伍次之
전졸위상　파졸차지　전오위상　파오차지

군(12500명 단위의 부대)을 온전히 하는 것이 최상이고, 군을 파괴하는 것은 차선이다.

여(500명 단위의 부대)를 온전히 하는 것이 최상이고, 여를 파괴하는 것은 차선이다.

졸(100명 단위의 부대)을 온전히 하는 것이 최상이고, 졸을 파괴하는 것은 차선이다.

오(5명 단위의 부대)를 온전히 하는 것이 최상이고, 오를 파괴하는 것은 차선이다.

국가 - 군 - 여 - 졸 - 오에 이르기까지 온전할 수 있다면 그것이 최상책이라는 것이지요. 다분히 이상적입니다. 그게 어떻게 가능하냐는 거지요. 그래서 머리를 쓰라는 겁니다.

그럼 어떻게 해야 하는지 하나씩 알아봅시다.

최고 전략의 핵심

是故　　百戰百勝　　非善之善者也
시고　　백전백승　　비선지선자야

不戰而屈人之兵　　善之善者也
부전이굴인지병　　선지선자야

손자병법의 핵심 사상 중 하나인 '부전승 사상'이 또 등장합니다. "백전백승이 최고 중의 최고가 아니다. 싸우지 않고 적을 굴복시키는 것이 최고 중의 최고다." 정말 의미심장한 말입니다. 그만큼 유명한 문구이기도 하구요.

우리는 통상 무패 신화라는 단어를 많이 씁니다. 한 번도 진 적이 없는 것을 자랑스럽게 생각하는 것이지요. 하지만 손무는 무패 신화를 높이 사지 않습니다. 싸우지 않고 이긴 것을 무패 신화보다 더 높게 칩니다. 앞에서 언급한 바와 같이 아군이든 적군이든 '온전'하게 할 수 있기 때문입니다.

그만큼 손무가 사람의 생명을 소중하게 생각했음을 알 수 있지요. '전쟁을 하는데 어느 정도의 희생은 불가피하다'는 사고방식은 하수들의 생각임을 잊지 마세요!

전략에도 급수가 있다

故　　上兵伐謀
고　　상병벌모

싸우지 않고 이기는 것이 최고 중의 최고라고 했습니다. 그러면 어떻게 하라는 얘기일까요?

손무는 '적의 계획 또는 의도를 치는 것'을 최고로 꼽았습니다. 적이 무슨 생각을 갖고 있는지, 어떤 의도를 갖고 있는지를 파악하여 적보다 한 수 앞서서 선수를 친다면 적의 의도를 분쇄할 수 있다는 것이지요.

그렇게만 할 수 있다면 전쟁으로의 확대를 사전에 예방할 수도 있지 않을까요?

其次伐交
기차벌교

그다음 차선책으로는 '적의 외교 관계를 쳐라'는 겁니다. 나의 외교력을 발휘하여 적을 국제무대에서 고립시키라는 것이지요.

전쟁을 하려고 하는데, 동맹이나 우방국의 도움이 없다면 선뜻 전쟁을 결심하기가 어려울 겁니다. 아니, 거의 불가능하다고 봐도 무방합니다.

북한을 예로 들어 봅시다. 만약 중국과 러시아가 북한 편에 서지 않는다는 것이 확실하다면 북한이 전쟁을 쉽게 일으킬 수 있을까요? 불가능합니다. 왜냐하면, 중국과 러시아가 북한의 배후에서 위협이 되기 때문이지요.

그렇기 때문에 외교 관계 차단에 주력하라는 겁니다. 적국을 외교적으로 고립시킬 수만 있다면 전쟁을 예방할 수 있고, 국제적 압력을 행사하여 전쟁의 목적을 달성할 수도 있게 되는 셈이지요.

其次伐兵
기차벌병

상병벌모, 기차벌교 다음으로 제시한 것이 직접적인 무력을 행사하는 전쟁입니다.

손무의 입장에서 전쟁이란 어쩔 수 없는 경우에 탐탁치 않은 심정으로 쓸 수밖에 없는 수단인 셈이지요.

그렇다면 이보다 더 수준 낮은 방안도 있을까요?

其下攻城이라
기하공성

네, 기차벌병 다음으로 적의 성을 공격하는 것을 최악의 수로 꼽았습니다.

그림에서 볼 수 있듯이 성은 그 자체가 튼튼한 방어막입니다. 게다가 장기간 버틸 수 있는 식량과 식수, 무기 등을 갖추고 있습니다. 아울러 방어자는 위에서 공격하고, 공격자는 밑에서 공격합니다. 당연히 고지를 선점하고 있는 방자가 유리할 수밖에 없지요.

이러한 성을 공격한다는 건 거의 자살행위나 같지요. 성을 공격하여 함락시킨다 한들 아군의 피해 또한 막대할 겁니다. 그래서 손무는 성을 공격하는 것을 최하수로 본 것이지요.

공성전의 어려움

攻城之法　　為不得已
공성지법　　위부득이

공성전의 어려움에 대해서 설명하고 있는데요, 손무는 정말 부득이한 경우에만 성을 공격하라고 당부합니다.

공성전이 왜 어려운지 살펴볼까요?

修櫓轒轀　　具器械　　三月而後成
수로분온　　구기계　　삼월이후성

距堙　　又三月而後已
거인　　우삼월이후이

"방패(로)와 공성용 병거(분온)를 준비하고, 공성용 기계를 갖추는 데에만 3개월 이상이 소요되고, 성벽 높이만큼 흙산(거인)을 쌓아 올리는 데만도 3개월 이상이 소요된다."

성 하나를 공격하기 위해서 필요한 준비를 하는 데만 최소 3개월입니다. 3개월 동안 적이 성에서 지켜보거나 공격하는 가운데 공성전을 준비하기란 쉽지 않지요. 그동안에 병사들을 먹이고 장비도 보충해야 하고, 공성 무기를 만들 자재도 조달해야 합니다.

결코 쉽지 않겠지요?

將不勝其忿
장불승기분

而蟻附之 　 **殺士卒三分之一** 　 **而城不拔者**
이의부지 　 살사졸삼분지일 　 이성불발자

此 　 **攻之災也라**
차 　 공지재야

"장수가 자기의 분을 이기지 못해서 병사들로 하여금 성벽을 기어오르게 하면 사졸의 3분의 1을 죽이게 되고, 그럼에도 불구하고 성을 빼앗지 못한다면 이를 일컬어 '공격자의 재앙'이라고 한다."

전쟁 영화에서 많이 봤을 겁니다. 병사들이 성벽을 기어오를 때, 성벽 위에 있는 방어하는 병사들이 어떻게 하나요? 위에서 화살을 쏘거나, 돌을 던지거나, 뜨거운 물이나 기름을 퍼붓죠? 성벽에 걸쳐놓은 사다리를 넘어뜨리기도 하죠. 엄청난 수의 병사들이 죽거나 다칩니다.

그렇게 고생하고도 성을 빼앗지 못한다면 장수로서 어떤 말을 할 수 있을까요?

잘 싸우는 자의 싸움은 다르다

故 善用兵者 屈人之兵 而非戰也
고 선용병자 굴인지병 이비전야

그래서 손무는 다시 한 번 강조합니다. "전쟁을 잘 아는 사람은 적군을 굴복시키되 싸우지 않는다."라고 말입니다.

손무는 손자병법 시계편에서부터 용간편까지 시종일관 '부전승 사상'을 강조합니다. 그만큼 전쟁의 참혹함을 경험하고 느꼈기 때문이겠지요.

전쟁을 해보지 않은 사람들은 전쟁을 마치 남자들의 낭만 스토리 쯤으로 생각하는 경향이 있습니다. 하지만 전장에 처음 투입되는 순간 자신의 생각이 틀렸음을 대번 알아차리겠지요.

여러분들이 하고 있는 많은 게임들이 대부분 '전쟁'을 테마로 하고 있지 않나요? 그 게임을 하면서 얼마나 참혹함을 느끼나요? 전혀 그런 감정 따위는 생각하지 않지요. 그저 재미로 게임을 할 뿐입니다.

전쟁 수단이 첨단화되면서 미군 병사들이 드론을 이용하여 적군을 살상하면서도 마치 게임 하듯이 하면서 전혀 마음의 가책을 느끼지 않는다고 하는 기사를 본 적이 있습니다. 이런 것은 전쟁이 아닙니다. 단순한 살육에 불과할 뿐임을 명심하시기 바랍니다.

拔人之城 而非攻也
발인지성 이비공야

또 "전쟁을 잘 아는 사람은 성을 빼앗되, 공격하지 않는다."라고 했습니다. 성에서 방어하는 측의 단점을 잘 간파한다면 굳이 공성전을 벌이지 않고도 적의 항복을 받아낼 수가 있지요.

성은 그 자체로 고립된 상태입니다. 외부로부터 어떤 지원도 받을 수가 없지요.

그렇다면 시간은 누구의 편일까요? 맞습니다. 공자의 편입니다. 성에서는 식량과 식수, 무기들이 소진되어 가면서 점점 공포감과 불안함이 만연하게 됩니다. 그렇게 되면 내부로부터 분열이 일어나게 되고 동요하게 됩니다. 이때 항복을 권유하면 공성전을 하지 않고도 성을 함락시킬 수 있게 되는 것이지요.

毁人之國 **而非久也**
훼인지국 이비구야

이어서 "적국을 훼손하더라도 오래 끌지 않는다."라고 했습니다.

이기고 있다는 전제하에, 적국에 대한 분노로 오랜 기간에 걸쳐 적국을 파괴하고 적 국민을 죽인다면 전쟁 이후에 얻는 것이 뭘까요?

클라우제비츠는 '전쟁은 또 다른 수단에 의한 정치의 연속이다'라고 말했습니다. 전쟁이란 정치적 목적을 달성하기 위한 하나의 수단일 뿐입니다. 그럼에도 불구하고 지휘관이 전쟁을 위한 전쟁으로 착각하고 적에 관계된 모든 것을 파괴하고 죽인다면 나의 정치적 의지를 누구에게 강제할 수 있나요?

그러므로, 전쟁을 통해 정치적 목적을 달성했다면 굳이 전쟁을 오래 끌면서 적국을 유린할 필요는 없겠지요?

모공법의 본질

必以全　　　爭於天下
필이전　　　쟁어천하

故　　兵不鈍　　而利可全　　此　　謀攻之法也
고　　병불둔　　이리가전　　차　　모공지법야

여기에서 모공법이 무엇을 의미하는지를 명확히 설명합니다.

"반드시 온전한 가운데 천하를 쟁취한다. 그래서 전투력이 둔해지는 일도 없고, 전쟁을 통해 얻은 이익도 온전히 할 수 있다. 이것이 모공법이다."

'온전히'라는 말이 눈에 많이 보이지요? 손무가 시종일관 강조하는 사항입니다. 바로 이 '온전함'을 위해서 머리를 쓰라는 것이지요.

여러분은 임진왜란 당시 이순신 장군이 왜 그렇게 함포전을 고집했는지 알고 있나요?

당시 조선에는 군대다운 군대라고 부를만한 조직이 없었지요. 수군은 말할 것도 없었습니다. 반면 왜군은 수백 년 동안의 내란을 거치면서 칼싸움에 이골이 난 전투집단이었지요.

이순신 장군은 여느 장수들과는 다르게, 전투 경험이 없는 조선군이 왜군을 육지에서 맞아 싸우거나, 함선에 올라타서 백병전을 펼칠 경우 백전백패 할 것이 뻔하다는 점을 간파한 것입니다.

그래서 조선 수군의 장점인 판옥선의 제자리 선회능력, 화포의 우수성을 십분 활용하여 원거리 전투만을 통해 적선을 궤멸시킨 것이지요.

이순신 장군이야말로 모공법의 달인이라 할 수 있지 않을까요?

병력 규모에 따라 용병술도 달라야 한다

故　用兵之法　十則圍之　五則攻之
고　용병지법　십즉위지　오즉공지

지금까지는 모공법의 정의에 대해서 언급했습니다. 지금부터는 모공편의 실천편에 해당하는 내용인데요, 병력 규모에 따라서 어떻게 전술을 구사해야 하는지를 설명하고 있습니다.

첫 번째는 적보다 10배 많으면 포위하고, 5배 많으면 공격하라는 것입니다.

현내전에시 공자 대 방자의 비율을 3대 1로 봅니다. 방자 1일 공격하기 위해서는 공자는 최소 3이 되어야 한다는 겁니다. 그런데 손무는 5배는 되어야 공격할만하다고 했습니다. 3배라는 것은 최소의 의미입니다. 3보다 크다면 공격에 훨씬 유리할 겁니다.

포위는 완전히 둘러싼다는 의미지요. 그렇게 하게 되면 아군의 밀집도는 상당히 엷어질 수밖에 없습니다. 그렇기 때문에 적보다 10배 이상 된다면 포위를 해볼 만하다고 하는 것이지요. 그보다 열세한데 포위를 시도하면 난관에 봉착하거나 포위의 효과를 못 살릴 가능성이 높을 겁니다.

倍則分之　敵則能戰之
배즉분지　적즉능전지

“적보다 2배가 많으면 전력을 분산해서 공격하고, 적과 대등한 수준이라면 싸워볼 만하다.”

2배 정도면 많지도 적지도 않은 규모입니다. 이런 경우에는 아군 부대를 반으로 분산해도 각 부대가 적과 대등한 수준이 되지요. 그러면 양측에서 협공을 한다면 유리한 싸움을 할 수 있겠지요. 적과 대등한 수준이라면 붙어볼 만하다는 것이지 유리한지 불리한지는 알 수 없습니다. 여기에는 어느 정도의 행운이 따라주는 편이 이길 가능성이 있겠지요.

少則能守之　　不若則能避之
소즉능수지　　불약즉능피지

"적보다 적으면 방어해야 하고, 적보다 훨씬 열세라면 피하는 게 낫다."

적보다 적은 병력으로 공격할 수는 없겠지요. 그래서 방어에 힘써야 한다는 것입니다. 그리고 그보다 더 부족하다면 방어조차도 하지 말고 아예 싸움 자체를 피하는 것이 낫겠지요.

少敵之堅　　大敵之擒也
소적지견　　대적지금야

"소규모의 적이 끝까지 버티면 대규모의 적에게 잡히고 만다."

능력도 안 되는데도 결사 항전을 선택할 경우 모두 죽거나 포로로 잡힐 수밖에 없겠지요. 전쟁이란 의지와 열정, 애국심이나 강한 정신력만으로 할 수 있는 것이 아니기 때문입니다.

훌륭한 장수는 나라의 보배

夫　　將者　　國之輔也
부　　장자　　국지보야

앞에서도 이와 비슷한 문구가 나왔지요? 여기서 다시 강조합니다. "장교는 국가안보 분야를 도와주는 조력자다."라고 말입니다.

輔周則國必强　　輔隙則國必弱
보주즉국필강　　보극즉국필약

"장교들의 보좌가 주도면밀하면 그 나라는 반드시 강할 것이고 장교들의 보좌가 빈틈이 많으면 그 나라는 반드시 약할 것이다."

장교들은 국방 분야의 전문가들입니다. 이들이 올바로 조언하고 제대로 국방정책을 입안하면 그 나라는 부강할 수 있습니다. 하지만 이들이 무사안일주의와 매너리즘, 전시행정과 탁상공론에 빠져 있다면 그 나라는 절대 강해질 수가 없겠지요.

대부분의 군대는 강해 보입니다. 하지만 실전에 처했을 때 지금까지 겉으로 드러난 강함이 진정한 강함이었는지, 아니면 그저 종이 호랑이에 불과했는지가 입증되는 것입니다.

청일전쟁 때 청나라의 군대가 좋은 사례입니다. 아시아의 중심국가인 청나라의 군대가 당연히 섬나라 일본 군대보다 강할 거라고 대부분의 나라들이 예상했습니다. 하지만 어떻게 되었습니까? 청나라는 제대로 체면을 구겼지요. 알고 보니 종이 호랑이였던 것입니다. 이는 누구의 책임입니까? 통치자만의 잘못으로 볼 수는 없습니다. 그 분야의 전문가들인 장교들의 무능력 탓이지요.

전쟁시 왕의 금기사항 3가지

故 **軍之所以患於君者** **三**
고 군지소이환어군자 삼

여기에서 중요한 사항이 언급됩니다. 전쟁이 진행 중인 상황에서는 아무리 왕이라도 해서는 안 될 일 3가지가 바로 그것입니다.

어떤 내용인지 볼까요?

不知 **軍之不可以進** **而謂之進**
부지 군지불가이진 이위지진

"군대가 진격하면 안 된다는 사실을 알지 못하면서, 진격하라고 명령하는 것."

왕으로서는 자신의 군대가 진취적으로 용맹하게 잘 싸워주기를 기대하겠지요. 하지만 전장 상황을 가장 잘 아는 사람은 현장 지휘관입니다. 현장 지휘관이 판단했을 때 전진해서는 안 되는 상황에서 왕이 전진을 명령하면 과연 어떨까요?

명령을 따르면 전쟁을 그르칠 것이고, 전쟁을 그르치게 되면 패전의 책임을 물을 수밖에 없겠지요. 딜레마에 빠질 수밖에 없습니다. 그래서는 전쟁지휘를 제대로 할 수가 없겠지요?

不知 **軍之不可以退** **而謂之退** **是謂縻軍**
부지 군지불가이퇴 이위지퇴 시위미군

"군대가 후퇴하면 안되는 상황을 알지도 못하면서 군대에 후퇴를 명령하는 것."

이런 상황을 가리켜 손무는 '속박당한 군대'라고 했습니다. 앞의 상황과 같은 논리지요. 후퇴하면 안 되는데 왕은 후퇴하라고 명령합니다. 분명히 현 상황에서 승산이 있는데, 왕은 현장상황도 모르고 후퇴를 명하면 이런 경우에도 현장 지휘관은 딜레마에 빠질 수 밖에 없습니다.

임진왜란 때, 선조임금이 대표적인 경우입니다. 이순신 장군이 판단하기에는 출정해서는 안 되는데 출정하라고 명령하고, 해상전이 가망이 없으니 수군을 육군에 합류시키라고 명령하지요.

만약 이순신 장군이 그 명령을 따랐다면 조선은 그 시간부로 망했을 것이고, 우리는 일본인이 되었을 겁니다.

不知三軍之事　　**而同三軍之政**　　**則軍士惑矣**
부지삼군지사　　이동삼군지정　　즉군사혹의

不知三軍之權　　**而同三軍之任**　　**則軍士疑矣**
부지삼군지권　　이동삼군지임　　즉군사의의

왕의 3번째 금기사항은 "군대의 업무체계를 모르면서 군을 움직이려 들면 장병들이 의혹을 품게 되고, 군대의 명령체계를 모르면서 군에 간섭하면 장병들이 의심을 하게 된다."입니다.

한 마디로 제대로 모르면서 간섭하면 군은 혼란에 빠질 수밖에 없습니다. 군이 혼란에 빠지면 제대로 싸울 수 없게 되는 것이지요. 그렇게 되면 어떤 결과가 초래될까요?

三軍　　**旣惑且疑**　　**則諸侯之難**　　**至矣**
삼군　　기혹차의　　즉제후지란　　지의

是謂　　**亂軍引勝**
시위　　란군인승

"군대가 의혹에 빠져 있다면 인접국(제후)들이 반란을 일으킬 것이고 그렇게 되면 군의 혼란으로 인해 적에게 승리를 안겨주게 된다."

왕은 전쟁을 결심하는 순간, 전쟁에 관한 한 자신이 할 일은 더 이상 없다고 봐야 합니다. 왜냐하면 전쟁은 그 분야의 전문가들인 장교들이 이끌어 가는 것이기 때문이지요. 전쟁을 알지도 못하면서 감 놔라 배 놔라 하면 현장 지휘관들은 얼마나 답답할까요?

축구시합을 보는 것과 같습니다. 축구경기를 시청하는 사람들의 말을 듣다 보면, 그들 모두 엄청난 실력자들입니다. 축구에 대해서 모르는 것이 없습니다. 그렇다고 그들더러 선수로 뛰어보라고 하면, 과연 그들의 말처럼 잘 할 수 있을까요?

왕은 인내심을 가지고 지원하고 격려해야 합니다. 큰 틀에서 전쟁을 조망할 수 있어야 합니다.

승리를 점칠 수 있는 5가지 요소

故　　知勝有五
고　　지승유오

지금부터는 승리를 알 수 있는 5가지 요소에 대해서 말합니다. 시계편에서 전쟁을 결심하기 전에 반드시 살펴보고 비교해야 하는 요소인 5사 7계에 대해서 공부했습니다. 여기서의 5가지 요소는 5사 7계와 같은 원칙적이고 수치화할 수 있는 성질의 것이 아니라 다소 주관적이고 정성적인 판단 요소에 가깝다고 할 수 있습니다.

어떤 요소들이 있는지 살펴볼까요?

知　　可以與戰　　不可以與戰者　　勝
지　　가이여전　　불가이여전자　　승

첫째는 "더불어 싸울 수 있는지, 더불어 싸울 수 없는지를 아는 자가 이긴다."

이는, 5사 7계나 병력규모 등을 종합적으로 고려하여 승산을 제대로 따져보는 편이 이길 확률이 높다는 말입니다. 싸울 수 있는지 또는 없는지를 모르면 당연히 이길 수 없겠지요.

識　　衆寡之用者　　勝
식　　중과지용자　　승

두 번째는 "부대의 규모에 따른 운용술을 아는 자가 이긴다." 입니다. 적 상황에 따라 부대를 하나로 묶기도 하고, 여럿으로 분산시키기도 합니다. 이것을 일사분란하고 매끄럽게 처리해 낼 수 있는 쪽이 당연히 상황 대처능력이 뛰어나겠지요. 이런 군대가 이기는 것은 당연합니다.

삼국지에 나오는 8진도 같은 것이지요. 지휘자의 신호에 맞추어 부대의 대형을 자유자재로 변형시킬 수 있는 군대는 제대로 훈련된 군대이며, 군기가 확립된 정예부대라는 얘기입니다.

이런 군대를 이기기란 쉽지 않겠지요?

上下同欲者　　勝
상하동욕자　　승

세 번째는 "위와 아래가 함께 하고자 하는 측이 이긴다." 입니다. 위아래가 같은 마음을 품고 있으면 그 조직은 반드시 목표를 이루고 맙니다. 하지만 위에서는 늘 다그치고, 아래에서는 불평불만만 늘어놓는 조직이라면 쉬운 일도 제대로 해낼 리가 없고, 얼마 못 가서 망하고 말겠지요.

以虞待　　不虞者　　勝
이우대　　불우자　　승

네 번째는 "걱정하고 대비한 채로 아무 준비없는 적을 맞이하는 측이 이긴다." 입니다. 치밀하게 준비하고 계획한 군대가 아무 준비도 없이 덤비는 군대를 만나면 누가 이길까요? 당연히 미리 준비한 측이 이길 것입니다.

전쟁이란 불확실성의 연속입니다. 모든 것이 불확실합니다. 불확실하니까 아예 계획 없이 가는 것도 나쁘지 않다고요? 아니죠. 불확실하기 때문에 더더욱 계획을 해야 하는 겁니다. 그나마 계획을 했기 때문에 불확실성을 감소시킬 수도 있고, 우발상황에서 당황하지 않고 차분하게 대응할 수 있기 때문입니다. 준비가 되어 있지 않다면 우발상황에서 자중지란에 빠져들기 쉽겠지요?

將能　　而君不御者　　勝
장능　　이군불어자　　승

此五者　　知勝之道也
차오자　　지승지도야

마지막 다섯 번째는 "장수가 유능한데다 왕이 이래라저래라 간섭하지 않으면 이긴다." 입니다. 왕의 금기사항 3가지를 앞에서 살펴봤지요? 장수가 유능하면 그냥 맡겨놓고 결과만 기대하면 됩니다. 괜히 더 잘해 보겠다고 왕이 이래라저래라 간섭하기 시작하면 오히려 일을 더 망치고 맙니다.

이상의 5가지가 승리를 알 수 있는 방법입니다. 이 5가지를 일컬어 '지승유오'라고 합니다. 지승유오는 군대 뿐만 아니라 우리 생활 곳곳에서 대입해 보고 활용할 수 있는 요소입니다. 꼭 기억해 뒀다가 활용해 보세요!

적을 알고 나를 알아야 한다

故	曰	知彼知己	百戰不殆
고	왈	지피지기	백전불태

손자병법에서 가장 유명한 문구가 드디어 나왔습니다.

"적을 알고 나를 알면 백 번 싸워도 위태롭지 않다."

통상 '지피지기면 백전백승이다'라고 잘못 알고 있습니다. '지피지기 백전불태'가 맞습니다. 위태롭지 않다라는 것이지요. 뒤집어 생각하면, 백 번을 싸우더라도 안심하고 싸우려면 적과 나를 반드시 알아야 된다는 말이 됩니다.

적과 나를 모르면 늘 불안할 수밖에 없겠지요.

不知彼	而知己	一勝一負
부지피	이지기	일승일부

"적은 모르지만 나만이라도 알면 한번은 이기고 한 번은 진다." 그나마 내 실력이라도 알고 있다면 다행이라는 말이지요.

不知彼	不知己	每戰必殆
부지피	부지기	매전필태

"적도 모르는 데다가 나조차도 모르면 싸울 때마다 반드시 위태롭다." 적과 나에 대해서 아무것도 모르는데 어떻게 전쟁이 가능하겠습니까?

자, 이렇게 모공편을 살펴 봤습니다. 모공편에서는 온전히 하기 위해서 머리를 쓰라고 했습니다. 그래서인지 모공편에는 유독 이 한 글자가 많이 등장합니다. 무슨 글자인지 감이 오나요?

네, 바로 '알 지'자 입니다. 알아야 한다는 겁니다. 전쟁은 힘만 세다고 할 수 있는 것이 아니라, 알아야 그 힘을 제대로 쓸 수 있습니다. 그러므로 여러분들의 지력을 키우는데 힘써야 할 것입니다.

군형(軍形)

먼저 이겨놓고 싸운다

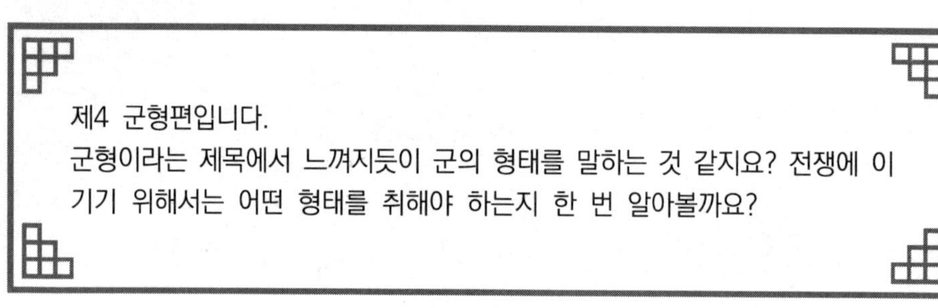
제4 군형편입니다.
군형이라는 제목에서 느껴지듯이 군의 형태를 말하는 것 같지요? 전쟁에 이기기 위해서는 어떤 형태를 취해야 하는지 한 번 알아볼까요?

준비하고 적을 기다려라

孫子曰　　昔之善戰者
손자왈　　석지선전자

先爲不可勝　　以待敵之可勝
선위불가승　　이대적지가승

"예로부터 전쟁을 잘 하는 사람은 먼저 적이 이길 수 없도록 해놓은 뒤에, 적을 기다렸다가 승리한다."

모공편에서 이와 비슷한 문구를 본 것 같지요? '이우대 불우자 승' 즉, 걱정하며 대비한 상태에서 준비 없는 적을 맞아 싸우는 자는 승리한다는 의미였지요. 여기에서는 적이 이길 수 없도록 한다는 측면에 포커스를 두어야 합니다.

왜 그래야 하는지는 뒤에 이어지는 설명 때문이지요.

不可勝　　在己
불가승　　재기

可勝　　在敵
가승　　재적

"적이 이길 수 없는 것은 나한테 달린 문제이고, 내가 이길 수 있는 것은 적에게 달린 문제이다."

이해하기 어려운 문구인데, 앞에 주어가 생략되어 있어서 그렇습니다. 첫 번째 문장에서는 '적이'라는 주어가 생략되어 있고, 두 번째 문장에서는 '내가'라는 주어가 생략되어 있습니다. 감안해서 보면 이해하기가 쉽습니다.

즉, 적이 아군을 이기는 것은 순전히 적의 능력에만 좌우되는 것은 아닙니다. 적의 입장에서 적의 능력이 상수인 반면, 상대방인 나의 능력과 대비태세는 변수인 셈이지요. 즉 적이 이기느냐 못 이기느냐는 변수인 나에게 달려 있다는 말입니다.

같은 논리로, 내가 적에게 이기는 것은 적에게 좌우되는 문제이지요. 이번에는 적이 변수이기 때문입니다.

얼핏 보면 당연한 것 같지만, 가만히 음미해 보면 그렇게 단순하게 생각할 문제는 아니지요? 시간을 두고 찬찬히 음미해 보시기 바랍니다.

전쟁은 예측의 영역이다

故　　善戰者　　　能爲不可勝
고　　선전자　　　능위불가승

不能使敵之必可勝
불능사적지필가승

"그래서 잘 싸우는 자는 적이 이길 수 없도록 할 수는 있어도, 내가 이기도록 적을 내 뜻대로 조종할 수는 없다."

앞에서 했던 얘기를 다시 한번 정리한 문구입니다. 전쟁이란 수학이나 과학처럼 딱딱 맞아 떨어지는 영역이 아닙니다. 마찰, 불확실성, 우연 등이 한데 어우러진 혼란의 장 그 자체이지요. 그렇기 때문에 내 뜻대로 적을 좌우할 수 있다는 생각은 명백히 오류입니다.

단지 적을 유인하거나 속이기 위해 나름대로의 노력을 기울이고, 그런 후에 적이 우리의 의도대로 따를 것인지 말 것인지를 예측하고 판단하고 대비해야 하는 것이지요. 축구가 계획대로 된다면 재미와 감동이 없겠지요. 물론 그렇게 되지도 않습니다.

전쟁도 마찬가지입니다. 재미와 감동을 위해서가 아니라 계획대로 될 수가 없는 영역인 것이지요.

그래서 항상 예상을 빗나가는 결과가 생기고, 이로 인해 역사가 바뀌게 되는 겁니다.

故　　曰　　勝可知　　不可爲
고　　왈　　승가지　　불가위

"이런 이유로 승리는 알 수는 있으되, 인위적으로 만들 수는 없다."

전쟁의 승리를 수학적으로 계산하거나, 적을 내 마음대로 조종하여 내가 원하는 결과가 나오도록 할 수는 없습니다. 그러므로 전쟁은 확실과 확신의 영역이 아닌, 예측의 영역인 것이지요.

언제 공격하고 언제 방어할까

不可勝者　守也
불가승자　수야

可勝者　攻也
가승자　공야

그렇다면 어떤 경우에 방어를 하고, 또 어떤 경우에 공격을 할까요? 손무가 정말 간단명료하게 정리했습니다.

"이길 수 없으면 방어하고, 이길 수 있으면 공격한다."

정말 명쾌한 정리입니다. 전쟁에서 양측 모두 방어만 한다면 전쟁이 성립할 수가 없겠지요. 또한 양측 모두 공격하는 것은 현실전쟁에서 있을 수가 없지요. 상대적인 전력의 차이가 존재하기 때문입니다.

즉 상대성이지요. 상대적으로 약한 측은 방어를 할 수 밖에 없겠지요. 반대로 상대적으로 강한 측은 공격을 할 것입니다. 그래야 전쟁의 목적을 달성할 수가 있으니 말이죠.

守則不足
수즉부족

攻則有餘
공즉유여

부연 설명이 이어집니다.

"지킨다는 것은 부족하기 때문이고, 공격한다는 것은 남기 때문이다."

앞에서 공자와 방자의 비율에 대해 언급한 바가 있습니다. 방자를 1로 볼 때, 방자를 공격하기 위한 공자의 전력은 최소한 3은 되어야 한다고 했습니다. 공자는 방자보다 전력 면에서 우세하기 때문에 공격을 하는 것입니다. 반대로 방자는 공자보다 전력이 열세하기 때문에 방어를 할 수밖에 없는 것이지요.

공자와 방자의 태세

善守者　　藏於九地之下
선수자　　장어구지지하

그렇다면, 공자와 방자의 모습은 어때야 하는 걸까요? 손무가 다음과 같이 멋진 표현을 했네요.

"방어를 잘하는 군대는 가장 깊은 땅속에 숨은 듯 한다."

원문에서 '구지지하'는 가장 깊은 땅속을 말합니나. 한자에서 '아홉 구'는 1부터 9까지의 숫자 중에서 가장 큰 숫자로서 최상급을 의미합니다.

가장 깊은 땅속에 숨은 듯 한다는 말은 적이 아무리 찾으려고 해도 찾을 수 없거나, 아군의 방어태세를 적군이 전혀 알아채지 못하게 한다는 뜻입니다. 그렇게 되면 적은 절대 나를 이길 수 없겠지요.

善攻者　　動於九天之上
선공자　　동어구천지상

"공격을 잘하는 군대는 가장 높은 하늘에서 움직이듯 한다."

구천지상이란 가장 높은 하늘을 뜻합니다. 가장 높은 곳에서 움직인다는 것은 아무런 제약 없이 움직이면서 땅 위의 움직임들을 모두 포착할 수 있고, 그렇기 때문에 내가 원하는 시간과 장소에서 공격할 수 있게 되는 것이지요.

故　　能自保　　　而全勝也
고　　능자보　　　이전승야

"가장 깊은 땅 속에 숨듯 방어를 하고, 가장 높은 하늘에서 움직이듯이 공격을 하면 아군을 보호하면서도 승리를 온전하게 할 수 있다."

당연하겠지요? 가장 강력한 방어를 하고, 가장 강력한 공격을 하기 때문입니다.

진정한 승리란

見勝　　不過衆人之所知　　非善之善者也
견승　　불과중인지소지　　비선지선자야

"승리한 것을 보고 수많은 사람들이 모두 알 정도에 불과하다면 최고 중의 최고라 할 수 없다."

일단 전쟁에서 이기면 좋은 것 아닐까요? 그런데 손무는 누구나 다 알 정도의 승리는 최고가 아니라고 했습니다. 왜 그런 것인지 계속 볼까요?

戰勝　　而天下曰善　　非善之善者也
전승　　이천하왈선　　비선지선자야

또, "전쟁에서 승리를 해도 세상 모두가 이구동성으로 최고라고 하는 것은 최고 중의 최고라 할 수 없다."라고 했습니다.

전쟁에서 이겼으면 좋은 것 아닐까요? 그런데 손무는 여기서도 세상 만인이 칭송하는 승리는 최고라 할 수 없다고 했습니다.

그렇다면 손무의 기준에 부합하는 최고의 승리란 어떤 걸까요?

故　　擧秋毫不爲多力
고　　거추호불위다력

見日月不爲明目
견일월불위명목

聞雷霆不爲總耳
문뢰정불위총이

앞에서 자타가 인정하고 칭송하는 승리는 최고가 아니라고 했는데, 그 이유가 나옵니다.

"가을에 털갈이 해서 빠진 털을 들었다고 해서 힘이 세다고 하지 않는다. 태양과 달을 봤다고 해서 눈이 밝다고 하지도 않는다. 우레와 천둥소리를 들었다고 해서 귀가 밝다고 하지도 않는다."라고 했습니다.

쉽게 말하면, 누구나 알 정도의 승리는 너무 뻔하다는 겁니다. 너무 뻔한 것을 최고라고 할 수 없지 않느냐는 것이지요.

古之所謂善戰者	**勝於易勝者也**		
고지소위선전자	승어이승자야		

故	**善戰者之勝也**	**無智名**	**無勇功**
고	선전자지승야	무지명	무용공

손무가 추구하는 진정한 승리란 이런 것입니다.

"전쟁을 잘하는 사람은 쉬운 승리, 즉 이길 수 있는 싸움에서 이긴 사람이다. 그래서 전쟁을 잘하는 사람의 승리에는 대단한 명예도 없고, 대단한 무용담도 없는 것이다."

좀 이해가 되나요? 손무가 추구하는 것은 부전승입니다. 싸우더라도 지모, 지략을 써서 피해를 최소화하면서 이기는 것입니다. 그렇기 때문에, 앞서 언급한 누구나 다 아는 승리란 화려한 전투의 결과로서 나타난 승리를 말하고 있고, 따라서 그러한 승리에는 수많은 인적 물적 희생이 전제되어 있는 만큼 최고의 승리라 할 수 없다는 것이지요.

반면, 사전에 승리의 여건과 기반을 갖춰놓고 싸워 이기는 싸움은 얼핏 보기에 시시해 보입니다. 겉으로 보여지는 모습에서 대단하게 보이지 않기 때문이지요. 하지만 이런 승리야 말로 진정으로 대단한 승리라는 것입니다.

사진은 영화 '이미테이션 게임'의 한 장면입니다. 앨런 튜링이라는 천재 수학자가 독일군 암호를 해독하여 연합군의 승리에 크게 기여 했으나 이를 아는 사람은 거의 없습니다. 전공을 세상이 알아주고 안 알아주고는 중요하지 않습니다. 얼마나 희생을 적게 하면서 이기느냐가 중요한 것이지요. 손무가 가리키는 진정한 승리란 바로 이런 것 아닐까요?

승자가 싸우는 방식

故　　其戰勝不忒
고　　기전승불특

"그러므로 이런 사람들의 승리는 어긋날 리가 없다."

대부분의 전쟁이 무턱대고 한다고 봐도 무방합니다. '일단 공격을 개시해 놓고 보면 어떻게든 되겠지?'라는 생각으로 전쟁을 한다는 얘기지요.

하지만 전쟁을 잘하는 사람, 최고의 승리를 쟁취하는 사람의 싸움은 치밀함 그 자체입니다. 모든 것이 치밀한 계획에 의해서 진행된다는 말입니다. 나의 공격에 적이 어떻게 반응할지를 A, B, C 등의 안을 미리 염두 판단하고 있다면, 적이 어떤 안대로 반응하더라도 계획대로 대응할 수 있게 되는 것입니다.

그러므로 전쟁을 잘하는 사람의 승리가 어긋날 일이 없게 되는 것이지요.

不忒者　　其所措必勝已敗者也
불특자　　기소조필승이패자야

여기에 구체적인 부연설명이 나와 있습니다.

"전쟁을 잘하는 자의 승리가 어긋나지 않는 이유는 이미 패한 적을 상대로 반드시 이길 수 있는 제반 조처를 다 취해놓았기 때문이다."

전쟁을 잘하는 자는 싸우기 전부터 전쟁의 시작과 끝을 미리 예상하고 판단합니다. 무턱대고 덤비는 것과는 차원이 다르지요. 그래서 싸우기 전, 워게임에서 이미 패한 적을 상대로 하여, 현실전쟁을 통해 입증하는 것일 뿐입니다.

故　　善戰者　　立於不敗之地
고　　선전자　　입어불패지지

而不失敵之敗也
이부실적지패야

계속해서 손무는 "그러므로 잘 싸우는 사람은 불패의 땅에 굳건히 서서 적이 패할 수 있는 상황을 절대 놓치지 않는다."라고 했습니다.

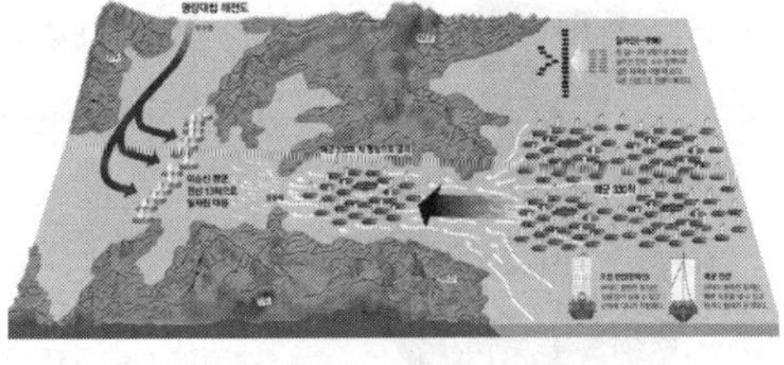

잘 싸우는 사람은 모든 경우의 수를 예측해 놓고 있기 때문에 결코 지지 않습니다. 이런 사람은 절대 지는 싸움을 하지 않기 때문이지요. 반드시 이길 수 있는 싸움만 합니다.

그리고 적이 질 수밖에 없는 상황에 처하면 그 기회를 호기로 만들어 승리를 만들어 가는 것입니다.

이기는 군대와 패하는 군대

是故　勝兵　先勝　而後求戰
시고　승병　선승　이후구전

여기에서 손자병법에서 유명한 또 하나의 구절이 등장합니다.
"이기는 군대는 먼저 이겨놓고 싸운다."

한니발의 칸네 전투를 예로 들었습니다. 한니발은 로마군 사령관 두 명이 성향이 완전히 대조적임을 간파하여 조급하고 저돌적인 사령관이 지휘를 맡은 날에 전투를 시작합니다.

한니발은 일부러 패하는 척하면서 후퇴를 하지요. 로마군은 이기는 줄 알고 신나서 추격해 들어갑니다. 좌우에 있던 부대까지 모두 중앙으로 끌어들입니다. 병사 간의 간격이 좁혀지고 움직일 공간이 제한되는 상황까지 말입니다.

이때 후퇴하던 한니발 군이 반격을 가해오고, 양측의 부대가 로마군을 완전히 포위해 버립니다. 이 전투에서 로마군은 몰살을 당합니다.

이 사례를 보면, 이겨놓고 싸운다는 말의 의미가 어떤 것인지 팍 와닿을 거라 생각합니다.

敗兵　先戰　而後求勝
패병　선전　이후구승

반대로 "패배하는 군대는 먼저 싸움을 걸어놓고 승리를 구한다."라고 했습니다. 대부분의 경우라 할 수 있습니다.

1차 세계대전의 경우가 여기에 딱 들어맞습니다. 당시 제국주의를 통해 부를

축적한 유럽 각국은 근거 없는 자신감에 차 있었습니다. 거기에다 민족주의까지 겹쳐졌지요.

일촉즉발의 순간, 오스트리아 황태자 암살사건이 일어났고, 이것이 세계대전의 불씨가 된 것이지요. 하지만 어땠습니까? 비극을 낳았을 뿐입니다. 근거 없는 자신감만으로 전쟁을 일으킨 결과는 참혹했지요.

전쟁은 자신감과 열정, 애국심만으로 할 수 있는 것이 아님을 명심해야 합니다.

善用兵者　　修道而保法
선용병자　　수도이보법

故　　能爲勝敗之政
고　　능위승패지정

잘 싸우는 자에 대한 설명의 결론입니다.

"잘 싸우는 자는 정치의 도를 세우고 국가의 법령을 확립한다. 이를 통해 이기고 지는 원리를 능히 알 수 있다."

도(道)라는 것은 여러 의미로 쓰입니다. 원래는 길이라는 뜻입니다. 국가의 도란 정치 리더십을 말하지요. 개인의 도란 개인이 가야 할 길 또는 갖추어야 할 덕목 등을 말합니다. 국가적 차원에서는 정치의 도를 바로 세우는 것이 중요하고, 개인적 차원에서는 자신의 할 바를 다하고 자신의 역량을 키우는 것이 중요하겠지요.

그런 가운데 지킬 것은 반드시 지키는 법치주의를 확립하여 국민 모두가 이를 미덕으로 삼는다면 그 나라는 진정으로 강한 나라가 될 수 있습니다. 이런 나라를 상대로 전쟁을 한다면 아마도 어려운 싸움이 되지 않을까요?

결론 : 승자는 균형으로 이긴다

兵法	**一曰度**	**二曰量**	**三曰數**	**四曰稱**	**五曰勝**
병법	일왈도	이왈량	삼왈수	사왈칭	오왈승

지금부터 본격적으로 균형에 대해서 언급합니다.

"병법에 첫째는 도, 둘째는 량, 셋째는 수, 넷째는 칭, 다섯째는 승이 있다."

도는 국토의 넓이를 말합니다. 량은 국가자원의 많고 적음을 말합니다. 수는 인구를 뜻하고, 칭은 군사력의 우열을 의미하며, 승은 말 그대로 승리를 뜻합니다. 뜬금없이 왜 이런 요소들을 언급했을까요?

地生度	**度生量**	**量生數**	**數生稱**	**稱生勝**
지생도	도생량	량생수	수생칭	칭생승

그 이유를 말합니다.

"국토에서 넓이(도)를 판단할 수 있고, 넓이에서 자원의 양(량)을 판단할 수 있다. 자원의 양을 기준으로 인구를 판단할 수 있고, 인구를 바탕으로 군사력을 판단할 수 있다. 군사력을 비교하여 어느 편이 이길지를 알 수 있다."

논리적으로 맞는 말이지요? 부연 설명을 하지 않더라도 다들 이해하실 것으로 믿습니다.

故	**勝兵**	**若以鎰稱銖**
고	승병	약이일칭수

敗兵	**若以銖稱鎰**
패병	약이수칭일

손무는 이기는 군대와 지는 군대의 모습을 이렇게 비유하고 있습니다.

"이기는 군대는 일(1)로 수(일의 1/576)를 치는 것과 같고, 패하는 군대는 수로 일을 치는 것과 같다."

일과 수는 고대 중국의 도량형 단위였던 것 같습니다. 일은 수의 576배를 의미한다고 하네요. 그렇다면 일로 수를 공격하는 건 식은 죽 먹기보다 쉽지요. 반대로 수로 일을 공격하면 어떨까요? 게임이 안 되고, 말이 안 되죠?

勝者之戰	若決積水	於千仞之谿者	形也
승자지전	약결적수	어천인지계자	형야

앞에 언급했던 내용들의 결론입니다. 승자가 패자를 공격하는 모습, 다시 말해 위에 언급한 것처럼 일(대규모 부대)로 수(소규모 부대)를 치는 모습을 정말 멋지게 표현했습니다.

"승자의 전투는 마치 모아둔 물을 천길 낭떠러지에서 터트리는 것과 같다. 그것을 군형이라 한다."

사진에서처럼 폭포수가 높은 곳에서 떨어지면 그 위치에너지가 어마어마하겠지요?

여러분은 전장의 지휘관입니다. 여러분의 병사들은 이 전쟁을 위해 열심히 훈련했고, 사기도 하늘을 찌를 듯 합니다. 우리 앞에는 적군이 집결하고 있고, 이를 바라보고 있는 우리 병사들은 공격 명령이 떨어지기만 하면 금방이라도 튀어 나갈 기세로 공격신호를 기다리고 있습니다.

팽팽한 긴장감이 감도는 순간, 여러분은 때가 무르익었다고 보고 공격 명령을 내립니다. 어떤 광경이 펼쳐질까요? 사나운 폭포수가 엄청난 기세로 모든 것을 휩쓸고 지나가는 듯한 모습이 그려지지 않나요? 바로 그것이 이기는 자의 모습, 즉 군형이라는 것입니다.

지금까지 군형편을 살펴 보았습니다. 군형편에서 가장 중요한 것은 '먼저 이겨놓고 싸운다'라는 겁니다. 꼭 명심하시기 바랍니다.

병세(兵勢)

기세를 활용하라

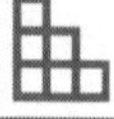
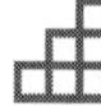

제5 병세편입니다.

앞 페이지의 사진은 높은 파도인데요, 영화 속에서 서핑을 즐기는 사람들이 좋아할 만한 파도입니다. 여기서는 사진 속 파도의 기세와 같은 '기세'에 대해서 살펴봅니다.

특히 '기'와 '정'에 대해서 살펴 볼텐데, 흥미로운 주제이니까 잘 따라와 주시기 바랍니다.

대부대를 한 사람 다루듯 하는 비결

孫子曰　凡　治衆如治寡　分數是也
손자왈　범　치중여치과　분수시야

군대도 사람들로 구성된 조직입니다. 그래서 사람 수 만큼이나 다양성이 존재합니다. 하지만 군대는 전쟁에서 목숨을 걸고 싸워 이겨야만 하는 특수성을 가진 집단이지요. 그렇기 때문에 개개인의 개성과 다양성을 다 존중해 줄 수가 없겠지요.

그러면 이떻게 그 많은 사람들을 마치 한 몸인 것처럼 싸우게 할 수 있을까요? 손무가 그 답을 제시합니다.

"큰 무리를 통솔하는 것을 마치 소수를 통솔하듯이 할 수 있는 것은 부대편성 덕분이다."

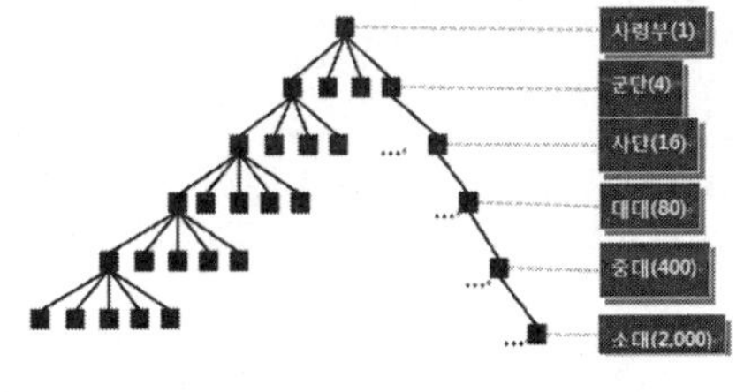

부대편성이란 소대 - 중대 - 대대 - 연대 - 사단 등 부대를 일정 인원수에 맞추어 구분해 놓은 단위입니다.

그러면 부대편성이 어떤 역할을 할까요? 소대는 소대장의 명령에 따라 움직이지요. 중대 또한 중대장의 명령에 따라 움직입니다. 소대나 중대원 전체에게 명령할 필요가 있나요? 소대장, 중대장 한 사람에게만 명령하면 끝입니다. 그러면 상급자가 원하는 대로 각 부대를 쉽게 움직일 수 있는 것이지요. 이해되지요?

그것이 바로 '부대편성' 즉 '분수'입니다.

鬪衆如鬪寡　形名是也
투중여투과　형명시야

평시에는 그렇다 치고, 전쟁은 죽느냐 사느냐가 좌우되는 문제입니다. 모두가 살고 싶어 하고, 죽기는 싫어하지요. 이런 심리를 가진 병사들을 어떻게 싸우게 할 수 있을까요?

"큰 무리를 싸우도록 하는 것을 마치 소수가 싸우는 것처럼 할 수 있는 것은 각종 신호 수단 덕분이다."

전장에서 그 수많은 병사들이 들릴 만큼 큰 목소리로 명령을 내릴 수 있을까요? 불가능하지요. 그래서 고대 전쟁에서는 깃발을 활용했습니다. 전 병사들이 모두 보이는 곳에 깃발을 든 기수가 위치하고 있지요. 그 기수의 신호에 따라 전진하고 모이고 흩어지는 것입니다.

이렇게 하면 아무리 많은 인원이라도 사전에 훈련된 대로 마치 한 사람처럼 움직일 수 있게 되는 것이지요. 이것이 바로 신호 수단, 즉 '형명'입니다.

손자병법의 묘미 : 기정(奇正)과 허실(虛實)

三軍之衆　　可使必受敵　　而無敗者　　奇正是也
삼군지중　　가사필수적　　이무패자　　기정시야

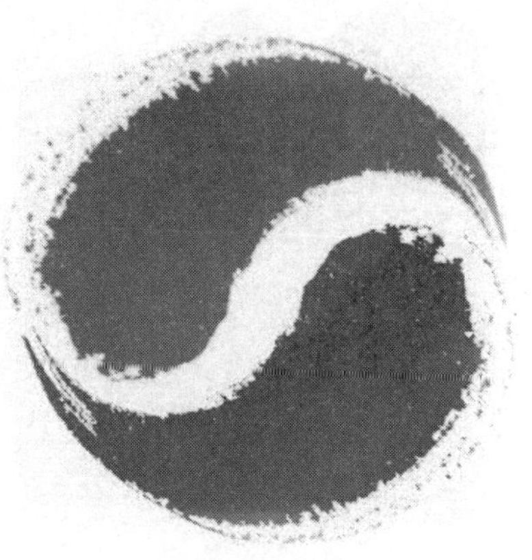

기정을 손자병법의 묘미라고 표현했는데요, 이 기정은 영어권 사람들에게 이해시키기가 상당히 까다로운 용어인 반면, 동양인들은 대체로 쉽게 받아들일 수 있는 개념이기도 합니다. 그만큼 추상적이고 어려운 개념이라는 말입니다. 하지만 잘 이해하면 그 속에 정말 오묘한 자연의 이치와 섭리가 내포되어 있음을 알게 되지요.

앞에서 분수와 형명이 나왔고, 이제는 '기정'입니다. 살펴볼까요?

"군대가 적과 싸워서 패하지 않도록 하는 것은 '기정' 덕분이다."

앞 장에서는 먼저 이겨놓고 싸우라고만 했지 어떻게 해야 미리 이기는지에 대해서는 언급이 없었습니다. 바로 '기정'이 이겨놓고 싸울 수 있는 비결인 셈입니다. 제대로 알고 활용하면 유익할 것 같지 않나요?

兵之所加　　如以碫投卵者　　虛實是也
병지소가　　여이하투란자　　허실시야

분수, 형명, 기정에 이어 허실입니다.

"군대를 투입할 때, 마치 숫돌을 계란에 던지는 것처럼 할 수 있는 것은 허실 덕분이다."

숫돌이 강한 반면 계란은 약합니다. 강한 부대가 약한 부대를 공격하는 것을

의미하지요. 적도 강하게 준비하고 있을 텐데, 어떻게 적을 약하게 할 수 있을까요?

손무는 허실의 활용을 통해 그것이 가능하다고 말합니다. 허실에 대한 언급은 다음 '제6 허실편'에서 자세히 다루고 있습니다. 여기서는 기정에 대해서 집중적으로 알아보겠습니다.

정(正)으로 맞붙어 기(奇)로 이긴다

凡　戰者　以正合　以奇勝
범　전자　이정합　이기승

오묘하고 복잡한 기정의 세계로 들어가 볼까요?

“전쟁이란 정으로 맞붙어 싸우고, 기를 활용하여 승리한다.”

‘이정합 이기승’이라는 문구도 유명하고 중요합니다. 꼭 기억해 두시기 바랍니다. 여기에서 정이란 무엇을 말할까요? ‘바를 정’자 인데요. 바르다는 것, 즉 원칙, 통념, 상식, 교리 등을 뜻합니다. 모두가 알고 있는 바 그대로인 것이 바로 정입니다.

정으로 맞붙어 싸운다는 것은 일반적인 전쟁의 방식대로 선전포고하고, 공자가 먼저 공격해 들어오면 방자는 방어를 하는 등의 일련의 흔히 알고 있는 바대로 싸운다는 것을 뜻합니다. 이는 당연히 그렇게 해야 합니다. 비정상적인 공격은 국제사회의 비난을 받게 되고, 나아가 동맹국들도 지지를 철회하는 사태까지 확대될 수 있기 때문이지요.

하지만 싸움의 방식에 관해서는 그와 정반대입니다. 손무는 ‘기를 활용하여 승리한다’라고 했는데, 여기서 ‘기’란 ‘정’의 반대 의미로서, 바르지 않은 것, 비상식적인 것, 통념을 벗어난 것, 원칙파괴 등을 뜻합니다. 이 또한 당연한 것 아닌가요?

국가의 운명이 달린 전쟁에서 어떻게 원칙대로, 교리대로, 상식대로 싸워서 이길 수 있다는 생각을 할 수 있을까요? 그런 사람은 전쟁의 속성도 모르고, 장교로서의 자질도 없는 사람이겠지요.

전쟁은 쌍방 모두가 속임수를 쓰게 되어 있습니다. 시계편에서 ‘병자 궤도야’ 즉 전쟁은 속임수라고 했던 것 기억나죠? 그런 만큼, 기발한 아이디어, 창의적인 사고로 무장을 해야 합니다. 그것이 곧 ‘기’를 활용할 수 있는 밑바탕이 되기 때문입니다.

사진은 군사력이 없는 상황에서 제갈량이 사마의의 공격에 맞서 성문을 열어젖히고 성루에서 여유롭게 가야금을 타는 장면입니다. 사마의는 제갈량의 숨은 의도가 있을 것이라 여겨 퇴각하게 되고, 제갈량은 위기를 넘기게 됩니다. '기'를 활용하여 승리하는 대표적인 사례라 할 수 있습니다.

기(奇)를 잘 활용하는 사람은

故	善出奇者	無窮如天地	不竭如江河
고	선출기자	무궁여천지	부갈여강하

"기를 잘 활용하는 사람은 하늘과 땅처럼 다함이 없고, 강처럼 마름이 없다."

기는 꾀와 동일한 의미로 생각하면 됩니다. 물질적인 것은 한계가 있지요. 석유도 한계가 있고, 석탄도 한계가 있습니다. 하지만 대체 에너지를 발견하고 개발해 내는 '창의적 사고'에는 한계가 없습니다.

이와 마찬가지로, 전쟁에서 이길 수 있는 묘책을 찾아낼 수 있는 사고에는 한계가 있을 수 없지요. 눈에 보이는 군사력만 중요한 것이 절대 아닙니다. 그와 같은 유형의 군사력을 제대로 활용할 수 있는 작전을 구상해 낼 수 있는 능력, 적이 예상하지 못하고 미처 대처할 수 없는 방안을 생각해 낼 수 있는 능력을 가진 사람이야말로 최고의 군사력이지요.

이런 '선출기자' 같은 사람이 없다면 그 군대는 고생은 고생대로 하고, 성과는 미미한 전쟁만을 하게 될 공산이 크겠지요?

終而復始	日月是也	死而復生	四時是也
종이복시	일월시야	사이복생	사시시야

'선출기자'에 대한 칭송이 계속됩니다.

"(선출기자는) 끝나는가 싶더니 다시 시작되는 것은 마치 해와 달과 같고, 죽었다 싶었는데 다시 살아나는 것은 마치 4계절과 같다."

기 또는 꾀라고 하는 것은 그것을 잘 생각해 낼 줄 아는 사람에게는 마치 바닥없는 우물과도 같다는 뜻입니다. 그만큼 새로운 아이디어와 기발한 착상이 무궁무진하다는 말이지요.

기정(奇正) 조합의 무궁무진한 속성

聲不過五　　五聲之變　　不可勝聽也
성불과오　　오성지변　　불가승청야

그러면 기정의 속성은 어떤지 살펴볼까요?

"소리는 단지 다섯 음계에 불과하지만, 다섯 음계가 만들어 내는 변화는 다 들을 수 없다."

옛날 가야금이나 거문고를 탈 때를 생각하면 됩니다. 그때는 '궁, 상, 각, 치, 우'라고 하는 다섯 음계가 전부였습니다. 현대의 도레미파솔라시도 8음계라도 마찬가지인데요, 분명히 음계는 다섯에 불과하지만, 그 소리들이 만들어내는 화음은 무궁무진합니다.

공감하지요?

色不過五　　五色之變　　不可勝觀也
색불과오　　오색지변　　불가승관야

계속 이어집니다.

"색은 다섯 가지에 불과하지만, 다섯 색이 만들어내는 변화는 이루 다 볼 수 없다."

옛날 사람들의 기준으로 보자면, 적-흑-백-청-황입니다. 현대에는 3원색이라고 해서, 적-청-황을 주로 씁니다. 아무튼 우리가 아는 색은 다섯가지에 불과하지만, 그 색의 조합으로 만들어 내는 색깔은 무궁무진하지요.

이 또한 공감하지요?

味不過五 **五味之變** **不可勝嘗也**
미불과오 오미지변 불가승상야

이번에는 맛입니다.

"맛은 다섯 가지에 불과하지만, 다섯 가지 맛이 만들어내는 변화는 이루 다 맛볼 수 없다."

다섯 맛이란 시고 짜고 쓰고 달고 매운 맛입니다. 그런데 떡볶이를 먹어도 단순히 맵기만 하지는 않지요. 커피를 마셔도 쓰거나 달기만 한 것은 아니지요. 그 사이에는 다양한 맛이 존재합니다. 요리사들이 만들어내는 음식과 그 맛의 변화 또한 끝이 없습니다.

戰勢 **不過奇正**
전세 불과기정

奇正之變 **不可勝窮也**
기정지변 불가승궁야

이와 같이 기정의 변화도 무궁무진합니다.

"전쟁의 형세를 만드는 것은 기와 정 단 두 가지에 불과하지만, 기정의 조합이 만들어내는 변화는 그 끝을 알 수 없을 만큼 무궁무진하다."

'전승불복'이라는 말이 있습니다. 물론 손자병법에도 나오지요. 전쟁에서의 승리는 반복되지 않는다는 것입니다. 다시 말하면, 어떠한 전쟁도 똑같은 방법으로 이긴 사례는 없다는 말입니다. 전쟁의 승부는 기정의 조합에 좌우된다고 볼 때, 기정이 만들어내는 변화는 무궁무진하게 변화할 수 있음을 알 수 있습니다.

奇正相生	**如循環之無端**	**孰能窮之哉**
기정상생	여순환지무단	숙능궁지재

"기와 정은 서로 상생하며 끝없이 순환하는 바, 누가 그 끝을 알 수 있겠는가?"

사진 속의 뫼비우스 띠를 다 알지요? 뫼비우스의 띠는 엇갈린 채로 끝없이 순환합니다. 기와 정의 결합과 변화도 마찬가지라는 얘기지요.

손무가 기정에 관한 주제로 얘기하고자 하는 바가 무엇일까요? 전쟁에서 싸울 때에는 고정관념에 집착하지 말고 끊임없이 창의적인 사고를 해라! 이를 통해 싸우지 않고 이기는 방법, 서로를 온전히 하면서 이길 수 있는 방법을 찾아라! 이런 의미 아닐까요?

군대의 기세

激水之疾 　　**至於漂石者** 　　**勢也**
격수지질 　　지어표석자 　　세야

지금부터는 본격적으로 '세'에 대해서 설명합니다.

"사납게 흐르는 물의 속도는 강바닥에 있는 돌도 뜨게 만든다. 그것을 세라고 한다."

'기세가 사납다'라는 표현을 자주 쓰지요? 여기에서의 '세'는 바로 그런 기세를 말합니다. 고여 있는 물, 정지해 있는 물에는 아무런 성질이 없습니다. 하지만 그 물에 경사를 주어 움직이게 만들면 엄청난 에너지가 발생하게 되지요.

우리는 이런 물의 성질을 이용하여 수력발전도 하고, 래프팅도 즐깁니다. 때로는 급류에 휩쓸리는 비극을 경험하기도 합니다.

그것이 바로 물이 만들어내는 기세인 셈이지요.

군대의 절도

鷙鳥之疾	**至於毁折者**	**節也**
지조지질	지어훼절자	절야

앞에서는 기와 정의 조합을 얘기했다면 여기에서는 세와 절의 구분에 대해서 언급하고 있습니다.

"독수리의 빠름은 먹이의 뼈를 부러뜨릴 지경에 이르는데, 이를 절도라고 한다."

기세와 절도가 구분이 되나요? 기세를 파도의 이미지에 비유한다면 절도는 맺고 끊음이 분명한 사람에 비유될 수 있겠습니다.

창공을 여유롭게 선회하는 독수리는 일단 먹이를 발견하면 날개를 접고 급강하하여 쏜살같이 먹이를 낚아채지요. 그 순간 먹이를 콱 움켜 잡으면서 뼈를 부러뜨려 죽입니다. 이 모든 일이 순식간에 일어나는 것이지요.

이것이 바로 절도입니다.

잘 싸우는 부대의 기세와 절도

是故	善戰者	其勢險	其節短
시고	선전자	기세험	기절단

그러면 잘 싸우는 자의 기세와 절도는 어때야 할까요?

"잘 싸우는 자는 그 기세가 험하고, 그 절도는 짧다."

참 명쾌한 표현입니다. 기세는 험해야 하고, 절도는 짧아야 한다. 기세가 부드러우면 그것을 기세라 표현할 수 없겠지요? 또한 절도가 길게 늘어지면 그것을 '절도 있다'라고 할 수도 없겠지요?

勢如擴弩	節如發機
세여확노	절여발기

'기세는 확 당긴 활과 같고, 절도는 발사기를 쏘는 것과 같다."

활을 당긴 모습에서 무엇이 느껴지나요? 언제라도 앞으로 튀어나갈 수 있는 에너지가 느껴지지 않나요? 그것을 기세에 비유했습니다.

또, 총을 쏘는 모습에서는 무엇이 느껴지나요? 총알의 빠름의 느낌이 느껴지지 않나요? 이를 절도에 비유했습니다.

잘 훈련된 군대의 싸움

紛紛紜紜	鬪亂	而不可亂
분분운운	투란	이불가란
渾渾沌沌	形圓	而不可敗
혼혼돈돈	형원	이불가패

잘 싸우는 군대를 살펴보면

"어지럽게 뒤엉켜 싸우는 듯 해도 혼란하지 않고, 혼돈스럽게 적과 뒤섞여 싸우는 듯 해도 패하지 않는다."고 했습니다.

잘 훈련된 군대란 바로 이런 군대를 말하는 것이지요. 겉으로는 혼란스러워 보일지 몰라도, 그 안에는 보이지 않는 규율이 있어서 그 나름의 질서를 유지하고 있고, 겉으로는 혼돈스럽게 보여서 걱정될지 몰라도, 만약 이런 모습이 의도적으로 연출된 것이라면 아군은 계획대로 움직이고 있는 것인 만큼 절대로 패할 리가 없겠지요.

성공적인 부대지휘의 비결

亂生於治　　**怯生於勇**　　**弱生於强**
란생어치　　겁생어용　　약생어강

중요한 대목이 나왔네요.

"혼란스러워 보이는 것은 사실은 지휘통솔에서 비롯된 것이고, 겁쟁이처럼 보이는 것은 사실은 용맹에서 비롯된 것이며, 약하게 보이는 것은 사실은 강함에서 비롯된 것이다."

겉보기에 혼란스럽고, 겁쟁이처럼 보이고, 약하게 보이는 것은 모두 작전을 토대로 한 의도적인 행동이라는 것이지요.

병세편 앞부분에서 '분수'와 '형명'을 공부했습니다. 훈련이 잘된 부대는 이렇게 어지러운 상황에서도 분수와 형명의 수단을 통해 질서를 바로잡을 수가 있겠지요.

겁쟁이처럼 보이거나 약한 모습을 보이면 적의 방심을 유도하고 우리의 계획대로 적을 유인할 수 있습니다. 적이 우리의 의도대로 이끌려 오면 바로 그때 반격으로 전환하여 용감하고 강한 면모로 적을 공격하여 승리할 수 있는 것입니다.

여러분은 외유내강이 좋다고 보나요? 내유외강이 좋다고 보나요? 저는 외유내강이 좋다고 생각합니다. 진정한 실력자는 굳이 센 척을 하지 않습니다. 하지만, 속이 여린 사람은 십중팔구 센 척을 합니다. 하지만 그 센 껍질을 벗기고 나면 여린 속살을 가진 사람이라는 것이 밝혀지지요.

여러분에게 실력이 있다면 굳이 겉으로 뽐내거나 드러낼 필요가 없겠지요? 중요한 것은 실전에서 그 실력을 발휘할 수 있느냐 없느냐이기 때문입니다.

治亂　　**數也**　　**勇怯**　　**勢也**　　**强弱**　　**形也**
치란　　수야　　용겁　　세야　　강약　　형야

"통제되거나 또는 혼란스러운 것은 부대편성의 문제이고, 용맹하거나 또는 겁이 많은 것은 기세의 문제이며, 강하거나 또는 약한 것은 군대 형태의 문제이다."

참으로 옳은 말입니다. 앞에서 분수에 대해서 배웠습니다. 수많은 장병들을 한 몸처럼 움직일 수 있는 것은 부대편성 덕분이라고 했습니다. 부대편성이 제대로 되어 있지 못하면 일사분란한 움직임을 기대할 수 없겠지요.

또, 부대 전체가 사나운 기세로 전진하면, 아무리 겁쟁이라도 혼자서 도망갈 생각은 못 하겠지요. 또한, 강한 군대라도 형태를 분산시키거나 대오를 얇게 형성하면 당연히 약해집니다. 반대로 아무리 약한 군대라도 밀집대형으로 고지에서 저지로 향하는 형태라면 강하게 될 수 있습니다.

알아두면 유용한 문구이니까 꼭 숙지하시기 바랍니다.

내 뜻대로 적을 움직이는 비결

故	**善動敵者**	**形之**	**敵必從之**
고	선동적자	형지	적필종지

予之	**敵必取之**	**以利動之**	**以本待之**
여지	적필취지	이리동지	이본대지

적을 내 맘대로 움직이는 비결입니다.

"전쟁을 잘하는 사람은 뭔가를 보여줘서 적이 반드시 그것을 따르게 하고, 뭔가를 줘서 적이 반드시 그것을 취하도록 만든다. 적에게 이익이 될 만한 것으로 적을 움직이고, 기본에 충실한 상태에서 적을 기다린다."

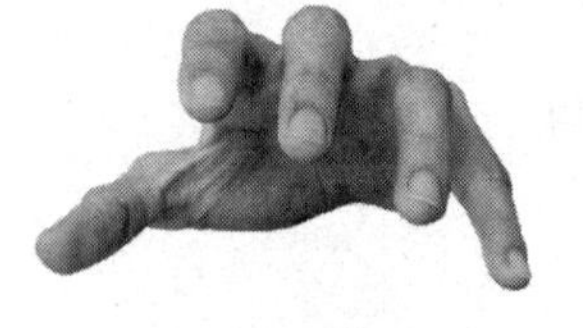

쉽게 말하면 적이 빠져들 만한 미끼를 던져줘서 적을 내 의도대로 움직이라는 의미입니다. 만약 적이 성안에 틀어박혀 싸울 기미가 보이지 않는다면, 적을 성 밖으로 끌어낼 방법을 강구해야 합니다.

바퀴벌레를 생각해 봅시다. 더럽고 징그럽고 짜증나죠? 어떻게든 집에서 섬멸해야 합니다. 어떻게 할까요? 현재로서는 바퀴벌레의 습성을 이용하는 겁니다. 바퀴벌레가 잘 다니는 곳에 바퀴벌레가 좋아할 만한 성분에 살충제를 섞어서 놓아두면 와서 먹습니다. 그리고 그것을 은거지로 돌아가 토해낸 다음 나눠 먹습니다. 그러면 모두가 무너지는 것이지요. 물론 이론상 그렇다는 겁니다.

전쟁도 마찬가지입니다. 결국 전쟁은 심리 싸움이기 때문입니다.

사람 탓하지 말고 기세를 활용하라

故　　**善戰者**　　**求之於勢**　　**不責之於人**
고　　선전자　　구지어세　　불책지어인

故　　**能擇人而任勢니**
고　　능택인이임세

"전쟁을 잘하는 사람은 기세에서 승리를 구하지 부하들에게 책임을 묻지 않는다. 그렇기 때문에 우수한 사람을 선발하여 전세를 조성하도록 임무를 부여해야 한다."

무능한 지휘관이 부하 탓을 합니다. 패배한 원인은 부하들이 무능해서가 아니라, 지휘관으로서 전쟁의 기세를 조성하지 못했기 때문이지요.

지휘관은 부대의 성패에 대한 모든 책임을 집니다. 부하들이 준비가 안 되고 미흡하고 약하고 겁이 많아졌다고 한들, 이 또한 평소에 훈련시키지 않은 지휘관 본인의 과오이지요.

훌륭한 지휘관은 기세를 조성해서 승리를 구합니다. 사납게 흐르는 물과 같은 기세를 만들면 부하들이 비록 부족할지라도 그 기세를 타고 흐를 수 있기 때문입니다. 그래서 전쟁의 기세를 제대로 조성할 수 있는 유능한 인재를 선발하여 임무를 부여하는 것이 지휘관의 중요한 일 중의 하나인 것입니다.

任勢者　　**其戰人也**　　**如轉木石**
임세자　　기전인야　　여전목석

木石之性	**安則靜**	**危則動**	**方則止**	**圓則行**
목석지성	안즉정	위즉동	방즉지	원즉행

"전세를 조성하도록 임무를 부여받은 사람은 부하들로 하여금 마치 목석을 굴리듯이 싸우도록 해야 한다. 목석의 특성은 평탄한데 있으면 가만히 있고, 경사진 곳에 있으면 움직인다. 각이 잡혀 있으면 정지하고, 둥글면 움직인다."

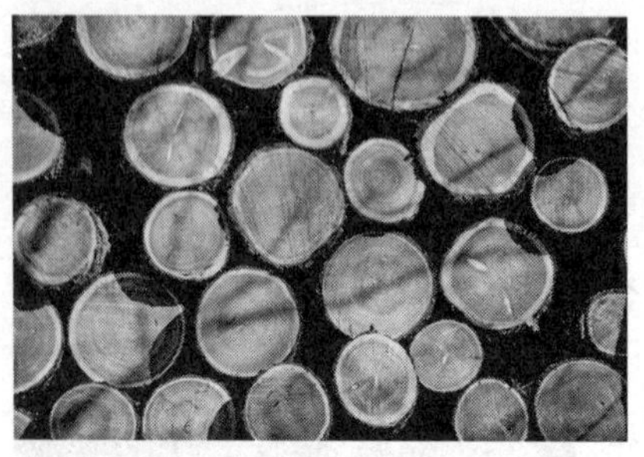

대충 이미지가 머릿속에 그려지지요? 통나무를 생각해 보면 됩니다. 통나무를 높은 곳에서 낮은 곳으로 굴려 내리면 엄청난 힘과 속도로 굴러갑니다.

병사들을 싸우게 만들려면 이렇게 해야 한다는 겁니다.

결론 : 이기는 군대의 기세

故	善戰人之勢	如轉圓石於千仞之山者	勢也
고	선전인지세	여전원석어천인지산자	세야

병세편의 결론입니다.

"잘 싸우는 군대의 기세는 둥근 돌을 천길 낭떠러지로 굴려 내리는 것과 같다. 그것이 바로 세다."

사진을 보면 한쪽은 산사태고, 한쪽은 눈사태입니다. 둘 다 위협적이지요? 군대의 기세도 이와 같아야 한다는 것입니다.

앞서 배웠듯이, 훌륭한 장수라면 병세편에서 언급된 기정의 활용, 기세와 절도의 활용, 엄정한 부대편성과 명확한 지휘통솔 등 모든 것을 총망라하여 적을 압도할 수 있는 사나운 기세를 조성할 수 있어야 함을 강조하고 있습니다.

아무리 훌륭한 사람이라도 혼자서는 큰일을 할 수 없습니다. 두 사람이 이상이 모일 때 그 시너지는 배가됩니다. 그렇게 만들어진 시너지를 한 점에 집중시킬 수 있을 때 우리는 혼자서는 엄두도 내지 못했던 큰일을 성취할 수 있게 됩니다. 이렇게 개개인의 힘을 하나의 목적에 집중시킬 수 있는 능력이 바로 리더십이 아닐까요?

지금까지 병세편을 살펴보았는데요, 기정의 활용과 기세의 활용이 핵심주제입니다. 기정의 개념은 비록 어렵지만 잘 이해만 한다면 유용하게 활용할 수 있습니다. 아울러 이기는 군대의 기세란 어떤 것인지를 알았습니다. 뭔가 큰일을 하려면 이와 같은 기세를 잘 조성하는 것이 가장 우선적임을 잊지 마세요.

허실(虛實)

적의 강점을 피하고 허점을 쳐라

제6 허실편입니다.

허실의 의미가 무엇인지는 대충 아시지요? '허'란 허술한 부분을 말하고, '실'이란 준비가 충실한 부분을 말합니다.

손무는 허실편을 통해 무슨 말을 하려고 하는 걸까요? 상대방에게 허점이 있다면 그 부분을 노리고, 준비가 충실한 부분이 있다면 그 부분을 피하라는 겁니다.

구체적으로 들어가 볼까요?

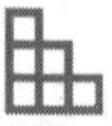
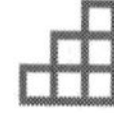

이기려면 선점해라

孫子曰	凡	先處戰地	而待敵者	佚
손자왈	범	선처전지	이대적자	일

後處戰地	而趨戰者	勞
후처전지	이추전자	노

싸울 위치를 선점하는 것이 얼마나 중요한지를 설명합니다.

"먼저 전장에 도착하여 적을 기다리는 자는 편안하고, 전장에 나중에 도착하여 전투를 뒤쫓는 자는 피로하다."

전쟁을 하려면 전장으로 이동해야 합니다. 그 많은 병사들을 모두 차에 태워 가기란 불가능하며, 특히 산악 지형인 경우에는 더더욱 그렇습니다. 그래서 병사들이 행군을 합니다. 먼 거리를 행군해서 온 병사들은 육체적으로 지쳐있을 게 뻔합니다.

그래서 적보다 먼저 도착한 측은 싸우기 전에 충분한 재충전의 시간이 있는 반면, 늦게 도착한 측은 쉴 새도 없이 전투에 투입되어야 합니다. 피로한 군대가 쌩쌩한 군대를 이길 수 없겠지요?

이기는 사람은 적을 다루는데 명수다

故	善戰者	致人	而不致於人
고	선전자	치인	이불치어인

손자병법에서 중요한 구절이 또 나왔습니다.

"잘 싸우는 자는 적을 다스리지 적에게 다스림을 받지 않는다."

전쟁을 잘 알고 많이 싸워 본 사람은 어떤 것이 적의 유인작전인지, 거짓 공격인지를 알아차립니다. 그래서 적의 뜻에 끌려가지 않을 수 있는 것이지요. 반대로 어떻게 하면 적을 내 뜻대로 움직일 수 있는지도 잘 압니다.

그래서 이기는 사람은 적을 다루는데 명수라는 겁니다.

能使敵人	自至者	利之也
능사적인	자지자	이지야
能使敵人	**不得至者**	**害之也**
능사적인	부득지자	해지야

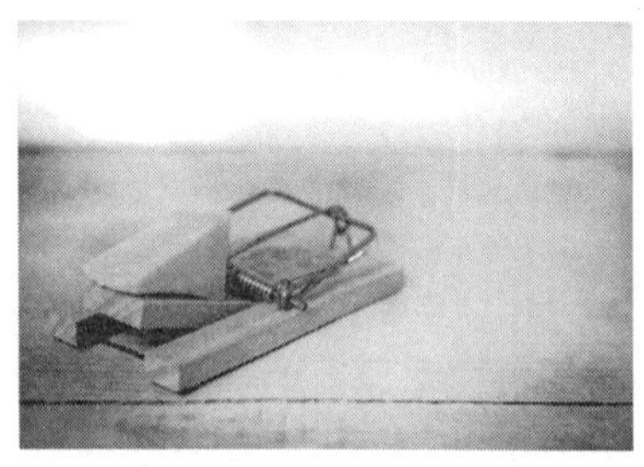

그러면 어떻게 적을 내 뜻대로 움직일 수 있을까요?

"적이 스스로 오게 만드는 것은 '이익'이고, 적이 오지 못하게 만드는 것인 '해로움'이다."

적을 유인하려면 미끼를 던져야 합니다. 적이 원하는 것을 줘야 합니다. 그것이 아군의 약점일 수도 있고, 유리한 지형일 수도 있습니다.

반대로 적이 내 쪽으로 오지 못하게 하려면 이곳으로 오면 큰 피해를 당할 것이라는 인식을 갖도록 해야 합니다.

이론적으로는 그럴 듯한데, 실전 상황에서는 쉽지 않겠지요? 상대방도 생각하는 인간이기 때문이지요. 이렇듯 어려운 일을 해낼 수 있어야 전략가라고 할 수 있겠지요?

아울러 이러한 원리는 전쟁에서 뿐만 아니라 세일즈 분야나 마케팅 분야에서 더 많이 연구되고 있고 활용되고 있습니다. 전쟁이 없는 시대에는 경제가 곧 전쟁이기 때문이지요.

다양한 허실의 활용법

故	**敵佚**	**能勞之**	**飽**	**能飢之**	**安**	**能動之**
고	적일	능로지	포	능기지	안	능동지

본격적으로 허실을 어떻게 활용할 수 있는지 볼까요?

"적이 편안히 있으면 의도적으로 피로하게 만들어야 하고, 적이 배부르면 배고프게 만들어야 하며, 적이 가만히 있으면 움직이게 만들어야 한다."

한 마디로 적을 괴롭히라는 말이지요. 그래야 적이 지치고 힘들어서 제대로 싸우지 못하게 되니까요.

出其所不趨	**趨其所不意**
출기소불추	추기소불의

"적이 추적해 올 수없는 곳으로 출격하고, 적이 전혀 예상하지 않는 곳으로 추적해 들어가라."

시계편에 나온 '공기무비 출기불의'와 비슷하죠? 이 문구가 궤도, 즉 속임수의 종류를 열거하면서 언급한 문구입니다. 허실의 활용이나 적을 속이는 것이나 같은 의도입니다.

사진은 일본군이 진주만을 공격한 사진입니다. 미군은 일본군이 항공모함을 이용하여 진주만을 기습하리라고는 예상을 못했지요. 그래서 일본의 공격은 성공적이었다고 볼 수 있는 것이지요.

6.25전쟁도 마찬가지입니다. 당시 남한은 근거 없는 자신감에 들떠 있었습니다. 북한군이 남침하면 그것을 빌미로 삼아 통일을 이룩하겠다는 것이었죠. 하지만 정반대였습니다. 북한의 기습남침에 속수무책이었지요. 방심이 화를 부른 겁니다.

일본군이나 북한군이나 상대방의 허를 찌른 셈입니다. 바로 이런 것이 제대로 된 허실의 활용인 것이지요.

行千里而不勞者　　**行於無人之地也**
행천리이불로자　　행어무인지지야

"천리를 행군해도 피로하지 않는 이유는 적이 없는 곳으로 행군하기 때문이다."

목적지까지 이동하는 도중에 정규군이든 비정규군이든, 또는 산적이든 예상치 못한 적들과 조우하면 전투가 불가피합니다. 많은 손실과 피해가 발생하며, 병사들은 지칠 수밖에 없습니다. 이런 상태에서 목적지에 도착하면 곧바로 임무를 수행할 수 있겠습니까? 못하겠지요.

아군의 전투력을 최대한 보존하는 가운데 행군을 할 수 있는 방법은 최대한 적의 위협이 없는 곳으로 이동하는 길밖에 없겠지요?

나폴레옹의 러시아 원정이 대표적인 사례입니다. 나폴레옹이 프랑스 대군을 이끌고 러시아를 향해 기세 좋게 출발했지만, 추위와 진창, 코사크 기병대의 기습공격 등으로 인해 만신창이가 되었지요. 모스크바에 도착했을 때는 더 이상 싸울 상태가 못 된 겁니다. 결국 러시아 원정은 실패했고, 복귀하는 길에 수많은 장병들이 죽게 되지요.

攻而必取者　　　攻其所不守也
공이필취자　　　공기소불수야

守而必固者　　　守其所不攻也
수이필고자　　　수기소불공야

"공격하여 반드시 탈취할 수 있는 이유는 적이 지키지 않는 곳을 공격하기 때문이고, 방어를 하면 반드시 지킬 수 있는 이유는 적이 공격할 수 없는 곳을 지키기 때문이다."

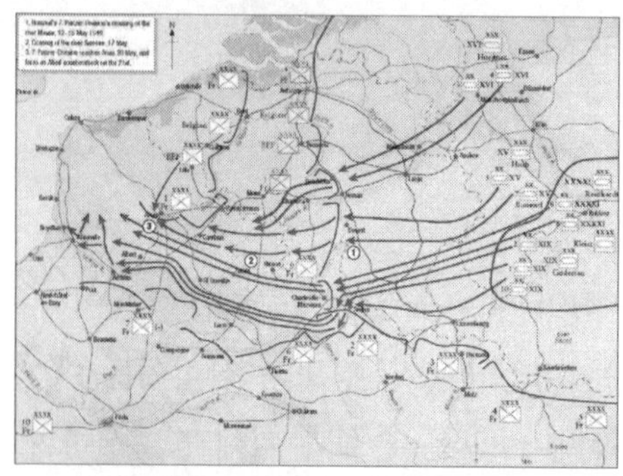

이 또한 '공기무비 출기불의'와 비슷한 맥락이지요. 적이 전혀 예상하지 못하는 지점을 공격하거나 방어하라는 겁니다.

2차 세계대전 시 독일군은 프랑스의 난공불락의 요새 마지노선을 회피해 버립니다. 이렇게 됨으로써 막대한 예산과 노력을 들여 구축한 마지노 요새는 무용지물이 되고, 단시간에 프랑스는 함락되고 맙니다. 이는 독일군이 프랑스가 전혀 예측하지 못한 곳으로 공격했기 때문이지요.

마사다 요새는 유대인이 로마군에 맞서 결사 항전을 했던 곳입니다. 로마군의 장기인 토목 기술에 의해 결국 함락되었지만, 이 방법만 아니었다면 끝까지 저항할 수 있었다고 합니다. 요새 자체가 난공불락의 요새였기 때문입니다.

故　　善攻者　　　敵不知其所守
고　　선공자　　　적부지기소수

善守者　　　敵不知其所攻
선수자　　　적부지기소공

잘 싸우는 자는 공격과 방어 시 다음과 같은 점에 착안해야 합니다.

"공격에 능한 자는 적으로 하여금 어디를 지켜야 하는지를 알 수 없도록 해야 하고, 방어에 능한 자는 적으로 하여금 어디를 공격해야 하는지를 알 수 없도록 해야 한다."

'모든 곳을 방어하게 되면 모든 곳을 방어하지 못하게 된다'는 말이 있습니다. 모든 곳의 방비가 허술해지기 때문입니다. 그래서 선택과 집중을 해야 합니다. 적이 공격할 가능성이 높은 지역에 전투력을 집중시키고, 적 공격 가능성이 낮은 곳에는 전투력을 적게 할당합니다.

하지만, 공자가 어디로 공격할지 전혀 감을 잡을 수 없다면 '선택과 집중'이 가능할까요? 결국 모든 곳을 방어하게 되는 우를 범하게 되는 것이지요.

방어도 마찬가지입니다. 적은 아군의 허점을 노립니다. 그 허점에 적 주력을 투입시키겠지요. 하지만 아군의 방어체계에서 허점을 찾지 못하다면 적은 어디를 공격해야 될지 알 수가 없게 됩니다.

그러면 모든 곳에 대해서 낮은 밀도의 전투력으로 공격하게 될 것이고, 그렇게 되면 강력한 방어에 의해 격퇴될 수밖에 없세 되겠지요.

微乎微乎　　至於無形　　神乎神乎　　至於無聲
미호미호　　지어무형　　신호신호　　지어무성

故　　能爲敵之司命
고　　능위적지사명

이 부분에서 손무는 허실 운용을 잘하는 사람을 칭송합니다. 그만큼 전략에서 허실 활용을 통해 적을 속이는 것이 중요하다는 의미겠지요.

"미묘하고도 미묘하여 무형의 경지에 이르고, 신기하고도 신기하여 무성의 경지에 이른다. 그러므로 능히 적의 운명을 좌우할 수 있게 된다."

형태도 없고 소리도 없다면 이런 부대를 공격하거나 방어하는 것은 불가능합니다. 그렇기 때문에 적의 운명을 좌지우지 할 수 있게 되는 것이지요. 무형과 무성의 경지에 이른다는 것은 적이 나를 파악하지 못할 정도로 은밀하게, 치밀하게 전쟁을 수행한다는 말입니다.

進	**而不可禦者**	**衝其虛也**
진	이불가어자	충기허야
退	**而不可追者**	**速而不可及也**
퇴	이불가추자	속이불가급야

"내가 전진하는데도 적이 어쩌지 못하는 것은 적의 허점을 쳤기 때문이고, 내가 퇴각하는데도 적이 추격하지 못하는 것은 적이 따라올 수 없을 만큼 신속하기 때문이다."

누구나 허점은 있기 마련이고, 그 허점을 찔리면 누구나 당황하게 됩니다. 전쟁에서도 마찬가지입니다. 충분히 준비된 곳이 아닌, 전혀 예상치 못했던 그러나 중요한 곳을 공격 당하면 혼란에 빠지고 마비 상태에 빠지게 됩니다. 그러므로 아군의 공격에 제대로 대응할 수가 없게 되는 것이지요.

후퇴를 할 때도 아군의 속도가 빠르다면 적이 따라올 수가 없는 것은 당연하지요. 적이 따라올 수 없을 만큼 신속하기 위해서는 사전에 준비가 되어 있음을 의미합니다. 그렇기 때문에 당황하지 않고 조직적으로 후퇴를 감행할 수 있게 되는 것이지요.

故　　我欲戰　　　敵雖高壘深溝
고　　아욕전　　　적수고루심구

不得不與我戰者　　攻其所必救也
부득불여아전자　　공기소필구야

"내가 싸우고자 하면 적이 아무리 성을 높이 쌓고 참호를 깊이 파더라도 나와 싸울 수밖에 없도록 하는 것은 적이 반드시 지켜야 하는 곳을 공격하기 때문이다."

적이 반드시 지켜야 하는 곳을 다른 말로 하면 '허점', '약점', '아킬레스건'입니다. 그곳을 공격하면, 적은 위축될 수밖에 없습니다. 그곳이 곧 전쟁의 중심부이기 때문이지요. 그곳이 무너지고 함락되면 전쟁 동력도 상실되고 맙니다. 그렇기 때문에 적은 그곳을 공격하는 측의 의도에 끌려갈 수밖에 없는 입장에 처하게 되는 것이지요.

我不欲戰　　雖劃地而守之
아불욕전　　수획지이수지

敵不得與我戰者　　乖其所之也
적부득여아전자　　괴기소지야

반대로,

"내가 싸우지 않고자 한다면 비록 땅에 금만 그어놓고 지킨다고 해도 적이 나와 싸우려 하지 않는 것은 적의 의도를 미리 간파하여 허물어뜨리기 때문이다."

땅에 금을 그어놓고 '여기 넘어오면 안 돼!'라고 엄포만 놓아도 적이 덤비지 않는다는 말은 참으로 멋진 말이 아닐 수 없지요. 그렇게 할 수 있으려면 사전에 적의 의도를 간파하여 대책을 마련해 놓았기 때문에 가능한 일입니다.

믿을 구석도 없이 땅에 선만 그어놓고 적에게 엄포를 놓은 것은 자살행위나 다름없겠지요?

허실 활용의 극치

故	形人	而我無形	則我專	而敵分
고	형인	이아무형	즉아전	이적분

여기에 또 멋진 말이 나옵니다.

"적은 그 형체를 드러나게 하고, 나의 형체는 감춰라. 그러면 나는 하나로 뭉칠 수 있고, 적은 분산시킬 수 있다."

'형인이아무형' 정말 멋진 말입니다. 적은 보이게, 나는 안 보이게! 나의 실체를 적이 알지 못하면 제대로 된 대책을 세울 수가 없게 됩니다. 그러므로 10이면 10 모두 대비하게 되고, 그러면 전력이 분산될 수밖에 없습니다. 이때 나는 10의 전력으로 분산된 적의 1을 공격하게 되면 쉽게 이길 수 있는 것이지요.

(허실 활용) 나는 집중하고 적을 분산시켜라

我專爲一　　**敵分爲十**
아전위일　　적분위십

是　**以十**　　**攻其一也**　　**則我衆敵寡**
시　이십　　공기일야　　즉아중적과

以衆擊寡　　**則吾之所與戰者**　　**約矣**
이중격과　　즉오지소여전자　　약의

"나는 하나로 뭉치고, 적은 열로 쪼개라. 그러면 10으로 1을 공격하는 셈이다. 다시 말해 나는 많아지고 적은 적어지게 되는 것이다. 많은 것으로 적은 것을 치게 되면, 내가 싸워야 할 적은 줄어들게 된다."

이것은 나폴레옹이 주로 썼던 방법입니다. 유럽 연합국은 아무래도 나폴레옹 군대보다 수가 많았습니다. 그러면 나폴레옹은 적을 분산시켜서 각개격파하는 전략을 썼습니다. 적을 분산시킬 수 있다면 나는 적보다 상대적으로 많아지기 때문입니다.

또, 옛날 일본의 사무라이들이 이런 방법을 많이 썼습니다. 예컨대 한 명의 검객이 다수의 적을 상대를 해야 하는 상황에서는 절대적으로 불리합니다. 머리가 나쁜 검객이라면 다수와의 결투에서 장렬하게 죽음을 맞이할 수밖에 없습니다. 하지만 영리한 검객은 1 대 다수의 불리한 상황을 1 대 1의 유리한 상황으로 전환시킬 줄 알았습니다. 어떻게 그렇게 했을까요?

바로 좁은 통로를 활용하는 방법을 썼습니다. 골목길이나 좁은 교량을 활용한 것이지요. 그런 곳에서는 다수라도 결국 한 명씩 순차적으로 싸울 수밖에 없게 됩니다. 이런 방법으로 위기를 벗어날 수 있었겠지요.

(허실 활용) 어디를 칠지 모르게 하라

吾所與戰之地 **不可知**
오소여전지지 불가지

不可知 **則敵所備者** **多**
불가지 즉적소비자 다

敵所備者 **多** **則吾所與戰者** **寡矣**
적소비자 다 즉오소여전자 과의

'모든 곳을 지키려다 보면 어떤 곳도 지킬 수 없다'라고 언급한 바 있습니다.

"내가 싸우고자 하는 곳을 적이 모르게 해라. 그렇게 되면 적이 지켜야 할 곳이 많아지게 된다. 적이 지켜야 할 곳이 많다는 말은 내가 싸워야 할 적이 적어진다는 뜻이다."

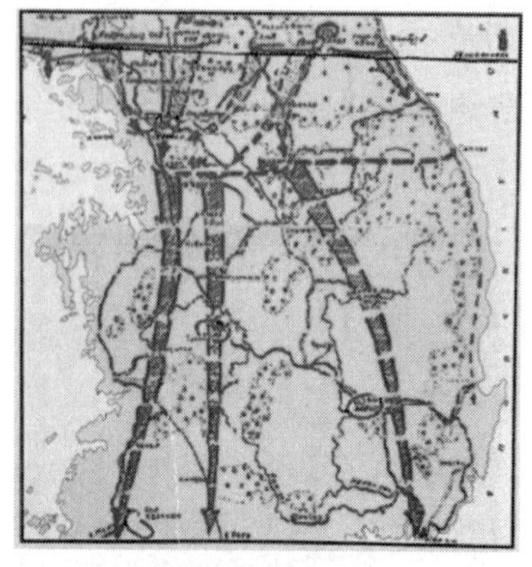

북한군이 남침을 한다면 지형이 평탄한 경기도 방면으로 기동할 것입니다. 반면 강원도 쪽은 지형이 험해서 공격해 오기가 쉽지 않습니다. 그러면 방어하는 한국군의 입장에서는 경기도를 집중해서 방어하되, 강원도 지역은 험악한 지형을 장애물로 활용하여 적은 병력으로 방어를 하도록 해야 합니다.

그런데 이와 달리, 북한군의 의도를 알 수 없다는 이유로 휴전선 전 구간에 걸쳐 동일한 밀도로 병력을 배치하면 모든 곳의 대비태세가 약해지고 말겠지요. 이렇게 되면 한 구간에 전력을 집중해서 공격해 오는 북한군을 막기란 불가능합니다.

그러므로 우리가 공자의 입장이라면 우리가 어디를 공격할지를 모르게 만들어야 하겠지요.

故　備前則後寡　備後則前寡
고　비전즉후과　비후즉전과

備左則右寡　備右則左寡
비좌즉우과　비우즉좌과

부연 설명이 이어집니다.

"앞을 대비하면 뒤가 약해지고, 뒤를 대비하면 앞이 약해진다. 좌측을 대비하면 우측이 약해지고, 우측을 대비하면 좌측이 약해진다."

그럴 수밖에 없겠지요. 병력은 한정되어 있습니다. 그 한정된 병력으로 모든 곳을 강하게 방어하기란 불가능하지요. 그래서 선택과 집중을 해야 합니다. 그 결과로서 앞에 전력을 집중하면 당연히 뒤는 약해지고, 뒤에 집중하면 앞이 약해지지요. 좌우측도 마찬가지 논리입니다.

그러므로 내가 앞을 칠지, 뒤를 칠지, 좌를 칠지, 우를 칠지를 적이 판단하지 못하게 만들어야 하겠지요.

無所不備　則無所不寡
무소불비　즉무소불과

寡者　備人者也
과자　비인자야

衆者　使人備己者也
중자　사인비기자야

"대비하지 않는 곳이 없다는 것은 전력이 적지 않은 곳도 없다는 말이다. 전력이 적다는 것은 나를 대비하기 때문이고, 전력이 많다는 것은 적으로 하여금 나를 대비하도록 하기 때문이다."

앞에서 이미 설명한 것처럼 모든 곳을 다 지키려다 보면 그 어떤 곳도 제대로 지킬 수가 없게 되는 격입니다. 다 지킨다는 것은 모든 곳이 얇게 방어된다는 뜻입니다.

반대로 내가 공자라면 적으로 하여금 나를 대비하도록 만들어야 내가 상대할 적이 적어지게 되겠지요.

싸울 곳과 싸울 때를 알면

故　知戰之地　知戰之日
고　지전지지　지전지일

則可千里而會戰
즉가천리이회전

"싸울 곳을 알고 싸울 때를 알면 천리까지라도 가서 싸울 수 있다."

손자병법에서 손무가 가장 많이 언급하는 단어가 바로 '알 지(知)'자 입니다. 전쟁을 하려면 제일 먼저 알아야 한다는 것입니다. 적을 알고 나를 알아야 합니다. 하늘을 알고 땅을 알아야 합니다. 싸울 때를 알고 멈출 때를 알아야 합니다.

싸울 곳을 안다는 것은 내 의도대로 싸울 수 있는 곳을 물색하라는 말입니다. 13척의 배로 300척을 맞아 싸우기에 적합한 곳이 어디일지 이순신 장군은 고민했고 그 고민의 결과로 명량을 찾아낼 수 있었던 것입니다.

또 싸울 때를 안다는 것은 내가 원하는 조건이 갖추어지는 시기를 기다린다는 말입니다. 이순신 장군은 명량, 즉 울돌목의 조수가 언제 바뀌는지를 알고서 전투를 지휘했습니다. 조류가 적 방향으로 변하는 순간, 방어에서 공격으로 전환하여 세계 전쟁사에 빛나는 대승을 거두었지요.

이것이 바로 싸울 곳을 알고 싸울 시기를 안다는 말입니다.

싸울 곳과 싸울 때를 모르면

不知戰地　　**不知戰日**
부지전지　　부지전일

則左不能救右　　**右不能救左**　　**前不能救後**　　**後不能救前**
즉좌불능구우　　우불능구좌　　전불능구후　　후불능구전

而況遠者數十里　　**近者數里乎**
이황원자수십리　　근자수리호

반면 싸울 곳과 싸울 때를 모르면 어떻게 될까요?

"싸울 곳을 모르고 싸울 때를 모르면 좌익이 우익을 구할 수 없고, 우익이 좌익을 구할 수도 없다. 전열이 후열을 구할 수 없고, 후열이 전열을 구할 수도 없다. 그럴진대 멀게는 수십 리, 가깝게는 몇 리에 걸쳐 떨어져 있는 상황에서 어떻게 할 수 있겠는가?"

라고 했습니다.

처음 가본 낯선 지형과 낯선 기후조건에서 싸운다면 지휘관뿐만 아니라 병사들 모두 당황하게 되고 위축됩니다. 이렇게 되면 적의 의도대로 끌려갈 수밖에 없고, 불리한 싸움을 강요당하게 됩니다. 그러면 자중지란의 상태에서 서로 살기 바쁜 와중에 아군끼리 도와준다는 것이 불가능하게 되지요. 더군다나 진영이 멀리 떨어져 분산되어 있을 경우에는 더더욱 그렇지요.

그래서 알아야 한다는 겁니다. 안다는 것은 곧 힘입니다.

以吾度之
이오도지

越人之兵　　**雖多**　　**亦奚益於勝敗哉**
월인지병　　수다　　역해익어승패재

故　曰　勝可爲也　敵雖衆　可使無鬪
고　왈　승가위야　적수중　가사무투

"내가 판단해 보건대 월나라(손무가 있었던 오나라의 적대국가)의 병사들이 아무리 많다고 한들 어찌 승패에 도움이 되겠는가? 승리는 만들어 가는 것이다. 적이 아무리 많아도 싸우지 못하게 만들 수 있는 것이다."

허실을 잘 활용하면 아무리 대군이 몰려와도 전혀 당황할 필요가 없다는 얘기입니다. 싸울 곳과 싸울 때를 모르는 군대는 제대로 싸울 수가 없기 때문이지요.

영화 300이 이를 잘 보여줍니다. 페르시아는 엄청난 대군을 그리스로 보냅니다. 하지만 이에 맞선 그리스는 스파르타의 왕 레오니다스와 300 용사로 그들을 맞아 싸우게 합니다. 고작 300으로 수만 명에 달하는 적군과 싸운다니 말이 될까요? 상식적으로는 말이 되지 않습니다.

하지만 레오니다스 왕은 테르모필레 협곡의 지형적 이점을 제대로 간파하고 있었습니다. 적군이 아무리 많다 해도 협곡을 통과하려면 좁은 대형으로 밖에 지나갈 수 없는 처지가 됩니다.

사진에서 보면 5~6열 종대 대형으로 오지요? 결국은 300대 5의 싸움이 되는 격입니다. 충분히 싸워 볼만한 싸움이지요.

이것이 바로 손무가 말하고자 하는 것입니다.

적을 파악하는 방법

故　　策之　　　而知得失之計
고　　책지　　　이지득실지계

적을 아는 것은 내 작전계획 수립의 최우선 전제조건입니다. 그러면 도대체 적을 어떻게 파악할 수 있을까요? 그 해법을 제시합니다.

"책략을 써서 이해득실을 알 수 있다."

책(策)이란 꾀를 의미하는데, 물리적 수단을 동원하기 이전에 워게임을 통해 아군에 유리한 점과 불리한 점, 적군에 유리한 점과 불리한 점을 산출해 보라는 얘기입니다. 이런 과정을 건너뛰고 곧바로 물리적 결투로 승부를 보려고 하는 사람은 하수입니다. 고수는 물리적 접촉 이전에 모든 준비와 제반 여건을 갖추어 놓고 시작합니다.

무하마드 알리는 본게임 이전에 언론매체를 활용해 상대방을 극도로 긴장시키는 전술을 썼지요. 이미 심리적으로 분노한 상대방은 본게임에서 흥분하여 실수를 할 수밖에 없게 되는 것입니다.

作之　　而知動靜之理
작지　　이지동정지리

다음으로는

"적을 한 번 떠봐서 적군의 동정을 파악해야 한다."

작(作)이란 '짓다'라는 뜻인데, '작전'이라고 할 때 사용합니다. 대규모 작전을 말하는 것이 아니라, 적을 떠보는 수준의 작전을 짜고 실행해 봄으로써 적군이 어떻게 움직이고 대응하는지를 살펴보라는 것입니다.

본 게임, 즉 본격적인 전투에 돌입하기 전, 적의 동정을 살피는 것은 아군의 예상이 맞는지 그른지, 어떻게 대응하면 적절한지를 판단하는 근거가 됩니다.

形之　　而知死生之地
형지　　이지사생지지

다음으로는

"내 진용의 형태를 보여준 다음, 적이 반응하면 적군의 배치상태를 기초로 하여 적군이 생지에 있는지 사지에 있는지를 파악해야 한다."

형(形)이란 '형태를 드러내다', '형태를 만들다'라는 의미입니다. '적의 형태를 드러낸다'라고 해석하는 경우가 대부분인데, 싸워보기도 전에 적의 형태를 어떻게 드러내느냐는 관점에서 보면 해석에 의문이 생깁니다.

따라서, 나의 태세를 의도적으로 드러내 보이면, 분명히 적군도 반응을 할 것인데, 이때 드러난 적군의 형태와 배치상태를 파악하는 것입니다. 적의 배치가 싸움에 유리한 곳에 있는지, 싸움에 불리한 곳에 있는지를 알 수 있다면 아군이 대응책 마련에 훨씬 수월하겠지요?

角之　　而知有餘不足之處
각지　　이지유여부족지처

적을 파악하는 마지막 방법으로는

"찔러 봐서 어디가 병력이 많고 어디가 부족한지를 파악해야 한다."입니다.

각(角)이란 뿔을 의미하지요. 뿔로 무엇을 하나요? 그렇죠. 상대를 찌르지요.

마찬가지로 소규모 부대로 적의 본대를 건드려 보는 겁니다. 이때 적의 대응이 활발하고 활동성이 많으면 그곳은 병력이 많이 배치된 곳이겠지요. 반대로 적의 대응이 소극적이고 허술하다면 그곳은 병력이 적게 배치된 곳일 가능성이 큽니다.

지피, 즉 적을 안다는 것은 상당히 중요한 일입니다. 하지만 '어떻게?'라고 한다면 사실 막막했던 것이 사실인데, 손무가 친절하게도 4가지 방책을 알려 줬습니다. 그 4가지란 '책 - 작 - 형 - 각'입니다. 잘 기억해 두었다고 실생활에서 활용해 보시기 바랍니다.

용병술의 극치는 무형의 경지에 이르는 것

故	形兵之極	至於無形
고	형병지극	지어무형

"가장 이상적인 군대의 형태란 형태가 없는 무형의 경지에 이르는 것이다."

앞에서 '形人 而我無形(형인 이아무형)'과 같은 말입니다. 무형의 경지에 이른다는 것은 실제로 물리적 형체를 없앤다는 것이 아니라 적이 나의 형태를 알지 못하게 한다는 뜻입니다.

앞서 '책 - 작 - 형 - 각'의 방법을 통해 적을 파악한다고 했지요. 반대로 내 입장에서는 적이 '책 - 작 - 형 - 각'의 수단을 써서 나의 실체를 파악하려고 하더라도 절대로 적이 나에 대해서 알게 하면 안 되겠지요.

단적으로 말해 투명인간처럼 무형의 경지에 이르는 것이라고 했습니다.

無形	則深間不能窺	智者	不能謀
무형	즉심간불능규	지자	불능모
因形	而措勝於衆	衆不能知	
인형	이조승어중	중불능지	

무형의 경지에 이르면 어떤 이점이 있을까요?

"무형의 경지에 이르면 깊이 침투한 간첩이라도 내 실체를 규명할 수 없고 지혜로운 사람일지라도 모략을 생각해 낼 수 없다. 적군의 형태를 앎으로써 승리를 만들어 가지만 많은 사람들은 그 비결을 알지 못한다."

적이 내 부대를 볼 수 없고 그래서 알 수 없다면 적은 제대로 된 대응책을 수립할 수가 없습니다. 간첩이 침투했다고 하더라도 아군의 형태와 의도를 간파하기가 어렵겠지요. 무형의 경지에 이르렀다는 것은 아군 병사들이나 간부들 조차도 지휘관의 의도를 모를 수 있기 때문입니다.

人皆知 **我所以勝之形**
인개지 아소이승지형

而莫知 **吾所以制勝之形**
이막지 오소이제승지형

"(무형의 경지에 이른다면) 사람들은 내가 승리한 외형은 모두 알지라도 내가 승리를 만들어 간 모습은 도저히 알지 못한다."

전쟁사를 연구하다 보면 어떻게 이길 수 있었는지를 다 알 수 있지요. 하지만 정작 나에게 그 상황에서 전투를 지휘해 보라고 한다면 과연 똑같이 이길 수 있을까요? 아마 어려울 겁니다. 이미 지난 일이고 체계적으로 정리되어 있기 때문에 쉽게 알 수 있는 것입니다.

하지만 그 당시 지휘관의 의도와 심리상태를 알지 못한다면 결국 손무가 말한 '승리의 외적 형태'만 알 수 있을 뿐입니다. 실전에서 승리를 일궈낼 수 있었던 진짜 비결이 무엇인지는 도저히 알 수 없는 것입니다.

우리는 그것을 '암묵지'라고 부릅니다. 겉으로 알 수 있는 지식은 '형식지'이지요. 형식지를 아무리 배운다고 해도, 결국 그 사람만의 노하우 즉 암묵지는 절대 알 수 없겠지요.

승리는 반복되지 않는다

故　　其戰勝不復　　　而應形於無窮
고　　기전승불복　　　이응형어무궁

그렇기 때문에

"전쟁에서의 승리는 반복되지 않는다. 형태에 따라 무궁무진하게 변하기 때문이다."

'전승불복'이라는 말이 나왔지요? 평소에 많이 들어 본 문구일 겁니다. 전쟁에서의 승리가 왜 반복되지 않을까요? 비슷한 승리라 하더라도 사람과 상황에 따라 차이가 있기 때문이지요.

같은 레시피로 같은 음식을 하더라도 맛은 모두 다릅니다. 왜 그런 걸까요? 음식을 만드는 사람의 노하우, 즉 암묵지가 모두 다르기 때문입니다. 화력조절, 익히는 시간, 조리의 순서 등이 사람마다 다르고, 따라서 맛도 미묘하게 달라지는 것이지요.

전쟁도 마찬가지입니다. 같은 승리는 없습니다. 다만 손무의 말처럼 적의 형태에 따라 무궁무진하게 변화시켜 나가는 것입니다. 나만의 방식으로 말이지요.

군대의 형태는 물과 같아야 한다

夫 兵形象水
부 병형상수

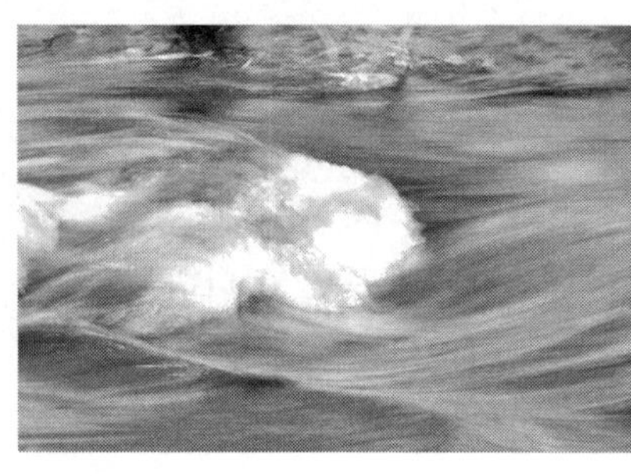

여기에서 아주 중요한 문구가 등장합니다. 손자병법을 아는 사람은 반드시 기억하는 문구입니다.

"군대의 형태는 물과 같아야 한다."

'병형상수'라는 말을 반드시 기억하세요. 이 문구가 왜 중요한지 알아볼까요?

水之形 避高而趨下 兵之形 避實而擊虛
수지형 피고이추하 병지형 피실이격허

"물의 형태는 높은 곳을 피해서 낮은 곳으로 흐른다. 군대의 형태는 적의 강한 곳을 피해 허술한 곳을 친다."

여기에서는 '피실격허'라는 말이 나왔습니다. '병형상수', '피실격허'라는 말은 꼭 세트로 기억해 놓으세요.

물의 흐름이 높은 곳에서 낮은 곳으로 흐른다는 걸 모르는 사람이 없겠지요? 이를 전쟁에 도입해 보면, 군대의 형태는 적의 강한 곳을 피해 약한 곳을 친다는 말로 응용해 볼 수 있습니다. 무릎을 탁 칠 정도로 이치에 맞는 말입니다.

강한 곳을 치면 아군의 피해 또한 상당할 것입니다. 그러므로 적의 방비가 허술한 부분을 공격한다면 적은 노력으로도 큰 성과를 달성할 수 있고, 차후에 적의 강한 부분도 쉽게 처리할 수가 있게 됩니다. 반대로 적의 약점을 피하고, 강점을 친다면 쉽지 않겠지요?

水	**因地而制流**	**兵**	**因敵而制勝**
수	인지이제류	병	인적이제승

부연 설명이 이어집니다.

"물은 지형에 따라 흐름을 만들어 가고, 군대는 적의 형태에 따라 승리를 만들어 간다."

물은 산 정상에서부터 지표면을 타고 내려가면서 물골을 만듭니다. 그 물골을 따라 가다가 바위를 만나면 그 바위를 피해서 갑니다. 그리고 늘 낮은 곳을 지향하면서 흘러갑니다.

군대의 형태도 물의 속성과 같아야 합니다. 군대가 지향해야 할 곳은 바위와 같은 적의 강한 곳이 아니라, 약한 곳입니다. 약한 곳은 왜 약할까요? 지형을 믿거나 또는 다른 믿는 구석이 있어서 방비를 약하게 했을 수 있습니다. 이런 곳을 치면 적은 심리적으로 균형이 무너지기 마련입니다. 강하게 준비된 곳으로 상대가 오기를 바랐는데, 예상과는 다른 방향으로 공격해 오기 때문이지요.

한 번 균형을 잃은 부대는 올바른 대응이 불가능하지요. 따라서 승리할 수 있는 것입니다.

故	**兵無常勢**	**水無常形**
고	병무상세	수무상형

能因敵變化	**而取勝者**	**謂之神**
능인적변화	이취승자	위지신

"전쟁에서 항상 같은 기세란 있을 수 없다. 이는 마치 물이 항상 같은 형태가 없는 것과 같은 이치다. 만약 적의 변화에 따라 승리를 쟁취할 수 있다면 그런

사람을 '신'이라 할 수 있다."

배운 것을 응용할 수는 있어도 똑같은 재현은 있을 수 없겠지요. 처한 상황과 여건이 모두 다르고, 각 상황들이 모두 독특하기 때문입니다.

그래서 우리는 적의 형태와 상태를 예의주시하면서 우리의 대응을 수정해 가면서 승리를 쟁취할 수 있어야 합니다. 굳이 신으로 불리지는 않더라도, 이것이 승리의 비결임에는 틀림 없으므로 명심할 필요가 있겠지요?

허실 운용에 한계는 없다

故　五行無常勝　四時無常位
고　오행무상승　사시무상위

日有短長　月有死生
일유단장　월유사생

“(군대의 기세가 항상 같지 않음은) 음양오행이 끝없이 순환하고, 사계절에 고정된 위상 없이 변하며, 해도 길고 짧음이 있고, 달도 차고 기우는 것과 같은 이치다.”

자연의 모든 섭리는 생사의 무한 반복이지요. 끝이 없습니다. 식물도 봄에 싹을 틔우고 여름에 성장해서 가을에 열매를 맺고 겨울이면 한 살이를 마감하지만, 봄이 오면 다시 새로운 생명을 싹 틔웁니다. 계절도 춘하추동이 끝없이 이어지지요. 세상의 섭리가 곧 ‘무한함’입니다.

마찬가지로 군대의 형태, 기세, 전술과 전략에서 고정된 원칙을 찾으려 해서는 안 됩니다. 전쟁은 불확실성의 영역이므로 고정되고 융통성 없는 원칙이 통할 수가 없습니다. 그러므로 무한한 창의력과 사고력으로 끊임없이 나를 변화시켜 나갈 수 있어야 합니다.

군쟁(軍爭)

주도권 쟁취에 승패가 달렸다

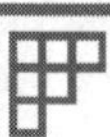

제7 군쟁편입니다.
군쟁이란 전쟁에서의 주도권 쟁취를 말합니다. 주도권을 잡는다는 것은 곧 승기를 잡는 것입니다. 팽팽했던 저울의 추가 한쪽으로 기울기 시작하는 순간, 전세는 승자 쪽으로 급격하게 이동하게 됩니다.

그렇다면 어떻게 전쟁의 주도권을 잡을 수 있을까요?
지금부터 하나씩 알아봅시다.

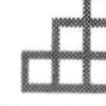

군쟁은 어렵다

孫子曰	**凡**	**用兵之法**	**將**	**受命於君**
손자왈	범	용병지법	장	수명어군

合軍聚衆	**交和而舍**	**莫難於軍爭**
합군취중	교화이사	막난어군쟁

"장수가 왕으로부터 명을 받고 군대를 집결시키고 적과 진영을 마주 보고 대치하게 되는데 군쟁만큼 어려운 것이 없다."

합군취중이란 동원령을 선포하여 장병들을 소집하는 것을 말하고, 교화이사란 적과 마주 보고 주둔한다는 뜻입니다. 이러한 행동은 곧 전쟁이 선포되고 군대가 전쟁을 위해 모든 준비를 끝냈음을 의미합니다.

그 다음에 할 일이 뭘까요? 쉽게 말하면 기선제압이지요. 선수를 칠 수 있는 기회를 잡는 것입니다. 손무는 선수치는 것, 즉 군쟁이 제일 어렵다고 합니다.

왜 그런지 알아볼까요?

군쟁이 어려운 이유

軍爭之難者　　**以迂爲直**　　**以患爲利**
군쟁지란자　　이우위직　　이환위리

그렇다면 군쟁이 어려운 이유는 뭘까요?

"군쟁이 어려운 까닭은 비록 우회해서 멀리 돌아가는 듯 하지만 곧바로 가는 것과 같은 효과를 만들어야 하고, 불리함을 유리함으로 바꿀 수 있어야 하기 때문이다."

'돌아가는 듯 하지만 직진하는 것과 같다." 이 또한 멋진 말입니다. 우리는 매사를 직접적으로 접근하고 풀어가려고 합니다. 하지만 직접적인 만큼 저항이나 반발도 큽니다. 하지만 같은 주제라도 우회적으로 돌려서 말하면 상대방의 감정을 자극하지 않고도 원하는 목적을 달성할 수 있지요. 이것이 바로 '돌아가지만 바로 가는 것과 같다'라고 하는 것이죠.

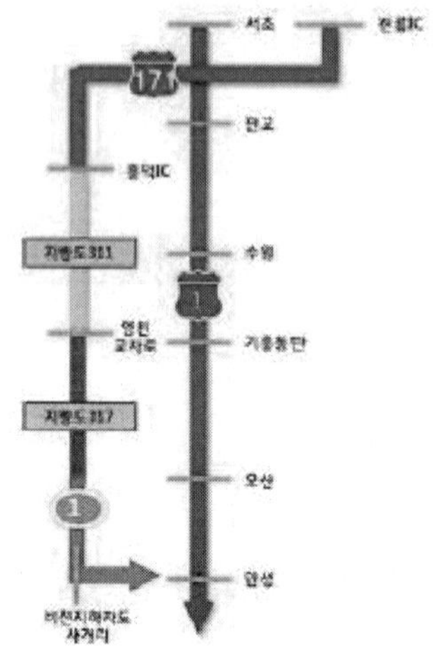

영국의 군사 사상가 리델하트는 여기에서 힌트를 얻어서 '간접접근전략'이라고 하는 군사 이론을 도출해 냈습니다. 그 저작권은 손무에게 있는 셈이지요.

사진은 고속도로가 막힐 때 우회로를 이용하여 돌아가는 길을 보여줍니다. 고속도로는 돌아가지 않아도 된다는 장점을 가지고 있습니다. 반면 정체가 발생하면 속수무책이지요. 이런 경우에는 국도로 우회하는 편이 시간적으로 훨씬 빠릅니다. 바로 이것이 손무가 말하는 이우위직입니다.

손자병법의 백미 : 우직지계 등장

故 **迂其途** **而誘之以利** **後人發** **先人至**
고 우기도 이유지이리 후인발 선인지

此 **知迂直之計者也**
차 지우직지계자야

손자병법의 또 다른 핵심문구가 등장합니다.

"우회하는 방법을 쓰면 유리하다고 판단한 적을 유인할 수 있다. 그래서 늦게 출발하고도 먼저 도착할 수 있게 되는데, 이것이 바로 '우직지계'다."

핵심문구란 '우직지계'라는 말입니다. 앞에서 '이우위직'이라고 했지요. 돌아가면서도 곧바로 가는 것과 같게 하는 것! 이우위직을 활용하는 작전을 바로 '우직지계'라고 합니다.

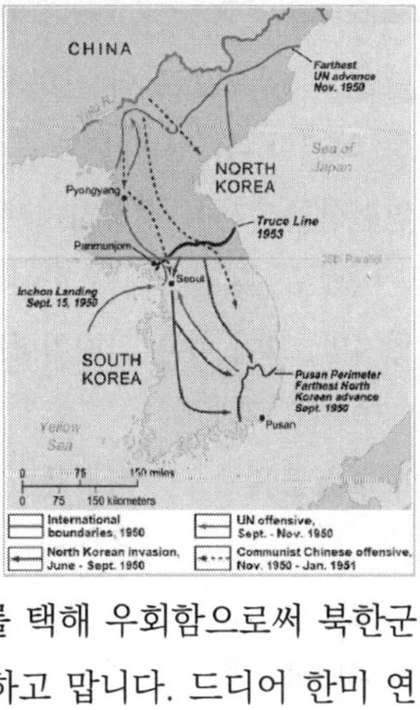

한국전쟁 당시, 맥아더 장군이 감행한 인천상륙작전은 대표적인 우직지계의 사례라 할 수 있습니다. 낙동강 방어선에 병력을 증강하여 싸울 수도 있었습니다. 이 방법은 다분히 직접적입니다. 하지만 북한군은 이때 낙동강 방어선을 무너뜨리기 위해서 총공세를 퍼붓고 있는 상황이었기 때문에 직접적인 방법을 썼다면 아군의 피해도 막심했을 것이며, 목적도 달성하지 못했을 수가 있습니다.

하지만 인천상륙작전이라고 하는 간접적인 루트를 택해 우회함으로써 북한군의 허를 찔렀지요. 당황한 북한군은 허겁지겁 후퇴하고 맙니다. 드디어 한미 연합군이 공세로 이전하는 발판이 마련된 것입니다.

바로 이것이 우직지계의 힘입니다.

군쟁이 어려운 이유

故 **軍爭爲利** **軍爭爲危**
고 군쟁위리 군쟁위위

하지만 우직지계가 좋은 방법이긴 하지만 위험이 따르지요.

"군쟁은 도움이 되기도 하고, 위험이 따르기도 한다."

인천상륙작전을 예로 들어볼까요? 상륙작전에 대한 정보를 북한군이 몰랐기 때문에 작전이 성공할 수 있었습니다. 만약, 북한군이 사전에 정보를 파악했다면 어땠을까요? 상륙작전을 위한 병력이 빠져나가기 때문에 낙동강 방어선이 약해질 것으로 판단할 수 있으므로 더 강하게 밀어붙였다면 상륙작전이 성공하기도 전에 한반도를 석권할 수 있었을 것입니다. 아울러, 상륙 해변에 대한 방어를 강화했다면 인천상륙작전이 성공하지 못했을 수도 있습니다.

이렇듯, 우직지계를 활용함에 있어서는, 성공하면 전세를 유리하게 만들 수 있지만, 그에 따른 실패위험도 항상 도사리고 있음을 늘 인식하고 있어야 합니다.

擧軍而爭利 **則不及**
거군이쟁리 즉불급

委軍而爭利 **則輜重捐**
위군이쟁리 즉치중연

앞에서 우직지계, 즉 군쟁이 어렵다고 했는데, 구체적으로 어떻게 어려운지를 살펴봅니다.

"군을 움직여 이익을 좇다 보면 이르지 못하고, 속도가 느린 보급부대는 버려질 수 있다."

군대는 전투부대와 전투를 지원하는 지원부대로 구성되어 있습니다. 군대 전체가 주도권 싸움을 하다 보면 기동성이 좋은 전투부대는 목표에 도착 하더라도 기동성이 떨어지는 보급부대는 뒤처지거나 뒤에 버려질 수도 있습니다.

是故 **卷甲而趨** **日夜不處**
시고 권갑이추 일야부처

倍道兼行 **百里而爭利** **則擒三將軍**
배도겸행 백리이쟁리 즉금삼장군

勁者先 **疲者後** **其法** **十一而至**
경자선 피자후 기법 십일이지

군쟁이 어려운 이유가 이어집니다.

"갑옷을 벗어 둘둘 말아 둘러메고 밤낮없이 강행군하여 백 리를 가서 이익을 쟁취하려다 보면 장군들이 잡히게 되고, 정예병들은 빨리 도착하는 반면 피로하고 약한 병사들은 뒤쳐진다. 결국 10분의 1만 도착하게 된다."

승부는 타이밍입니다. 축구를 생각해 보세요. 골을 넣은 선수가 1초만 빨라도 골을 못 넣을 것이고, 반대로 1초만 느려도 골을 넣지 못합니다. 골이 터질 수밖에 없는 타이밍에 맞아야 합니다.

선생도 마찬가집니다. 하지만 축구와는 달리 전 국토를 무대로 수십만 병사들이 벌이는 경쟁입니다. 승부를 알 수는 없지만 이길 수 있는 찬스를 잡기 위해 고군분투하게 되는 겁니다. 군 수뇌부에서 승기를 잡았다고 판단되면 전군을 몰아 붙이게 되고, 그렇게 되면 강행군을 거듭하게 될 것입니다.

속도가 관건이므로 서로 앞다투어 가다 보면 약한 병사, 약한 부대는 뒤처질 수밖에 없고, 뒤처진 부대는 적의 위협에 노출되어 전멸될 수도 있는 위험에 처하게 되지요.

五十里而爭利 **則蹶上將軍** **其法** **半至**
오십리이쟁리 즉궐상장군 기법 반지

三十里而爭利 **則三分之二至**
삼십리이쟁리 즉삼분지이지

"오십 리를 달려 이익을 다투면 상장군이 잡히게 되고 2분의 1만 도착하게 되고, 삼십 리를 달려 이익을 다투면 3분의 2만 도착하게 될 것이다."

앞에서 백리를 가서 이익을 다투면 10분의 1만 도착하게 될 거라 했습니다. 여기서 보니까 거리와 도착 병사들의 수는 반비례함을 알 수 있습니다. 당연하겠지요. 거리가 짧을수록 피로도가 덜하고, 멀수록 피로도가 증가하기 때문입니다.

피로도 외에도 거리와 시간이 증가함에 따라 적군의 저항, 식량문제, 심리적 문제 등 수많은 저항들이 함께 증가하게 되겠지요.

是故 **軍無輜重** **則亡**
시고 군무치중 즉망

無糧食 **則亡** **無委積** **則亡**
무량식 즉망 무위적 즉망

"군대에 보급품이 없으면 망고, 식량이 없어도 망하며, 비상 적재품이 없어도 망한다."

군쟁을 다투며 빨리 가려다가 치중부대를 잃게 되면 아무리 본대가 먼저 도착하여 승기를 잡았다 하더라도 보급 물자가 없고 식량이 없으면 더 이상의 전투는 불가능해 집니다. 빨리 간 것이 아무 소용없게 되는 것이지요.

이처럼 주도권을 다투는 일은 양날의 검과 같습니다. 이기면 다행이지만 질 경우에는 모든 것을 잃게 되는 것이지요. 그만큼 어렵다는 점을 손무가 강조하고 있습니다.

군쟁의 핵심 조건 : 알아야 한다

故　　不知諸侯之謀者　　不能豫交
고　　부지제후지모자　　불능예교

지금까지 군쟁, 우직지계, 군쟁의 어려움에 대해 살펴봤습니다.

지금부터는 군쟁을 잘하기 위해 알아야 할 사항들에 대해 언급합니다. 어떤 것들이 있는지 살펴볼까요?

"제후들, 즉 인접국들의 숨은 의도를 알지 못하면 외교 관계를 맺을 수 없다."

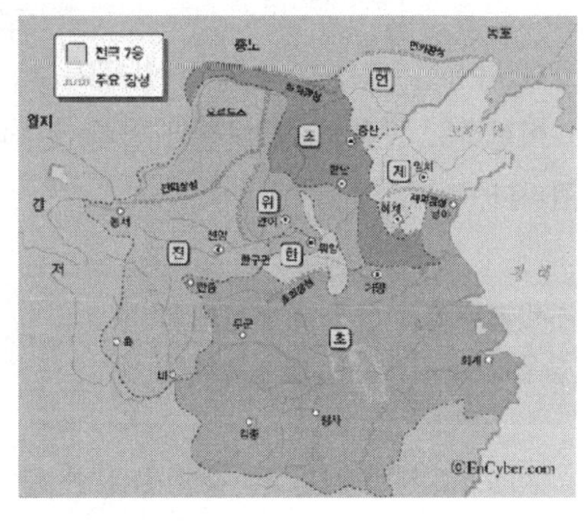

개인도 마찬가지고, 개인들로 구성된 국가도 마찬가지로 철저하게 자기의 실리를 추구합니다. 따라서 나의 불행은 상대방의 기쁨이 되고, 나의 위기는 상대방의 기회가 됩니다. 전쟁을 하게 되면 우리의 국력은 약해질 수밖에 없고, 국가의 모든 관심이 전쟁에 집중될 수밖에 없습니다. 불순한 의도를 갖고 있는 인접국에게는 이때가 절호의 기회인 셈이지요.

따라서 전쟁을 하기 위해서는 인접국들의 성향과 의도를 미리 철저하게 파악해 두어야 뒤통수 맞는 우를 범하지 않게 되겠지요?

고대 중국은 수많은 제후국들로 쪼개져 중원의 패권을 두고 치열한 전쟁을 치렀습니다. 그 와중에 여러 국가들끼리 동맹을 체결하거나 동맹관계임에도 뒤통수를 치는 사례가 비일비재했습니다. 먹고 먹히는 생존 게임에서 신뢰에 기대는 것은 순진한 생각일 수밖에 없겠지요.

不知山林險阻沮澤之形者　　　不能行軍
부지산림험조저택지형자　　　불능행군

이어집니다.

"전장의 산림이 험한지, 소택지와 늪 등 분포를 알지 못하면 행군을 할 수 없다."

전쟁은 땅에서 이루어지지요. 그러면 땅은 어떤 특징을 갖고 있나요? 산도 있고 강도 있고, 들판도 있고 늪지대도 있습니다. 이것들은 절대 중립적이지 않지요. 불리한 측에게는 적보다 더한 장애물이 됩니다. 유리한 측에게는 군사력보다 유용한 도움을 받을 수 있지요.

이런데도 싸울 땅에 대해서 알지 못한다면 행군을 할 수 없는 것은 당연한 겁니다.

不用鄕導者　　　不能得地利
불용향도자　　　불능득지리

"향도(그 지방 사람 중 길잡이)를 쓸 줄 모르면 그 지방의 지형적 이점을 활용할 수 없다."

전쟁을 우리나라에서 하는 경우라면 홈그라운드의 이점이 있습니다. 반면 적은 생소한 지형과도 싸워야 하는 입장이지요. 그래서 우리가 훨씬 유리한 입장에서 싸울 수 있습니다.

하지만 입장을 바꿔서, 우리가 상대방의 영토에서 싸운다고 가정해 보세요. 아무리 정예 병사라고 해도 낯선 지형에서 제대로 싸운다는 건 어불성설입니다.

2002년 월드컵 경기에서 우리나라가 4강에 진출할 수 있었던 이유 중 하나가 홈그라운드의 이점이 있었다고 확신합니다.

따라서 타국에서 전쟁을 하게 될 경우에는 반드시 '향도' 즉 그 지방의 사람을 회유하여 길 안내자로 활용해야 합니다. 그렇지 못하면 늘 불리한 상황에서 싸울 수밖에 없겠지요.

영화 '300'의 소재가 된 스파르타와 페르시아 간에 벌어진 테르모필레 전투에서 스파르타가 패하게 되는 이유가 바로 페르시아가 그 지방 사람(에피알테스)를 향도로 활용했기 때문이지요.

전쟁의 속성

故　兵　以詐立　以利動　以分合爲變者也
고　병　이사립　이리동　이분합위변자야

"전쟁이란 속임수로 성립하고, 이익으로 움직인다. 집중과 분산의 활용으로 변화를 만들어 낸다."

사(詐)란 속인다는 뜻입니다. 그러면 앞에서 배운 '병자 궤도야'야 같은 의미죠? 또, '이정합 이기승'에서 '이기승'과도 같지요?

전쟁을 정직하게 한다는 건 말이 안 됩니다. 죽고 살고 이기고 망하는 문제가 걸린 상황에서 룰을 지킨다는 건 자멸행위겠지요. 적을 속이는데 있어서 한 치의 망설임도 양심의 가책도 있어서는 안 됩니다.

또 아군이든 적군이든 군대를 움직이는 동기는 '이익' 즉 유리함입니다. 특히 적군을 내 뜻대로 움직이려면 적이 바라는 뭔가를 보여줘야 합니다. 그래서 항상 적의 입장에서 생각할 필요가 있습니다.

아울러 군대의 변화는 집중과 분산을 통해서 이루어집니다. 전쟁에서 모든 계획의 전제는 적군의 상황입니다. 부대 편성에 변화를 주면 적군 입장에서는 아군의 저의를 파악하기 위해 노력하게 되겠지요.

이를 통해 적을 속일 수 있는 것이지요.

군쟁을 잘하는 군대란

故 其疾如風 其徐如林
고 기질여풍 기서여림

그렇다면 군쟁을 잘하는 군대는 어떤 군대일까요?

"빨라야 할 때는 바람과 같고, 느려야 할 때는 숲과 같아야 한다."

신속함이 요구될 때 바람처럼 빠르게 움직일 수 있고 가만히 있어야 할 때는 조금의 소란스러움 없이 숲처럼 고요할 수 있어야 합니다.

侵掠如火 不動如山
침략여화 부동여산

"침략해 들어갈 때에는 마치 불처럼 하고, 움직이지 않아야 할 때는 산처럼 장중해야 한다."

불은 뜨겁습니다. 기세를 얻으면 걷잡을 수 없습니다. 침략할 때는 불처럼 뜨겁고 사납게 움직여야 합니다.

산은 웅장합니다. 그 속에서 어떤 일들이 일어나든 산은 모든 것을 품고 아무 일이 없는 듯 고요합니다. 군대가 움직이면 안 될 때는 산과 같아야 합니다.

難知如陰 **動如雷震**
난지여음 동여뢰진

“적이 알지 못하게 하려면 어두움 속에 숨은 듯하고, 움직여야 할 때는 우레와 번개처럼 빨라야 한다.”

군대의 작전에서 가장 중요한 것은 기도비닉, 은밀함 입니다. 적에게 노출되는 순간 표적이 되기 때문이지요. 그래서 적의 관측으로부터 은폐하고, 적의 사격으로부터 엄폐를 하도록 훈련합니다. 손무는 이를 그림자 속에 숨듯 하라고 했는데, 참으로 적절한 비유가 아닐 수 없습니다.

또, 군대가 움직일 때는 기회를 잡았을 때일 겁니다. 그럴 경우에는 전광석화처럼 순식간에 달려들어야 적이 제대로 대응을 하지 못하게 됩니다. 2차 대전시 독일군의 유럽 침공 작전을 우리는 ‘전격전’이라고 명명합니다. 전광석화처럼 빨랐기 때문이지요.

군쟁에 능한 군대는 이렇게 싸운다

掠鄕分衆　　廓地分利　　懸權而動
략향분중　　곽지분리　　현권이동

先知迂直之計者　　勝　此　　軍爭之法也
선지우직지계자　　승　차　　군쟁지법야

“적의 고을을 침략할 때 부대를 분산시키고, 지역을 확장할 때는 이득이 되는 정도를 기준으로 나누고, 부대를 움직일 때는 경중을 저울질 해 본 후에 움직인다. 먼저 우직지계를 아는 자가 승리하는 바, 이것이 바로 군쟁을 하는 방법이다.”

적국의 지방을 점령하게 될 경우의 방법을 다루고 있습니다. 적군과 싸워 이겼다고 전쟁이 끝나는 건 아닙니다. 후속 조치가 중요하지요. 승리로 얻은 영토를 어떻게 처리해야 하느냐에 따라 전쟁목적 달성이 좌우됩니다.

적 지역을 점령하게 되면 당연히 지역을 분할하여 부대를 배치시켜서 통치임무를 맡깁니다. 그러면 지역 분할은 막 하면 되느냐? 그렇지 않지요. 정치 군사적인 중요도에 따라 중요지역과 보통지역으로 구분해야 하겠지요. 그런 후에는 그 지역에서 원주민들과 점령군 사이에서 수많은 일들이 벌어지게 될 겁니다. 그 일들의 중요도를 따져서 대응책을 마련하고 행동해야 합니다.

결론적으로 손무는 우직지계를 아는 사람이 이길 수 있다고 하면서, 이것이 군쟁의 방법임을 강조합니다.

군쟁 방법론 : 1. 신호를 활용해라

軍政	**曰**	**言不相聞**	**故**	**爲之金鼓**
군정	왈	언불상문	고	위지금고

지금까지는 군쟁에 관한 주제로 얘기했는데, 앞으로는 실전에서 도움이 될 만한 중요한 사항들에 대해서 다룹니다. 살펴볼까요? 첫번째 주제는 신호의 활용입니다.

"군정이라는 책에 따르면, 전쟁터에서는 말이 서로 들리지 않으므로 징과 북을 사용한다."

가끔 영화나 소설을 보면 장수가 소리치면 전 병사들이 일제히 행동을 합니다. 그런 모습을 보면 '어떻게 저 목소리가 다 들릴까?'라고 의문을 가졌었는데요, 손자병법의 이 부분을 보면서 의문이 풀렸습니다. 영화에서는 생략되었지만, 나름대로의 신호를 써서 대부대를 통제한 것이지요.

먼저 북소리와 징소리를 활용하여 통제를 한다는 내용이네요.

視不相見	**故**	**爲之旌旗**
시불상견	고	위지정기

"눈으로 보더라도 서로 볼 수 없으므로 깃발을 활용한다."

불멸의 이순신이라는 드라마를 보면 해전에서 어떻게 통제하는지가 잘 나옵니다. 배는 바다 한 가운데 서로 떨어져 있지요. 그래서 말로는 통제가 안 됩니다. 그래서 이순신 장군이 탄 대장선에서 깃발을 올리면, 그 깃발의 색깔에 담긴 명령에 따라 일제히 행동합니다.

이와 같이 깃발을 사용하는 이유는 넓게 분산된 상황에서는 서로가 잘 보이기 않기 때문임을 잘 아시겠지요?

夫	金鼓旌旗者	所以一人之耳目也
부	금고정기자	소이일인지이목야

앞의 내용에 대한 요약입니다.

"징과 북, 깃발을 활용하면 이목을 집중시켜 한사람처럼 움직이게 할 수 있다."

줄다리기 시합을 보신 적 있나요? 제대로 된 줄다리기 시합은 전쟁과도 같습니다. 사전 훈련과 준비, 전술 전략 수립, 지휘통제 등이 조직적으로 이루어집니다.

본 게임에 들어가면 선수들은 마구잡이로 줄을 당기지 않지요. 옆에서 깃발을 들고 통제하는 사람을 주목하면서 신호에 따라 움직입니다. 이때 선수들의 움직임은 마치 하나가 된 것 같지요.

이것이 신호가 만들어내는 힘입니다. 아시겠지요.

人旣專一	則勇者	不得獨進	怯者	不得獨退
인개전일	즉용자	부득독진	겁자	부득독퇴

此	用衆之法也
차	용중지법야

수많은 장병들이 한 사람처럼 움직이면 어떤 효과가 있을까요?

"사람들이 한 사람처럼 뭉치면, 용감한 사람일지라도 혼자 전진하지 않고, 겁이 있는 사람이라고 해도 혼자 도망가지 않는다. 이것이 무리를 활용하는 방법이다."

북, 징, 깃발을 이용해서 대부대를 한 몸처럼 움직이게 할 때의 이점입니다. 이렇게 되기 위해서는 평상시에 엄청난 훈련이 되어 있어야 하겠지요?

패거리 심리라는 것이 있습니다. 혼자는 약해도 패를 이루면 겁쟁이도 용감해 지지요? 부정적인 단어이지만, 인간의 심리를 알고 활용하는 데 유용하니까 기억해 두세요.

故　夜戰　多火鼓
고　야전　다화고

晝戰　多旌旗　所以變人之耳目也
주전　다정기　소이변인지이목야

"야간 전투에는 불과 북을 쓰고, 주간 전투에는 깃발을 많이 쓴다. 이는 사람들의 눈과 귀의 능력이 때에 따라 변하기 때문이다."

야간에 깃발을 쓰면 보일 리가 없겠지요? 반대로 주간에 불을 써봐야 이 또한 제대로 보일리가 없습니다. 우리 인간의 눈과 귀의 특성을 알고 거기에 맞는 신호규정을 활용하라는 얘기겠지요?

군쟁 방법론 : 2. 기운의 변화를 활용하라

故	**三軍**	**可奪氣**	**將軍**	**可奪心**
고	삼군	가탈기	장군	가탈심

두 번째 주제는 기운의 변화를 활용하는 것입니다.

"적 병사들의 기운을 빼앗을 수 있고, 적 장수들의 마음을 빼앗을 수 있다."

기운을 뺏고 마음을 뺏는다는 것은 심리전에서 이긴다는 의미입니다. 물리적 폭력을 통해 이기는 것보다 심리적으로 이기는 것이 더욱 더 중요하지요.

'펜이 칼보다 강하다'라는 말을 들어보셨지요? 총알 하나로는 한 사람을 죽일 수 있습니다. 그리고 적의 증오를 삽니다. 하지만 적의 마음을 동요시키는 한마디 말로 적군 전체를 항복하게 만들 수도 있습니다. 적의 반항이나 저항 없이 말이지요.

펜이 칼보다 강한 이유를 아시겠지요? 자, 그러면 어떻게 기운을 뺏고 마음을 뺏을 수 있는지 알아볼까요?

是故	**朝氣**	**銳**	**晝氣**	**惰**	**暮氣**	**歸**
시고	조기	예	주기	타	모기	귀

일상생활에서의 처세와 관련해서 제가 가장 좋아하는 문구입니다.

"아침의 기는 날카롭고, 한낮의 기는 사그라들고, 저녁의 기는 돌아가고자 한다."

사진처럼 일출의 태양은 힘찬 기운을 품고 솟아오릅니다. 하지만 시간이 흘러 한낮이 되면 태양의 기운이 권태로워 보입니다. 나른함이 느껴지지요. 그러다 저녁이 되어 일몰이 되면 태양은 휴식을 위해 퇴근하는 듯 떨어집니다.

사람 심리도 똑같지요. 아침에는 원기 왕성합니다. 사기가 하늘을 찌르지요. 뭔가 큰일을 낼 것 같습니다. 하지만 한 낮이 되면 언제 그랬냐는 듯이 지루함을 느낍니다. 점심을 먹으면 졸리지요. 그러다 저녁이 되면 퇴근할 생각밖에 없지요.

전장의 군대도 이와 같습니다. 서로 대치하고 있는 양쪽 군대의 사기는 더없이 높습니다. 하늘을 찌를 듯한 기세지요. 하지만 전쟁이 어느 정도 무르익으면 점점 지쳐갑니다. 그러다 막바지에 이르면 최초의 열의와 날카로움은 온데간데없고 빨리 이 전쟁이 끝나기를 기대하게 되지요.

故	**善用兵者**	**避其銳氣**	**擊其惰歸**	**此**	**治氣者也**
고	선용병자	피기예기	격기타귀	차	치기자야

"전쟁을 잘하는 사람이라면 날카로운 기는 피하고, 권태롭고 돌아가고자 할 때 칠 것이다. 이것이 기운을 다스리는 방법이다."

쌍방이 날카로운 상태에서 전투를 하게 되면 양측 모두 엄청난 피해를 입게 됩니다. 그래서 지혜로운 장수라면 적의 날카로운 기가 누그러질 때를 기다릴 겁니다. 아니면 그렇게 되도록 상황을 만들어 갈 겁니다.

반면 아군의 기는 여전히 날카로운 상태를 유지해야 하겠지요. 그러다 적군의 모습에서 권태로움이나 빨리 끝나기를 희망하는 기운이 느껴지면 그때가 바로 공격의 찬스가 되겠지요. 이미 전의를 상실한 군대는 이빨 빠진 호랑이에 불과합니다.

일상 생활에서 이 내용을 활용할 때가 있습니다. 상사와의 관계인데요, 사람들은 통상 아침에 날카롭습니다. 그래서 아침에는 가급적 부정적인 얘기를 하면 안 됩니다. 그것이 위급한게 아니라면 말이죠. 만약 부정적인 얘기를 꺼냈다가는 그날 하루를 힘들게 보내야 하는 불상사가 벌어집니다.

그러면 부정적인 보고는 언제 하느냐? 퇴근전이 가장 좋습니다. 아침에 보고하면 욕을 들을 보고라도 퇴근 전에 하면 최소한 아침의 반응보다는 약할 거니까요.

명심했다가 활용해 보시기 바랍니다.

군쟁 방법론 : 3. 심리 변화를 활용하라

以治待亂	以靜待譁	此	治心者也
이치대란	이정대화	차	치심자야

세 번째 주제는 심리 변화입니다.

"나의 다스림으로 혼란한 적을 기다리고, 나의 고요함으로 소란한 적을 기다린다. 이것이 심리를 다루는 방법이다."

다스려진다는 것은 통제가 잘 된다는 뜻입니다. 지휘 통제가 잘 이루어지는 부대가 혼란한 적을 맞으면 당연히 이깁니다. 혼란하다는 것은 위와 아래가 일치단결하지도 않고 지휘 통제도 불안하기 때문이지요. 고요함이라는 것은 침착하고 평정심을 유지한다는 말입니다. 이런 군대가 소란한 적을 맞이하면 이 또한 당연히 이깁니다.

전쟁이든 스포츠든 심리전입니다. 지는 상황에서도 침착하고 평정심을 유지하면 역전의 기적이 일어납니다. 하지만 그때그때 심리상태가 변하는 군대, 이기면 오만해지고 지면 소심해지는 군대는 그 오만함과 소심함 때문에 패배하게 됩니다.

군쟁 방법론 : 4. 체력 변화를 활용하라

以近待遠	**以佚待勞**	**以飽待飢**	**此**	**治力者也**
이근대원	이일대로	이포대기	차	치력자야

네 번째 주제는 힘의 변화입니다.

"가까이 움직여 멀리서 오는 적을 맞이하고, 편안한 상태에서 피로한 적을 맞이하며, 배부른 상태에서 굶주린 적을 맞이한다. 이것이 힘을 다스리는 방법이다."

당연히 멀리서 오면 피곤합니다. 싸울 힘이 남아 있지 않겠지요. 이때를 노려 공격하면 당연히 이깁니다.

휴식과 급식 등이 충분하여 편안한 상태에서 피로한 적을 맞으면 어떨까요? 이 또한 게임이 안 됩니다.

배부른 병사와 배고픈 병사가 싸우면 누가 이길까요? 아무리 정신력이 강해도 굶주린 상태에서는 정신력 발휘가 어렵습니다. 이 또한 게임이 안 됩니다.

군쟁 방법론 : 5. 적의 변화를 활용하라

無邀	正正之旗	勿擊	堂堂之陣	此	治變者也
무요	정정지기	물격	당당지진	차	치변자야

마지막 주제는 변화에 관한 것입니다.

"깃발이 질서 있게 펄럭인다면 공격하지 말고, 적 진용이 위풍당당하다면 이 또한 공격하지 마라. 이것은 변화를 다스리는 방법이다."

깃발이 질서 있게 펄럭이고 진용이 위풍당당하다는 것은 무슨 의미일까요? 그렇죠. 군기와 사기가 높다는 말입니다. 자신감으로 가득 차 있기도 하지요. 그런 적을 상대로 싸우면 어떻게 될까요? 이는 우직지계가 아니라 직접접근이지요. 엄청난 희생이 따를 겁니다.

전쟁에서 반드시 지켜야 할 사항들

故　用兵之法　高陵　勿向　背丘　勿逆
고　용병지법　고릉　물향　배구　물역

군쟁편의 마지막 파트는 전쟁을 할 때 반드시 지켜야 할 사항들입니다.

"용병을 할 때, 높은 언덕을 향해 오르지 말고, 언덕을 등진 적을 거슬러 공격하지 마라."

보병들이 전투력을 발휘하려면 고지에서 저지로 움직여야 합니다. 차후에 나오겠지만, 고지에서 저지로 향하는 지역을 생지라 하고, 저지에서 고지로 향하는 지역을 사지라고 합니다.

만약 저지에서 고지로 오르면 어떻게 될까요? 고지의 적병에게 칼을 꽂기도 전에 다리에 힘이 풀려서 싸울 수가 없게 되겠지요? 또한 오르는 동안 적의 관측에 노출이 되어 사격 연습용 표적이 되기 십상입니다. 그래서 손무는 높은 곳으로 올라가는 것에 대해 경고하는 것입니다.

佯北　勿從　銳卒　勿攻　餌兵　勿食　歸師　勿遏
양배　물종　예졸　물공　이병　물식　귀사　물알

"거짓으로 패하는 적은 쫓지 말고, 날카로운 적은 공격하지 말며, 미끼를 덥석 물지 말고, 도망가는 적은 막지 마라."

뭔가 수상쩍은 적의 퇴각에는 숨은 의도가 있겠지요. 전혀 의심도 없이 쫓아가다가는 오히려 포위되거나 적의 함정에 빠질 수 있습니다.

당연히 적병들이 사기충천하고 기세등등하다면 섣불리 공격해서는 안 됩니다. 이긴다 해도 엄청난 피해를 입을 수밖에 없기 때문이지요.

이병이란 미끼 부대를 뜻합니다. 이 또한 의심을 갖고 살펴야 합니다. 덥석 물었다가는 적의 의도에 끌려가는 우를 범할 수 있습니다.

퇴각하는 적군을 막으면 어떻게 될까요? 죽기 살기로 덤비지 않을까요? 그렇게 되면 쓸데없이 아군의 피해만 키우는 꼴이 되겠지요.

圍師	**必闕**	**窮寇**	**勿迫**	**此**	**用兵之法也**
위사	필궐	궁구	물박	차	용병지법야

"적을 포위했다면 반드시 길을 터주고, 막다른 곳에 봉착한 적을 끝까지 핍박하지 마라. 이것이 용병의 방법이다."

적을 완전히 포위해서 빠져나갈 구멍이 없게 되면 어떻게 될까요? 맞습니다. 적은 결사항전으로 덤빌 겁니다.

반대로 한 쪽으로 길을 터놓으면 어떻게 될까요? 적은 그 길을 활용하여 살길을 찾으려 할 겁니다. 그때 공격하면 쉽게 이길 수 있습니다.

막다른 골목에 있는 적을 끝까지 핍박하고 몰아붙이면 어떻게 될까요? 쥐도 궁지에 처하면 고양이를 문다고 한 것처럼, 필사적으로 덤빌 겁니다. 그렇게 되면 불필요한 아군의 피해만 커질 뿐이지요. 용병을 할 때 반드시 명심해야 되겠지요?

이렇게 해서 군쟁편을 마쳤습니다.

군쟁편에서 많은 좋은 문구들이 나왔는데요, 다 기억하면 좋겠지만 절대로 잊어서는 안 되는 문구가 있지요? '우직지계'입니다. 반드시 기억하시기 바랍니다.

구변(九變)

상황은 언제나 변하기 마련이다

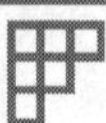

제8 구변편입니다.

구변에서 '구'는 아홉을 말하는데요, 중국에서 아홉은 숫자 중 가장 큰 수를 의미합니다. 십 이상의 수는 조합된 숫자지요. 그래서 아홉은 '가장 많은'을 뜻합니다.

따라서 구변이란 다양한 변화를 뜻하지요. 전쟁의 변화무쌍한 상황 속에서 어떻게 대처해야 하는지에 관한 내용입니다.

하나씩 살펴볼까요?

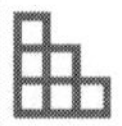
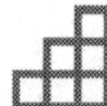

지형의 변화에 대응하라

孫子曰　凡　用兵之法　將受命於君　合軍聚衆
손자왈　범　용병지법　장수명어군　합군취중

圮地無舍　衢地合交　絶地無留　圍地則謀　死地則戰
비지무사　구지합교　절지무류　위지즉모　사지즉전

구변편은 다양한 지형에 따른 대응책 제시로 시작하고 있습니다.

"장수가 왕으로부터 명령을 받들어 군을 소집하여 행군을 하게 되면 비지에서는 주둔하지 말고, 구지에서는 외교관계를 맺고, 절지에서는 머물지 말고, 위지에서는 꾀를 생각해 내고, 사지에서는 죽기 아니면 살기로 싸워라."

먼저 비지는 무너질 위험이 있는 곳입니다. 이런 곳에서 숙영을 할 경우 산사태 등으로 병사들이 매몰될 수 있기 때문에 숙영을 해서는 안 됩니다.

두 번째는 구지입니다. 여기서 구는 네거리를 말하는데, 인접국들과의 국경선이 교차하는 곳을 말합니다. 이런 곳을 통과할 때는 인접국들과 우호적인 관계를 맺어야 뒤를 걱정하는 일이 발생하지 않지요. 따라서 인접국과 외교 협력관계를 맺는 게 여러모로 유리합니다.

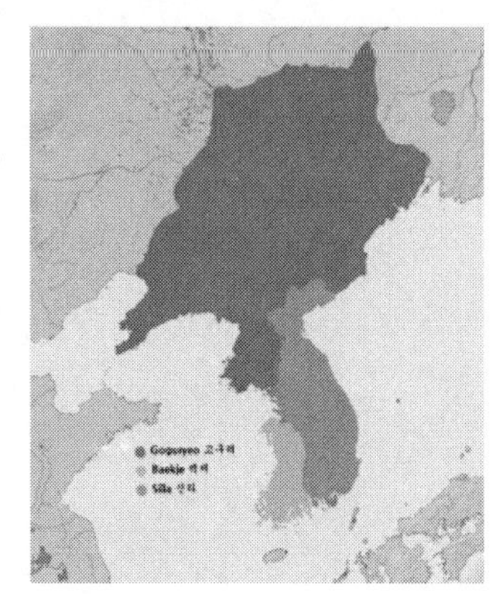

세 번째는 절지입니다. 절지란 끊어진 곳을 말하는데, 병참선 및 통신선이 끊어진 곳, 즉 자연적으로 고립된 지역입니다. 이런 곳에서 머물면 후방을 차단당할 수 있고 포위당할 수도 있습니다. 그래서 절지에서는 절대로 머물면 안 됩니다.

네 번째 위지는 포위된 지역을 말합니다. 네 번째

사진이 자연적으로 사방이 포위된 지형입니다. 양구에 있는 해안마을인데요, 사발로 눌러 놓은 것 같다고 해서 펀치볼이라고도 합니다. 이런 곳으로 모르고 들어가게 될 경우 사방의 적들에게 포위당하기 쉽습니다.

마지막 사지는 들어가기는 쉬우나 빠져나오기 어려운 계곡 같은 지형인데요, 이런 곳에서 적을 조우하게 되면 앞으로 나가기도 어렵고 되돌아 나가려면 큰 혼란에 빠지므로 스스로 망하기 딱 좋은 곳이지요. 이런 곳에서 적을 만나면 결사항전 하는 수밖에 없습니다.

앞으로 지형에 대해 많이 나오게 되는데요, 전쟁을 한다면 당연히 참고해야 하지만, 전쟁을 하지 않더라도 실생활의 처세와 관련해서 비지는 어떤 상황일지, 구지는 또 어떤 상황일지를 생각하면서 행동의 지침으로 삼으면 좋겠습니다.

전쟁을 하면서 절대 하면 안 될 다섯 가지

途有所不由
도유소불유

전쟁을 수행하면서 해서는 안 되는 다섯 가지 금기사항에 대해서 알아봅니다.

첫 번째 금기는 "길이라도 가서는 안 되는 길이 있다."입니다.

길이 있다고 무조건 가서는 안 되겠지요. 특히 전쟁 시에는 말이지요.

평탄한 길이 있고, 협소한 길이 있습니다. 바로 가는 길이 있고 돌아가는 길이 있습니다. 오르막길이 있고 내리막길이 있습니다. 적이 없는 길이 있고 적이 있는 길이 있습니다. 어떤 길을 택하느냐에 따라 행군이 쉬우냐 어려우냐가 결정되겠지요.

그러니 사전 정찰 활동을 통해 가야 할 길을 살피는 일이 무엇보다 중요합니다.

軍有所不擊
군유소불격

두 번째 금기는 "군이라도 공격하면 안 되는 군이 있다."입니다.

군대의 종류에도 여러 가지가 있겠지요. 강한 군대와 약한 군대, 위아래가 똘똘 뭉쳐진 군대와 서로 반목하는 군대, 충성심이 있는 군대와 없는 군대, 전투 경험이 풍부한 군대와 빈약한 군대 등입니다.

긍정적으로 언급한 군대를 공격하면 어떻게 될까요? 맞습니다. 결코 쉽지 않은 싸움이 될 것이고, 심지어는 패할 수도 있겠지요. 그래서 적정을 살피고, 떠보는 작전 등을 통해 적의 의도와 상태를 면밀히 살피는 일이 중요합니다.

城有所不攻
성유소불공

세 번째 금기는 "성이라도 공격하면 안 되는 성이 있다."입니다.

제3 모공편에서 최하수의 전략이 성을 공격하는 것이라 했습니다. 성이란 장기간 버틸 수 있는 준비를 갖춘 요새입니다. 이런 곳을 공격하면 공격하는 쪽도 엄청난 피해를 입게 되겠지요. 그런데 부득이 공성전을 할 수밖에 없는 경우라도 절대로 공격하면 안 되는 성이 있다는 거지요.

사진에서처럼 천혜의 요새 지역에 위치한 성을 공격한다면 어떨까요? 절대 호락호락하게 함락시키지 못할 겁니다. 또, 성을 함락시켰다 해도 정치 군사적 측면에서 가치가 낮은 성은 결국 짐만 되고 말겠지요.

그래서 성의 전략적 가치를 잘 따져서 공격여부를 결정해야 합니다.

地有所不爭
지유소부쟁

네 번째 금기는 "땅이라도 다투면 안 되는 땅이 있다."입니다.

앞에서 다섯 가지 지형에 대해 알아봤는데, 다음에 나올 편에서 다양한 지형이 더 나옵니다. 각 지형별로 특색이 있는 것이지요. 하지만 손무가 제시한 지형의 구분 외에도 군대가 봉착하게 될 지형은 모두 제각기 독특합니다. 그 상황에서 지휘관의 판단이 중요한 것입니다.

전투가 가능한지 불가능한지, 유리한지 불리한지 등을 반드시 따져봐야 합니다. 판단상으로도 불가능하고 불리한데도 불구하고 전투를 감행하면 분명히 어려움에 봉착하게 될 것입니다.

君命有所不受
군명유소불수

금기의 마지막은 "왕의 명령이라도 따라서는 안 되는 명령이 있다."입니다.

모공편에 나온 지승유오 중 하나가 '장능이 군불어자승'입니다. 장수가 유능하되 군주가 이래라 저래라 하지 않으면 이긴나는 뜻이시요. 이와 동일합니다.

왕은 현장 상황을 잘 모릅니다. 알더라도 전쟁이 벌어진 후 한참 지나서 사태 파악이 되지요. 그런 정보를 바탕으로 하는 결정이 올바를 리 없겠지요. 전쟁은 지금도 진행 중이니까요. 그럼에도 불구하고 '진격해라', '후퇴해라' 등의 명령을 하게 되면 그게 옳을까요?

현장 지휘관은 그 명령을 따라야 할까요? 아마 딜레마에 봉착하게 되겠지요. 하지만 이순신 장군이 선조의 명령을 어기고 전쟁을 승리로 이끌었듯이 잘못된 명령이라고 판단되면 본인의 신념과 원칙에 따라야 합니다. 만약 이순신 장군이 선조의 명을 받들어 수군을 폐하고 육상전에 합류했다면 결과가 어떻게 되었을까요? 상상에 맡기겠습니다.

상황변화를 아는 자와 모르는 자

故　　將通於九變之利者　　知用兵矣오
고　　장통어구변지리자　　지용병의

중간 결론입니다.

"장수가 구변의 이치에 통달해야만 '용병을 안다'라고 할 수 있다."

구변이란 앞에서 나온 다양한 상황을 말합니다. 이렇듯 각 상황별로 유불리를 따져서 아군에 유리한 방향으로, 전쟁의 목적 달성에 부합하도록 활용할 줄 알아야 '전쟁을 할 줄 안다'라고 할 수 있다고 합니다.

將不通於九變之利者　　雖知地形　　不能得地之利矣
장불통어구변지리자　　수지지형　　불능득지지리의

반대로

"장수가 구변의 이치에 통달하지 못하다면 비록 지형을 안다 해도 지형의 이점을 얻을 수 없다."

이는 비단 구변의 이치를 알고 모르고의 문제가 아니지요. 옛날 속담에 '낫 놓고 ㄱ자도 모른다'는 말을 아시죠? 모르면 보이지 않는 법입니다. 반대로, 아는 만큼 보입니다.

앞에서 언급한 지형의 종류와 금기사항들을 알지 못한다면 당연히 올바른 판단을 할 수 없겠지요. 더욱이 지형을 유리하게 활용한다는 건 어불성설일 수밖에 없습니다.

治兵　　不知九變之術
치병　　부지구변지술

雖知五利　　　不能得人之用矣
수지오리　　　불능득인지용의

“군대를 운용할 때, 구변을 활용할 줄 모르면 비록 다섯 가지의 이점을 알고 있다 해도 운용의 묘를 살리지 못한다.”

이 문구는 이론과 실제에 관한 내용입니다. ‘다섯 가지의 이점’을 안다는 것은 앞서 언급한 비지, 구지, 절지, 위지, 사지 등 다섯 가지 지형에 대한 대처요령을 알고 있는 경우를 말합니다.

하지만 현실 세계에서 공부를 잘한다고 해서 일을 잘하는 것은 아니지요? 공부 머리는 없는데 인생살이의 요령은 귀신같이 아는 사람들이 있습니다. 이는 무엇을 뜻할까요? 바로 경험을 통한 배움, 세포가 아는 것을 뜻합니다.

술(術)은 예술, 전술 등에 쓰이는 글자인데요, 이 술이라는 단어에는 지식보다는 경험을 통한 활용의 의미가 담겨있지요. 그래서 구변에 통달하지 못하면 아무리 좋은 지식과 정보를 많이 가지고 있어도 그 운용의 묘를 살리지 못한다고 한 것입니다.

장수는 이해득실을 잘 따져 활용하라

是故　智者之慮　必雜於利害
시고　지자지려　필잡어리해

雜於利　而務可信也　雜於害　而患可解也
잡어리　이무가신야　잡어해　이환가해야

"지혜로운 사람은 이득과 손해를 반드시 함께 고려해야 한다. 이익을 생각함으로써 확신을 가질 수 있어야 하고, 손해를 생각함으로써 근심을 해결할 수 있어야 한다."

잡(雜)이라는 글자는 섞인다는 뜻입니다. '싸잡아', '함께' 생각하라는 말입니다. 통상 우리 인간은 유리함을 보면 오직 그것만 봅니다. 반대로 불리함을 보면 오직 그것만 봅니다. 그래서 시야가 좁아지고 편협한 결정을 하게 되는 것이지요.

이익, 유리함을 고려하면 원래 하기로 했던 방안에 대해 확신을 가질 수 있게 되고, 손해, 불리함을 고려하면 우려했던 일들에 대한 해결방안을 생각해 낼 수 있게 되겠지요. 모든 사물에는 앞면과 뒷면이 있듯, 모든 현상에는 장점이 있으면 단점도 있습니다. 이 둘을 동시에 고려하는 습관을 들여보세요.

대부분의 사람들이 오직 이익만 생각하고 창업에 달려들기 때문에 십중팔구 망하는 겁니다.

是故　屈諸侯者　以害
시고　굴제후자　이해

役諸侯者　　以業
역제후자　　이업

趨諸侯者　　以利
추제후자　　이리

전쟁을 하려면 가장 걱정되는 것 중의 하나가 바로 인접국들입니다. 앞에서 언급한 '이'와 '해'를 활용하여 인접국들을 어떻게 요리할 수 있는지 알아볼까요?

"제후들을 굴복시키려면 해를 당할 수 있음을 보여줘야 하고, 제후들을 힘들게 하려면 그들에게 매달릴 과업을 주고 제후들로 하여금 나를 따르게 하려면 이익이 있음을 보여주면 된다."

제후들을 굴복시켜 엄한 짓을 못하게 하려면, 엉뚱한 짓을 했을 시 엄청난 보복을 당하게 될 거라는 점을 명확하게 인식시켜 줄 수 있어야 합니다. 여기에는 강력한 정치 및 군사적 힘이 뒷받침되어야 하겠지요.

제후들을 굴복시키지 못할 경우에는 최소한 그들이 다른 일로 바쁘게 만들어야 합니다. 전통적인 수법으로, 그 나라 내부에서 분쟁이나 갈등을 조장하는 것이지요. 그렇게 되면 우리가 전쟁을 하는 동안 자국 문제로 인해 감히 엉뚱한 짓을 못하게 됩니다.

제후들로 하여금 내 편에 서게 하려면, 전쟁을 통해 얻게 되는 공동의 이익이 있음을 보여줄 수 있어야 합니다. 그것이 대의명분이거나 경제적 이득이거나 간에 말입니다.

다시 한번 말하지만, 우리의 전쟁은 인접국들에겐 기회일 수 있음을 명심해야 합니다. 후환을 없애려면 인접국들의 의도를 간파하고 우리의 전쟁에 부정적인 영향을 끼치지 않도록 방비를 철저히 해야 함을 잊어서는 안 됩니다.

내 실력 말고는 아무것도 믿지 마라

故　　用兵之法
고　　용병지법

無恃其不來　　恃吾有以待也
무시기불래　　시오유이대야

無恃其不攻　　恃吾有所不可攻也
무시기불공　　시오유소불가공야

전쟁을 할 때, 인접국의 후환에도 대비해야 하지만, 근본적으로 내 실력을 갖추는 게 중요하겠지요.

"적이 오지 않을 거라고 믿기 보다는 나에게 대비가 갖추어 졌는지에 대한 확신이 있어야 하고, 적이 공격해 오지 않을 거라고 믿기 보다는 적이 감히 공격할 엄두를 내지 못하도록 하는 바가 나에게 있는지에 대한 확신이 있어야 한다."

전쟁을 결심한 사람이 적이 공격해 오는 것을 겁내서는 안 되겠지요. 하지만 교만한 마음으로 대비를 게을리 한다면 그것도 문제입니다.

6.25 전쟁 이전에 한국군 수뇌부는 근거 없는 자신감에 차 있었습니다. 한반도에서 전쟁이 나면 단숨에 격퇴시키고 북진통일을 하겠다는 것이었데요, 그들의 자신감과는 달리 우리 군의 대비태세는 엉망 그 자체였습니다. 그래서 결국 어떻게 되었나요? 3년에 걸친 동족상잔의 비극이 일어나게 된 것이지요. 우리 군 수뇌부가 손무의 가르침을 알았더라면 하는 아쉬움이 남는 대목입니다.

군인은 한시도 방심해서는 안 됩니다. 언제든 적이 쳐들어 올 수 있다는 가정 하에 대비태세를 갖추는 데 힘써야 하며, 나아가 국력을 키워 감히 공격할 엄두조차 못 내게 한다면 부전승을 달성할 수 있는 것입니다.

장수가 빠지기 쉬운 다섯 가지 위험

故　　將有五危
고　　장유오위

必死　　可殺
필사　　가살

앞에서는 전쟁을 함에 있어 5가지 금기사항이 언급되었는데, 여기서는 장수가 빠지기 쉬운 5가지 위험요소를 다룹니다. 하나씩 살펴볼까요?

"반드시 죽고자 하면 죽임을 당할 수 있다."

죽을 각오로 싸워야 하는 것은 맞지만, 그 싸움에서 반드시 죽어야 하는 건 아닙니다. 장수는 국가의 보배입니다. 장수들은 많지만 그 사람을 대체할 사람은 어디에도 없습니다. 또한, 그런 각오로 장수들이 다 죽어버린다면 전쟁을 지휘할 인물이 없게 되겠지요.

병사들에게 전의를 불태우기 위해 죽을 각오로 싸우라고 독려하는 것은 옳지만 말 그대로 죽어서는 안 되겠지요.

必生　　可虜
필생　　가노

두 번째는 첫 번째와는 반대로

"반드시 살고자 하면 포로로 잡힐 수 있다."입니다.

반드시 살고자 하는 사람들은 어떤 사람들일까요? 승리에 확신이 없는 사람, 용기가 없는 사람, 삶에 대한 애착이 많은 사람이겠지요.

이런 사람들이 얼마나 최선을 다해 싸울 수 있겠습니까? 기회를 틈타 살길을 찾으려 할 겁니다. 결국은 살아 남겠지만 포로가 되겠지요. 이는 군인에게 있어

치욕 그 자체가 아닐까요?

忿速　　可侮
분속　　가모

세 번째는
"화를 잘 내는 사람은 쉽게 모욕을 당할 수 있다."
화를 잘 내는 사람은 이성적 판단보다는 감정적 반응을 우선시하는 사람입니다. 이런 사람은 적이 의도적으로 화를 돋우는 상황에 봉착하게 되면 적이 원하는 대로 쉽게 말려들게 될 것이고, 결국 패배하게 될 겁니다. 결국 자존심에 상처를 입고 모욕을 당하는 결과가 벌어집니다.
그래서 군인에게 요구되는 중요한 덕목 중 하나가 침착함입니다.

廉潔　　可辱
염결　　가욕

네 번째는
"지나치게 청렴하고 깨끗하면 모욕을 당할 수도 있다."입니다.
역사를 보면, 청렴결백한 사람치고 오래 살아남는 사람 별로 없습니다. 시류에 잘 영합하는 사람이 장수하지요. 본심은 그렇지 않더라도 겉으로는 타협할 줄도 알아야 합니다. 이런 행동이 바로 전략적 행동인 셈이지요.
하지만 어떠한 타협도 없는 원칙주의자라면 내부의 적이든 실제의 적이든 그들이 만든 음모와 계략의 손쉬운 목표가 될 뿐입니다. 결국 청렴결백을 위한 신념과 원칙이 그를 욕보이는 아이러니한 결과를 초래하고 마는 것입니다.

愛民　　可煩也
애민　　가번야

마지막 위험은

"지나치게 백성을 아끼고 사랑하면 번민에 빠지게 된다."입니다.

사랑이 지나치면 자식들을 혼내지 못하고, 결국 교만한 자식을 만들게 되고 자식에 의해 버림받게 되는 경우가 비일비재합니다.

국가 지도자가 백성들을 사랑하되 그 정도가 지나치면 전쟁을 할 수가 없지요. 백성이 죽고 다치는데 어떻게 전쟁을 할 수 있겠습니까? 당장의 희생도 생각해야 하지만, 국가의 안위를 지키는 것이 궁극적으로 백성을 위하는 길임을 알고 대국적인 판단을 할 줄 알아야 합니다.

凡	**此五者**	**將之過也**	**用兵之災也**
범	차오자	장지과야	용병지재야

覆軍殺將	**必以五危**	**不可不察也**
복군살장	필이오위	불가불찰야

소결론입니다.

"이 다섯 가지는 장수의 과오로서 용병의 재앙이다. 군대를 전복시키고 장수를 죽일 수 있는 것은 바로 이 다섯 가지이니 반드시 살펴야 한다."

다섯 가지 위험이 군을 전복시키고 장군이 살해당할 수 있는 원인이라는 얘기입니다. 그러니 잘 살펴야겠지요?

지금까지 구변편을 공부했습니다. 구변편의 주제를 한마디로 정의하라면 '다양한 변화를 예측하고 대응하라'는 것입니다. 원칙, 교리, 법칙을 고수하는 사람은 절대 변화무쌍한 전장 상황에서 제대로 싸울 수 없습니다.

전장은 하늘의 구름처럼 시시각각 변할 수 있음을 명심하고, 그에 대비한 대응 능력과 사고력을 키우는 것이 중요하다고 하겠습니다.

let`s go travel

행군(行軍)

강의는 끝났다. 이제 실전이다!

제9 행군편입니다.
행군이 어떤 건지는 다 잘 아시죠? 네 말 그대로 군대의 이동을 말합니다. 지금처럼 차량이 있어도 대부분의 병사들은 예나 지금이나 도보로 행군을 해야 합니다.

제8 구변변까지는 이론이었다면 지금부터는 실전입니다. 부대가 행군을 할 때 준수하고 유의해야 할 사항들에 대해서 구체적으로 설명하고 있습니다.

실전 냄새가 물씬 풍기는 행군편으로 들어가 볼까요?

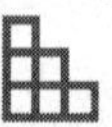
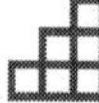

산악지역에서의 행동요령

孫子曰　凡　處軍相敵
손자왈　범　처군상적

絶山依谷　視生處高　戰隆無登
절산의곡　시생처고　전륭무등

此　處山之軍也
차　처산지군야

먼저 산악지역을 통과할 때의 유의사항입니다.

"부대를 배치하고 적과 대치할 때의 유의사항으로서, 산을 통과할 때는 계곡에 의지하고, 높은 곳에 위치하여 아래를 향하되, 구릉지역에서 싸울 때에는 올라가서는 안 된다. 이것이 산악지역에서의 행군요령이다."

'절산'이란 산을 통과한다는 의미입니다. 산을 통과할 때는 계곡을 따라가라는 겁니다.

생지를 바라보라는 것은 무슨 말일까요? 싸우는 입장에서의 생지 즉, 살 수 있는 곳이란 어떤 곳일까요? 맞습니다. 높은 곳에서 낮은 곳을 향해야 한다는 것입니다. 높은 곳을 점령하여 낮은 곳을 바라보고 있어야 저지의 적을 상대할 때 유리하겠지요. 반대로 높은 곳에서 싸워야 할 때는 거슬러 올라가면 힘이 들 수밖에 없습니다. 그래서 거슬러 올라가지 말라는 겁니다.

이것이 바로 산악지역에서 행군하거나 전투를 할 때의 방법인 것이지요.

하천지역에서의 행동요령

絶水　　必遠水
절수　　필원수

客　　絶水而來　　勿迎之於水內
객　　절수이래　　물영지어수내

令半濟而擊之　　利
령반제이격지　　리

다음은 하천 지역에서의 전투요령입니다.

"물을 건너면 반드시 물에서 멀리 떨어져라. 적군이 물을 건너오면 물속에서 맞아 싸우지 말고, 적이 반쯤 건너왔을 때 공격하면 유리하다."

하천은 대표적인 천연 장애물입니다. 잘못 활용하면 말 그대로 장애물이지만, 잘 활용하면 좋은 무기가 될 수도 있습니다.

강을 건너고 난 직후 적과 조우하면 어떻게 될까요? 뒤에는 강이고 앞에는 적입니다. 퇴로가 막힌 셈이니 불리하겠지요. 그러니 강을 건너자마자 강에서 멀리 떨어져야 하겠지요?

객이란 손님이라는 뜻이죠. 전투에서의 손님이란 적군을 말합니다. 적군이 강을 건너오면 '잘됐다' 싶어서 강 한가운데에서 싸우면 양측 모두 불리합니다. 물속에서는 행동이 쉽지가 않지요.

하지만 적군이 반쯤 건너왔을 때 원거리 무기인 활, 창 등으로 공격하면 아군의 피해 없이 적군에게 큰 손실을 입힐 수 있습니다. 강 자체가 큰 무기인 셈이지요.

欲戰者　　　無附於水而迎客
욕전자　　　무부어수이영객

視生處高　　　無迎水流
시생처고　　　무영수류

此　　處水上之軍也
차　　처수상지군야

계속 이어집니다.

"(하천 지역에서) 싸우고자 한다면, 물에 붙어서 적을 맞지 말고, 높은 곳에 위치하여 저지를 바라보아야 하며, 물의 흐름에 맞서면 안 된다. 이것이 하천지역에서의 전투 요령이다."

앞에서 적이 반쯤 건넜을 때 공격하면 유리하다고 했지요? 이번에는 반대의 경우입니다. 물가에서 적을 맞으면 적에게는 유리하지만 아군은 불리하겠지요? 아울러 높은 지대를 선점하면 저지에서 올라오는 적과 싸울 수 있으므로 유리합니다.

임진왜란 시 행주대첩을 들어보셨지요? 그 전투가 치열했던 이유는 행주산성의 전략적 가치 때문입니다. 하지만 고지를 선점한 조선군이 이겼지요? 높은 곳에서 싸웠기에 가능한 일이었지요.

다음은 하류에서 상류로 거슬러 올라가면서 싸우지 말라고 했습니다. 만약 물속에서 싸워야 한다면 상류에서 하류를 향해 싸워야 물의 힘을 등에 업고 싸울 수가 있어 훨씬 유리합니다.

이것이 바로 하천 지역에서의 전투 방법입니다.

늪지지역에서의 행동요령

絶斥澤　　惟亟去無留
절척택　　유극거무류

若交軍於斥澤之中　　必依水草而背衆樹
약교군어척택지중　　필의수초이배중수

此　　處斥澤之軍也
차　　처척택지군야

다음으로는 늪이나 물과 수초가 많은 소택지에서의 전투요령입니다.

"소택지를 건널 때에는 오로지 통과하는 데 힘쓰되 절대 머무르면 안 된다. 만약 소택지 한가운데에서 적과 만나면 반드시 수초에 의지하고 우거진 숲을 등진 채 싸워라. 이것이 소택지에서의 전투요령이다."

소택지는 사진에서처럼 물과 수초가 어우러진 곳입니다. 이런 곳은 가급적 우회해서 피해 가는 것이 상책입니다. 하지만 부득이할 경우에는 빨리 통과하는 것이 상책이라는 것입니다.

그리고 통과하는 도중에 적과 조우하면 수초에 의지하라고 했는데, 수초에 몸을 숨길 수 있기 때문입니다. 또 우거진 숲을 등지라고 했는데, 숲을 등지면 어두운 숲이 배경이 되어 아군의 형태를 숨길 수 있기 때문이지요.

소택지에서의 전투요령이었습니다.

평지지역에서의 행동요령

平陸　　處易　　右背高
평륙　　처이　　우배고

前死後生　　此　　處平陸之軍也
전사후생　　차　　처평육지군야

凡　　此　　四軍之利　　黃帝之所以勝四帝也
범　　차　　사군지리　　황제지소이승사제야

다음은 평탄한 지역에서의 요령입니다.

"평지에서 싸울 때는 평탄한 곳에 배치하고, 부대의 우측으로 높은 곳을 등져라. 앞에는 사지를 뒤에는 생지를 두어야 한다. 이것이 평지에서의 전투요령이다. 산악, 하천, 소택지, 평지 등 네 가지 전투 행동의 이점은 옛날 황제가 승리했던 비결이다."

평지에서는 산악이나 하천, 소택지보다는 용이하겠지요. 하지만 나에게 유리하면 적에게도 유리하다는 단점이 있습니다. 그래도 조금이나마 아군에게 유리한 지형을 선택하여 군을 배치해야 하겠지요?

그 방법이란 평탄한 곳에 배치하되, 부대의 우측 뒤편으로 언덕을 배치하라고 했습니다. 이는 칼과 창을 쓰는 옛날의 경우 오른손을 썼으므로 부대가 움직이면 우에서 좌로 회전하듯 움직이게 됩니다. 우측 뒤편에 높은 곳이 있다면 탄력을 이용할 수가 있어 유리합니다.

앞에는 사지, 뒤에는 생지를 두라고 했습니다. 무슨 뜻일까요? 사지란 적이 올라오기 힘든 높은 곳을 말하고, 생지란 아군이 기동하기 편한 낮은 곳을 말합니다. 그러면 정면에서는 지형의 방호력을 얻을 수 있고, 후방으로는 진지변환을 위한 기동성을 얻을 수가 있게 됩니다. 이것이 평지에서의 전투요령입니다.

앞에서 다루었던 산악, 하천, 소택지, 평지 등에서의 싸움 요령은 옛날 중국을 평정했던 황제들이 싸워 이겼던 방법이라고 하네요. 현대전이 옛날과는 많이 달라졌다고는 해도 결국 땅에서 싸우는 한 손무의 조언을 새겨들어서 참고할 필요가 있겠지요?

양지바른 곳을 택하라

凡　　軍　　好高而惡下　　貴陽而賤陰
범　　군　　호고이악하　　귀양이천음

養生而處實　　軍無百疾　　是謂必勝
양생이처실　　군무백질　　시위필승

"군대는 높은 곳을 중시하고 낮은 곳을 피해야 하고, 양지를 귀하게 여기고 음지를 천하게 여겨야 한다. 병사들을 잘 먹이고 실한 곳에서 주둔시켜 군대에 질병이 없으면 필승할 수 있다."

앞에서 자주 거론되었듯이 높은 곳을 선점해야 유리하지요. 그리고 병사들이 숙영할 곳은 음지보다 양지를 택해야 위생적으로나 심리적으로 도움이 됩니다. 음지는 춥고 습하므로 건강관리 측면에서 좋지 못합니다. 반면 양지는 따뜻하고 건조하므로 건강관리 측면에서 좋습니다.

그러므로 군대는 높은 곳, 양지를 택해서 부대를 배치하거나 숙영을 하면 유리하다는 말입니다. 이런 곳에서 병사들의 의식주에 신경을 써서 질병이 없으면 상대적으로 불리한 적과 싸우면 반드시 이길 수 있겠지요.

丘陵堤防　　必處其陽　　而右背之
구릉제방　　필처기양　　이우배지

此　　兵之利也　　地之助也
차　　병지리야　　지지조야

다음은 구릉이나 제방이 있을 경우입니다.

"구릉이나 제방이 있을 경우, 반드시 양지를 택하고, 부대 우측 뒤편에 위치시켜라. 그래야 전투에 유리하고 지형의 도움을 받을 수 있다."

여기서 얘기하는 구릉이나 제방은 앞에서 언급한 평지에서의 행동요령과 유사합니다. 낮은 언덕으로 형성된 지역이기 때문에 우측 후방에 두면 싸울 때 유리하다고 했지요?

그리고 앞에서 '귀양이천음'이라고 하여 양지를 귀하게 여기라 했습니다. 단기간이라면 몰라도 장기간 주둔할 경우에는 반드시 양지를 택해야 병사들의 컨디션을 최적의 조건으로 유지할 수가 있겠지요.

이렇게 해야 전투에 유리하고 지형의 도움을 받을 수 있음을 강조합니다.

강을 건널 때의 주의사항

上雨水沫至　　欲涉者　　待其定也
상우수말지　　욕섭자　　대기정야

강을 건널 때의 유의사항입니다.

"상류에 비가 와서 기포들이 떠내려 오면, 강을 도하 하려거든 기포가 잦아들 때까지 기다려라."

상류에 비가 온다는 말은 무엇을 뜻할까요? 물이 불어난다는 말입니다. 이를 무시하고 강을 건너면 어떻게 될까요? 급작스럽게 불어난 물에 휩쓸려 큰 피해를 입게 됩니다.

거품이 이는 것을 징후로 삼아 관찰하는 방법을 제시하고 있는데, 지형정찰은 물론 기상 예측도 함께 하면서 상황이 호전될 때를 기다려야 하겠지요?

험지에서의 행동요령

凡	地有	絶澗	天井	天牢	天羅	天陷	天隙
범	지유	절간	천정	천뢰	천라	천함	천극

必亟去之	勿近也	吾遠之	敵近之
필극거지	물근야	오원지	적근지

吾迎之	敵背之
오영지	적배지

험지에서의 전투요령입니다.

"지형 중에는 '절간, 천정, 천뢰, 천라, 천함, 천극 등의 험한 지형이 있다. 이런 지형은 반드시 신속히 통과해야 하고, 가까이해서는 안 된다. 나는 멀리하고 적군은 가까이 하게 만들어라. 나는 마주 보되, 적은 등지고 있게 만들어라."

위에 나온 지형의 종류들은 중국 지역의 다양한 험한 산악지대를 말합니다. 한마디로 깎아지른 듯한 산세, 깊은 계곡 등이 빽빽하게 형성된 천하의 험준한 지형이지요.

이러한 지형에서는 제대로 싸울 수가 없겠지요. 이런 곳은 아군이든 적군이든 공격하기에도 방어하기에도 힘든 지형입니다.

그러므로 재빨리 통과하는 것이 상책이며, 가급적 멀리해야 좋겠지요. 나는 멀리하되, 적을 이런 지형에 가깝게 다가가도록 만들면 아군에게 유리하겠지요. 또, 이런 지형에서 싸울 때는 적은 등지게 하고 나는 마주 보는 것이 좋습니다. 이런 지형은 후퇴하기에도 적절치 못하기 때문에 적은 막다른 상황에 처한 꼴이 되기 때문입니다.

의심스러우면 반드시 확인해라

軍旁　　有險阻　　潢井林木蒹葭翳薈者
군방　　유험조　　황정임목겸가예회자

必謹覆索之　　此　　伏姦之所也
필근복색지　　차　　복간지소야

다음은 의심스런 지역에서의 행동요령입니다.

"부대 근처에 험준한 지형, 소택지, 숲, 갈대 등이 우거진 곳이 있다면 반드시 여러 차례 수색해야 한다. 적의 매복이 있을 수 있기 때문이다."

탁 트인 평지를 제외한 산악지역이나 수풀이 우거진 밀림지역, 소택지나 갈대밭 등에는 적이 매복하기에 안성맞춤인 지역들입니다. 그러므로 수색 정찰에 신경을 써서 적의 매복이 있는지 없는지를 반드시 확인해야 되겠지요.

한 번 적의 입장에서 봅시다. 이런 지형은 소수의 병사들로도 행군하는 적군의 대부대에 큰 타격을 주고, 행군을 지연시킬 수 있는 아주 좋은 곳이지요. 그러므로 이런 지형을 통과할 때에는 살피고 또 살펴야 피해가 없습니다.

우리가 어떤 일을 할 때, 늘상 하던 업무에서는 함정이라고 할 만한 것이 거의 없습니다. 하지만 처음 시도하는 일에는 수많은 함정이 숨어 있기 마련입니다. 이런 상황에서 의심하고 확인하는 습관을 들인다면 함정에 빠지는 오류를 막을 수 있겠지요?

적이 보내는 징후를 잘 포착하라

敵近而靜者 **恃其險也**
적근이정자 시기험야

遠而挑戰者 **欲人之進也**
원이도전자 욕인지진야

其所居易者 **利也**
기소거이자 이야

지금부터는 많은 분량을 할애하여 적이 보내는 신호를 읽는 방법을 알려줍니다. 하나씩 차근차근 알아볼까요?

"적이 가까이 접근했음에도 고요한 까닭은 험한 지형적 이점을 믿기 때문이다. 멀리 있는데 싸움을 거는 이유는 아군으로 하여금 나오도록 하기 위함이다. 평탄한 곳에 있는 이유는 뭔가 유리한 것이 있기 때문이다."

적에게 가까이 접근했는데도 적이 가만히 있는 이유는 여러 가지가 있을 수 있겠지요. 만약 적이 고지대의 험준한 지역에 자리 잡고 있다면 손무의 말이 맞겠지요. 적의 입장에서는 상대방이 더 가까이, 사정거리까지 다가와 주기를 바랄 겁니다.

적과의 거리가 멀리 이격 되어 있는데 싸움을 걸어오는 이유는 아군으로 하여금 '진지에서 나와서 싸우자'는 의사표시일 수도 있겠지요. 만약 아군이 응할 경우, 아군은 유리한 지형적 이점을 잃게 되고, 이는 적의 의도에 말려든 경우라 할 수 있습니다.

또한 적군이 평탄한 지역에 자리 잡고 있다면 뭔가 유리한 구석이 있기 때문이겠지요. 적은 평탄한 곳에 있고 아군은 고지에 있는 경우라면 적군은 스스로 사지에 있는 격입니다. 그럼에도 불구하고 그 자리를 고수한다면 분명 적군에 유리한 뭔가가 있다는 이유입니다.

그것이 뭔지를 반드시 살펴야 하겠지요?

衆樹動者	**來也**	**衆草多障者**	**疑也**
중수동자	래야	중초다장자	의야

鳥起者	**伏也**	**獸駭者**	**覆也**
조기자	복야	수해자	복야

塵高而銳者	**車來也**	**卑而廣者**	**徒來也**
진고이예자	차래야	비이광자	도래야

계속 이어집니다.

"울창한 수풀이 움직이면 적이 온다는 신호이다. 풀밭에 장애물들이 많다는 것은 일부러 의심하도록 유도하는 것이다. 새가 날아오르는 이유는 복병이 있기 때문이고 짐승들이 놀라 달아나는 것은 적이 수색하고 있기 때문이다. 먼지가 높고 날카롭게 이는 것은 전차가 온다는 신호이고 먼지가 낮고 넓게 퍼지는 것은 보병부대가 접근한다는 신호이다."

울창한 숲의 나무들이 움직인다면 그 아래로 대부대가 움직이고 있다고 보는 것이지요. 또 풀밭에 풀을 엮어 만든 장애물('결초보은' 고사성어에 나오는 결초)이 많다는 것은 일부러 상대가 보라고 의도적으로 만든 것일 수 있겠지요. 이를 본 상대는 어떻게 생각할까요? 의심해서 딴 곳으로 돌아갈 생각을 할 겁니다. 적군은 이 점을 노렸을 가능성이 크겠지요.

산속에서 새들이 갑자기 날아오르거나 짐승들이 갑자기 도망간다는 것은 누군가가 그곳에 있다는 의미겠지요? 복병일 가능성이 큽니다.

먼지의 형태를 가지고 적을 파악하는 방법을 제시하고 있는데요, 먼지가 높고 날카롭다는 것은 속도가 빠른 대규모 부대를 의미합니다. 바로 전차부대이지요. 먼지가 낮고 넓게 퍼지면 속도가 느린 부대를 뜻합니다. 보병들이지요.

散而條達者　樵採也　少而往來者　營軍也
산이조달자　초채야　소이왕래자　영군야

辭卑而益備者　進也　辭强而進驅者　退也
사비이익비자　진야　사강이진구자　퇴야

輕車　先出居其側者　陳也　無約而請和者　謀也
경차　선출거기측자　진야　무약이청화자　모야

"사람들이 흩어져 나뭇가지들을 나르는 것은 땔감을 하는 것이고, 소규모로 분주히 왕래하는 것은 숙영 준비를 하는 것이다. 겉으로는 약한 척하면서 더욱 더 준비하는 것은 진격하기 위함이고, 겉으로는 강한 척 하면서 앞으로 나올 것처럼 하는 것은 퇴각하기 위함이다. 경전차들이 먼저 나와 진형의 측면에 서는 것은 공격을 위한 진을 치는 것이고, 사전에 약조가 없었는데 화의를 청하는 것은 모종의 계략이 있는 것이다."

땔감을 캐고 숙영 준비를 하는 것은 쉽게 상상이 되리라 봅니다.

사(辭)자는 사칭한다고 할 때 쓰는 글자입니다. 가짜로 그런 척한다는 것이지요. 비(卑)자는 낮다는 의미인데, 군대가 낮다는 것은 약한 것을 말합니다. 그래서 약한 것처럼 보인다는 뜻입니다. 가짜로 약하게 보인다는 것은 무슨 의도일까요? 상대방을 교만하게 만들겠다는 의도입니다. 교만해져서 방심한 상태에서 기습공격을 받으면 심리적으로 마비되고 맙니다. 적은 이런 효과를 노리는 것이겠지요?

반대로 일부러 강한 척 하는 의도는 뭘까요? 공격 의도가 있음을 가장하면 상대방은 방어 준비에 혈안이 될 겁니다. 방어를 한다는 것은 고정된 진지에서 대비를 한다는 것이죠. 그러면 적군이 퇴각했다는 것을 알게 되더라도 추격 모드로 전환하기가 쉽지 않아집니다. 적은 이를 노리는 것입니다.

또 경전차가 부대 진형의 양 측면에 위치한다는 것은 출격 준비를 하는 것입니다. 고대 전투에서 전차나 기병은 보병부대의 양 측익에 위치하여 우회하는 역할을 했습니다.

적과 사전에 아무런 연락을 주고받은 것이 없는데 갑자기 화의를 요청한다면 여러분은 어떤 생각이 들까요? 좋다고 얼씨구나 할까요? 이런 경우에는 의심을 해봐야 합니다. 적군의 의도가 뭔지를 말이지요. 그리고 적군의 사정을 좀 더 면밀하게 파악을 할 수 있다면 적의 의도를 좀 더 분명히 알 수 있겠지요?

奔走而陳兵車者	**期也**	**半進半退者**	**誘也**
분주이진병차자	기야	반진반퇴자	유야

倚仗而立者	**飢也**	**汲而先飮者**	**渴也**
의장이립자	기야	급이선음자	갈야

見利而不進者	**勞也**	**鳥集者**	**虛也**
견리이부진자	로야	조집자	허야

"분주하게 전차들이 진을 친다는 것은 일(전투)을 도모한다는 뜻이고, 반쯤 나왔다 들어가는 것은 아군을 유인해 내려는 것이다. 지팡이에 기대어 서 있는 것은 기아에 허덕이고 있다는 뜻이고 물을 먼저 먹으려고 하는 것은 갈증에 시달리고 있기 때문이다. 좋은 것을 봐도 나오지 않는 것은 피곤하다는 얘기이고 새들이 몰려드는 이유는 텅 비었기 때문이다."

전차들이 분주하게 이리저리 움직이면서 진용을 갖추는 건 누가 봐도 전투를 준비하는 것이지요. 또 적군이 앞으로 나왔다가 뒤로 물러가는 이유는 일부러 퇴각하는 척하여 아군으로 하여금 쫓아오라고 하는 것입니다. 유인작전인 셈이지요.

적 병사들이 지팡이에 기대어 있다는 것은 제대로 서 있을 수 있는 기력이 없다, 즉 배가 고프다는 말입니다. 식량이 다 떨어졌다는 의미입니다. 적 병사들이 서로 물을 마시려 달려드는 이유는 물 부족 때문이겠지요. 좋은 것을 보고도 덤비지 않는 것은 피곤함에 지쳐 있기 때문일 겁니다. 그리고 적 진영에 새 떼가 모여드는 이유는 사람이 없기 때문이겠지요?

夜呼者　　恐也　　軍擾者　　將不重也
야호자　　공야　　군요자　　장부중야

旌旗動者　　亂也　　吏怒者　　倦也
정기동자　　란야　　리노자　　권야

殺馬肉食者　　軍無糧也
살마육식자　　군무량야

"밤에 소리를 치는 것은 공포에 질려 있기 때문이고, 적 부대가 어지러워 보이는 것은 장수들의 위엄이 없기 때문이다. 적 부대의 깃발들이 움직인다는 것은 부대가 혼란스럽다는 것이고, 간부들이 화를 내는 것은 병사들이 권태에 빠져 있다는 뜻이다. 말을 죽여 먹는 것은 군량이 없기 때문이다."

병사들이 한밤중에 소리를 지르는 이유는 겁에 질려 있기 때문입니다. 언제 적이 공격해 올지 모르는 불안감, 죽음에 대한 두려움 때문이겠지요.

요란한 부대는 어떤 부대일까요? 장교들의 지휘 통제가 명확치 못한 탓입니다. 그렇게 되면 위계질서가 없기 때문에 시끄러울 수밖에 없겠지요.

부대 깃발들은 군기의 상징인데, 이 깃발들이 마구 움직인다는 것은 부대가 혼란스럽다는 의미입니다. 군기가 없다는 얘기지요.

또 간부들이 병사들에게 화를 많이 내는 이유가 뭘까요? 그렇지요. 병사들이 말을 안 듣기 때문입니다. 그러면 병사들은 말을 왜 안 들을까요? 간부들 탓도 있겠지만, 병사들이 피로해 졌다거나 타성에 젖어 들었을 수도 있습니다. 어떤 경우든지 바람직한 모습은 아니지요?

말은 주요 전투장비인 동시에 수송수단이지요. 값도 비싸지요. 그 소중한 말을 잡아먹는다는 것은 무엇을 의미할까요? 적 진영에 먹을 것이 없다는 뜻입니다.

이런 상태에서는 전쟁을 할 수가 없겠지요?

懸缻不返其舍者　　窮寇也
현부불반기사자　　궁구야

諄諄翕翕　**徐與人言者**　**失衆也**
순순흡흡　서여인언자　실중야

數賞者　**窘也**　**數罰者**　**困也**
수상자　군야　수벌자　곤야

"취사장에 취사도구를 걸어놓고 막사로 돌아가지 않는 것은 궁핍하다는 것이고 부하들에게 조곤조곤 타이르듯 말하는 것은 위엄을 잃었다는 표시다. 상과 벌을 남발하는 것은 지휘 통제가 궁색해지고 곤란해졌음을 의미한다."

병사들이 취사장에서 막사로 돌아가지 않는 이유가 뭘까요? 먹을 게 없다는 것이고, 먹을 것을 못 먹는 상황에서 막사로 간들 할 것이 없습니다. 아주 궁핍한 상황에 처해 있는 것이지요.

간부들이 병사들에게 천천히 말한다는 것은 살살 달랜다는 말입니다. 왜 그럴까요? 간부로서의 자격을 인정받지 못하기 때문이지요. 예를 들어, 식량이 떨어지고, 물이 떨어지고, 전염병이 생겨도 간부들이 아무런 조치를 취하지 않는다면 병사들이 그들을 믿고 따를 수 있을까요? 군법을 들이댄다고 한들 그게 먹힐까요?

이런 상황을 타개하기 위해서 상을 남발하거나 벌을 남발할 경우가 생기겠지요. 그런다고 상황이 호전될 리 없겠지요? 한 번 신뢰를 잃은 간부들은 그 신뢰를 회복 한다는 것이 거의 불가능하다고 봐야 합니다.

先暴而後畏其衆者　**不精之至也**
선폭이후외기중자　부정지지야

來委謝者　**欲休息也**
래위사자　욕휴식야

兵怒而相迎久　**而不合**　**又不相去**　**必謹察之**
병노이상영구　이불합　우불상거　필근찰지

"병사들을 폭행한 다음, 나중에 병사들을 두려워하는 것은 부정함의 극치이다. 사신이 와서 정중히 사과하는 것은 휴식을 원한다는 표시이고, 군대가 화난 상태에서 서로 대치하고 있지만, 오랫동안 맞붙지도 않고 그렇다고 돌아가지도 않는 것은 반드시 그 까닭을 살펴야 한다."

간부들이 병사들을 폭행하고 나서 도리어 그들의 시선을 두려워한다는 것은 기강이 해이해졌음을 의미합니다. 병사들도 그렇고 간부들도 마찬가지인 것이지요.

또 사신이 와서 사과를 하는 까닭에는 다른 숨은 의도가 있을 수 있겠지요. 이것은 처한 상황에 따라 달리 해석될 수 있는 문제겠지요. 예컨대 적 부대가 장기간 전투로 지쳐있는 상황이었다면 손무의 말처럼 휴식을 원하는 것일 수 있겠지요.

또, 분노에 차서 행군해 와서 서로 대치를 했으나, 싸우지도 않고 그렇다고 물러가는 것도 아닌 상황이라면 이를 어떻게 해석해야 할까요? 단순하게 판단하기란 쉽지 않습니다.

그래서 적의 의도를 파악하라는 것이겠지요?

병력이 많다고 다 좋은 건 아니다

兵非貴益多
병비귀익다

雖無武進	**足以幷力料敵**	**取人而已**
수무무진	족이병력료적	취인이이

夫	**唯無慮**	**而易敵者**	**必擒於人**
부	유무려	이이적자	필금어인

다다익선인데, 손무는 그렇지 않다고 합니다. 이유가 뭘까요?

"군대는 많은 것을 귀하게 여기지 않는다. 비록 무력으로 나아가지 않더라도, 힘을 아울러 적을 내 뜻대로 요리하면 족하다. 그러면 적은 이미 패한 것이나 마찬가지이다. 무릇 헤아림이 없고 적을 쉽게 보는 자는 반드시 적에게 사로잡히고 만다."

병력이 많다는 것은 그것만을 믿고 교만해지기 십상이라는 말입니다. 그보다는, 적을 내 뜻대로 요리할 수 있는 방안을 강구해 낼 수 있다면 이미 그것으로 승부를 내기에 충분하기 때문입니다. 병력이 많음을 믿고 아무 대책도 세우지 않고 적을 깔보는 경우라면 절대 상대를 이길 수 없고, 지게 되면 포로가 될 가능성이 높겠지요.

정예군대 육성법

卒未親附而罰之　　則不服　　不服則難用
졸미친부이벌지　　즉불복　　불복즉란용

卒已親附而罰不行　　則不可用也
졸이친부이벌불행　　즉불가용야

故　　令之以文　　齊之以武　　是謂必取
고　　령지이문　　제지이무　　시위필취

마지막으로 정예군대 육성 방법입니다.

"병졸들과 아직 친해지지 않았는데 벌을 내리면 불복할 것이고, 불복하면 쓰기 어렵다. 병졸들과 이미 친해졌는데도 벌을 내리지 않으면 이 또한 사용할 수 없다. 따라서 문으로 명령을 내리고 무로써 엄격하게 다스리면 반드시 승리한다."

리더십의 문제입니다. 부하들과 친분을 형성하기도 전에 벌을 내리면 부하들은 어떻게 생각할까요? 군법이니까 복종할까요? 병사들도 사람입니다. 생각할 줄 아는 존재이지요. 아마도 마음이 상할 겁니다. 이런 일들이 반복되면 따르려고 하지 않겠지요.

반대로 충분히 친분이 형성되었음에도 불구하고 잘못을 보고도 벌을 주지 않으면 어떻게 될까요? 교만해지지 않을까요? 이런 경우에도 병사들을 활용하기가 어려워집니다.

그래서 부드러운 방법으로 명령을 내리고, 엄격한 방법으로 통제를 할 것을 당부합니다. 그래야 이길 수 있는 군대를 만들 수 있기 때문이지요.

令素行　　以教其民　　則民服
령소행　　이교기민　　즉민복

令不素行　　以教其民　　則民不服
령불소행　　이교기민　　즉민불복

令素行者　　與衆相得也
령소행자　　여중상득야

“법령이 잘 집행되고 백성들을 가르치면 백성들은 복종한다. 법령이 집행되지 않은 상태에서 백성들을 가르치려 들면 백성들은 복종하지 않는다. 법을 잘 집행한다는 것은 통치자의 입장에서나 백성의 입장에서나 서로에게 좋은 것이다.”

법치의 기본 전제이지요. 그런데 현실은 그렇지 않지요. 법은 있는 자들의 편이고 없는 자들을 옥죄는 수단으로 인식되는 경향이 큽니다. 그러면 누가 그 법을 따르려 하겠습니까? 그래서 손무는 강조합니다. 법을 제대로 시행하는 것은 통치자에게나 백성들에게나 서로가 윈윈하는 것이라고 말입니다.

지금까지 행군편을 살펴봤습니다.

전투 시에 일어날 수 있는 다양한 사항들에 대해 살펴보았는데요, 이론적인 내용보다는 다소 경험에서 우러난 노하우 성격이 느껴지지 않나요? 그렇기 때문에 손무가 단순한 이론가가 아님을 알 수가 있습니다. 그러므로 이론과 실제를 겸비한 손무의 충고를 귀담아 들어야겠지요.

지형(地形)

땅도 내편으로 만들어라!

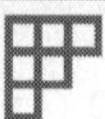

손자병법도 종반을 향해 가고 있습니다. 하지만 지형편과 다음 편인 구지편의 내용이 상당히 깁니다. 게다가 현대적 적용과는 다소 거리가 있는 내용들도 있어 지루할 수도 있습니다. 그렇다고 대충하고 건너뛸 수는 없습니다.

지형편과 구지편을 제대로 익히고 나면 나중에라도 혼자서 손자병법을 읽으면서 행간의 뜻을 읽을 수 있게 되고, 진정으로 손자병법의 정수를 음미할 수 있기 때문입니다. 인내심을 가지고 하나씩 하나씩 알아가 봅시다.

아울러, 생소한 지형 설명이 많이 나오는데, 각 지형을 단순한 지리적 특성으로만 보지 말고, 우리 실생활에서 어떤 경우에 해당하며 어떻게 대응해야 하는지를 상상해 가면서 공부한다면 좀 더 유익한 공부가 될 것으로 생각됩니다.

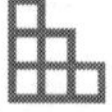

지형의 분류

孫子曰　　地形
손자왈　　지형

有通者	**有掛者**	**有支者**	**有隘者**	**有險者**	**有遠者**
유통자	유괘자	유지자	유애자	유험자	유원자

먼저 지형의 종류에 대해 언급합니다.

"지형에는 통형, 괘형, 지형, 애형, 험형, 원형 등 6가지가 있다."

6가지 지형이 각각 어떤 내용인지는 뒤에서 알아보기로 하겠습니다. 그 보다 먼저 지형편에서 설명하고 있는 지형의 유형은 순수하게 지형의 지리적 형태만을 가지고 분류한 것임을 알아두어야 합니다.

손자병법에는 다양한 지형들이 많이 언급되는데요, 지형편에서 설명하고 있는 이 6가지 지형 외의 나머지 지형들은 부대가 처한 전술적 상황에 따라 지형의 상대적 특성들을 설명한 것입니다. 예를 들면, 생지와 사지의 구분이 그것입니다. 생지는 고지에서 저지를 바라보는 형태이고, 사지는 저지에서 고지를 향하는 형태입니다.

지형의 물리적 특성만 가지고는 그것을 생지와 사지로 구분하는 것은 적절치 못하겠지요. 지형을 어떻게 활용하느냐, 지형이 어떤 영향을 미치느냐에 따른 구분인 것이지요. 참고로 해 두시면 손자병법에 나오는 수많은 지형을 이해하는 데 도움이 됩니다.

통(通)형

我可以往	彼可以來	曰 通	
아가이왕	피가이래	왈 통	
通形者	**先居高陽**	**利糧道以戰**	**則利**
통형자	선거고양	리양도이전	즉리

첫 번째 지형은 통형입니다.

"내가 갈 수도 있고, 적도 올 수 있는 지역을 통형이라 한다. 통형에서는 먼저 양지바른 고지를 점령하고 보급로를 확보해 놓고 싸우면 유리하다."

그림처럼 교통이 편리하게 잘 발달된 지형을 통형이라고 합니다.

교통이 편리하므로 아군도 갈 수 있고, 적군도 올 수 있는 것이지요.

이런 지형에서는 그 근방에서 가장 높은 곳을 선점하는 것이 유리합니다.

왜냐하면 이런 교통 요충지는 피아간에 서로 확보하기 위한 쟁탈전을 벌일 수밖에 없고, 그러기 위해서는 고지를 점령하여 아군의 통행을 보장하고, 적군의 접근을 경고 및 예방할 수 있는 편이 당연히 유리하겠지요.

괘(掛)형

可以往　　難以返　　曰　掛
가이왕　　란이반　　왈　괘

掛形者　　敵無備　　出而勝之
괘형자　　적무비　　출이승지

敵若有備　　出而不勝　　難以返不利
적약유비　　출이불승　　난이반불리

두 번째는 괘형입니다.

"갈 수는 있으나 돌아오기는 어려운 지형을 괘형이라 한다. 괘형에서는 적의 대비가 없을 때 나아가면 이길 수 있고, 만약 적의 대비가 있을 때 나아가면 이길 수 없고, 더구나 돌아갈 수도 없으니 불리하다."

괘(掛)자는 '걸다'라는 뜻입니다. 우리가 한자 문화권이 아니므로 이 글자의 뜻을 정확하게 알 수는 없지만 풀이로 미루어 보면 오른쪽 그림과 같은 통발형 지형이라고 볼 수 있습니다. 통발은 고기 잡을 때 쓰는 도구로, 입구가 좁아서 들어갈 수는 있지만 되돌아 나오지 못합니다. 손무는 이런 지형을 괘형이라고 했습니다.

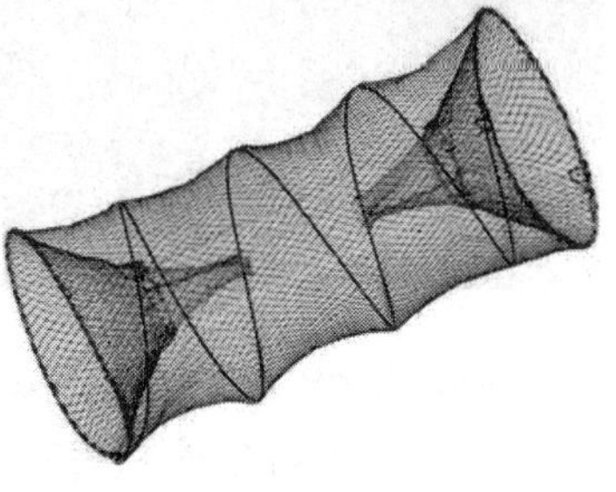

만약 적군이 이런 지형을 선점하고 있을 경우에는 이는 마치 고래가 입을 벌리고 있는 것과 같습니다. 그대로 먹이감이 되고 말겠지요. 그래서 군이 이런 지형을 통과해야 한다면 적군이 있는지 없는지를 먼저 살펴본 후에 없다고 판단되었을 때 통과하는 것이 여러모로 좋겠지요?

지(支)형

我出而不利	彼出而不利	曰	支
아출이불리	피출이불리	왈	지

支形者	敵雖利我	我無出也
지형자	적수리아	아무출야

引而去之	令敵	半出而擊之	利
인이거지	령적	반출이격지	리

세 번째는 지형입니다.

"아군이 나아가도 불리하고, 적군이 나아가도 불리한 지형을 지형이라 한다. 지형에서는 적이 아군에게 유리한 것을 제시해도 나아가서는 안 된다. 아군 병력을 빼내어 후퇴하는 척한 다음, 적군이 추격하기 위해 반쯤 나왔을 때 공격하면 유리하다."

지(支)자는 갈라진다는 뜻입니다. 부대가 갈라진다는 것은 분산된다는 뜻이지요. 부대가 분산되면 지휘통제가 안 되어, 서로를 도울 수 없게 되고, 각개격파되는 위험에 노출되고 맙니다.

그러면 지형은 어떤 곳일까요? 사진에는 물속에 잠긴 수풀지역인데요, 이런 곳에 들어가면 부대의 대형이 와해되고, 병사들 간의 거리도 이격되며, 소수 단위로 흩어지게 됩니다. 이런 지형으로는 적군이 아무리 좋은 것으로 유인해도 들어가면 불리하겠지요.

반대로 적군이 그런 곳에 있다면 아군이 일부러 물러나는 척하여 적군으로 하여금 이곳에서 나오게 만들고, 적군이 시야가 트인 곳으로 반쯤 나왔을 때 기습공격하면 유리합니다. 적군이 반 밖에 못 나왔기 때문에 단합된 힘을 발휘하지 못하기 때문이지요.

애(隘)형

隘形者 **我先居之** **必盈之** **以待敵**
애형자 아선거지 필영지 이대적

若敵先居之 **盈而勿從** **不盈而從之**
약적선거지 영이물종 불영이종지

네 번째는 애형입니다.

"애형이란 내가 먼저 점령하고 반드시 병력을 배치한 뒤에 적을 기다려야 한다. 만약 적군이 먼저 점령하여 병력을 배치하고 있으면 좇아 들어가지 말고, 적군이 배치되어 있지 않다면 좇아 들어가도 좋다."

애(隘)자는 '좁다'라는 뜻입니다. 좁은 길이란 양 측면이 산이나 건물 등과 같은 지형으로 가로막혀 있다는 뜻이겠지요. 만약 그 길이 적군이든 아군이든 어쩔 수 없이 지나가야 하는 요충지라면 반드시 선점해야 하겠지요. 그곳을 선점하면 아군의 작전 활동이 유리해지고, 적군이 선점하면 적군에게 유리하게 됩니다. 그래서 손무는 이런 지형을 선점하고 병력을 배치하여 지키라고 하는 것이지요.

만약 적이 이런 지형을 먼저 점령하고 병력을 배치해 놓았다면 어떻게 해야 될까요? 당연히 들어가면 안 되겠지요. 좋은 먹잇감이 되어 주는 격입니다. 하지만 이런 요충지임에도 적군이 배치되어 있지 않다면 정찰을 해 가면서 통과해야겠지요?

현대전에서 전차는 상당히 위협적인 무기입니다. 6.25전쟁이 일어났을 때 북한의 전차가 밀고 들어왔을 때, 한국군은 그 무기의 규모와 위력에 압도당해 제대로 방어를 할 수 없었습니다. 하지만 비록 전차라 하더라도 무용지물로 만들 수 있는 지형이 바로 애형입니다.

전차는 넓게 산개해서 기동할 때 그 시너지가 발휘됩니다. 하지만 좁은 애형 지형에서 1열 종대로 이동하게 되면 자칫하면 독 안에 갇히게 되어 집중포화를 맞아 전멸할 수도 있지요. 그러니 지형을 잘 활용하는 것은 천군만마를 얻는 것보다 더 유익할 수 있음을 명심하세요.

험(險)형

險形者 험형자 **我先居之** 아선거지 **必居高陽** 필거고양 **以待敵** 이대적

若敵先居之 약적선거지 **引而去之** 인이거지 **勿從也** 물종야

다섯 번째는 험형입니다.

"험형에서는 아군이 먼저 점령하고 반드시 양지바른 고지를 점령한 후 적을 기다려야 한다. 만약 적이 먼저 점령했다면 병력을 빼내 물러나되 절대로 좇아 들어가면 안 된다."

험형이란 설명이 필요 없지요? 말 그대로 험난한 지형을 뜻합니다. 이런 곳은 먼저 점령한 측에 절대적으로 유리합니다. 소수의 병력이 잘 지키기만 해도 대규모의 적군을 효과적으로 막을 수 있는 곳입니다.

하지만 적군이 이런 지형을 먼저 점령했다면 어떻게 해야 할까요? 맞습니다. 그 지역은 우회하는 게 유리합니다. 왜냐하면, 적군은 높은 고지에서 아군의 행동을 모두 관측하면서 대응합니다. 반면 아군은 저지에서 높은 곳을 바라보고 올라가지만 적을 전혀 볼 수도 없기 때문에 마치 눈을 감은 채로 올라가는 것과 같게 됩니다. 그렇게 되면 절대적으로 불리한 싸움을 할 수밖에 없고 절대 이길 수도 없습니다.

원(遠)형

遠形者	**勢均**	**難以挑戰**	**戰而不利**	
원형자	세균	난이도전	전이불리	
凡	**此六者**	**地之道也**	**將之至任**	**不可不察也**
범	차육자	지지도야	장지지임	불가불찰야

마지막으로 원형입니다.

"원형에서는 만약 양측 세력이 균등할 경우 싸움을 걸기 어렵기 때문에 싸우면 불리하다. 이 여섯 가지는 지형을 활용하는 방법으로서 장수의 막중한 책임이다. 살피지 않으면 안 된다."

원(遠)이란 멀다는 뜻입니다. 먼 길을 달려와 싸움을 건다는 것이 쉽지 않지요? 그래서 싸우면 불리하다는 겁니다. 먼 길을 달려오면 숨도 가쁘고, 육체적으로 지치고, 배도 고프고, 피곤합니다. 이런 상태에서 싸운다는 것은 '나는 지기를 희망합니다'라고 하는 것과 같겠지요?

지금까지 여섯 가지 지형과 지형에 따른 대응 방법에 대해 언급했는데요, 이것이 곧 지형을 활용하는 방법입니다. 이는 장수라면 반드시 알고 실천해야 하는 소임인 것이지요. 지형을 잘 알고 활용하는 자가 이길 확률이 높다는 사실을 잊지 마세요!

망하는 군대의 유형

故	**兵**	**有走者**	**有弛者**	**有陷者**
고	병	유주자	유이자	유함자

有崩者	**有亂者**	**有北者**
유붕자	유란자	유배자

凡	**此六者**	**非天地之災**	**將之過也**
범	차육자	비천지지재	장지과야

앞에서는 지형의 여섯 가지 유형에 대해 설명했습니다. 지금부터는 망하는 군대의 여섯 가지 유형에 대해서 설명합니다. 어떻게 하면 망하는지 살펴봅시다.

"군대에는 주병, 이병, 함병, 붕병, 난병, 배병이 있다. 이 여섯 가지는 천재지변이 아니라 장수의 과오다."

망하는 군대의 유형에 여섯 가지가 있는데, 이는 하늘이나 땅의 재앙이 아니라 사람으로 인해 발생하는 인재(人災)라는 것이지요.

하나씩 알아볼까요?

주(走)병

夫　　勢均　　以一擊十　　曰　走
부　　세균　　이일격십　　왈　주

먼저 주병입니다.

"양측의 세력이 균등하다고 할 때, 하나로 열을 공격하는 상황을 가리켜 주병이라 한다."

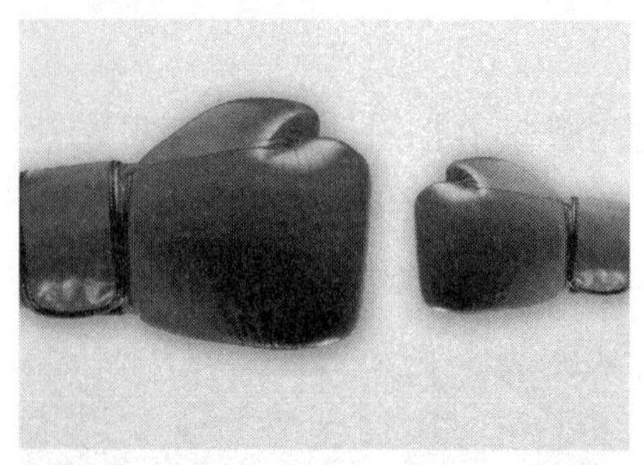

여기서 주(走)자는 달린다는 뜻으로, 달아난다는 뜻으로 쓰였습니다. 1대 10의 상황을 생각해 보세요. 그 1은 어떤 심정일까요? 영화 장군의 아들에 나오는 김두환처럼 1대 10으로 싸울 배짱과 용기가 있을까요? 십중팔구 도망갈 생각밖에 안 할 겁니다. 상대가 안 되는 싸움이니까요.

그래서 도망가는 군대라고 하여 주병이라고 한 것입니다. 장수가 이런 상황을 만들면 안 되겠지요?

이(弛)병

卒强吏弱　　曰　弛
졸강사약　　왈　이

두 번째는 이병입니다.

"병사들은 강한데, 간부들이 약한 경우를 가리켜 이병이라 한다."

여기서 이(弛)자는 '해이하다'라고 할 때의 '이'자입니다. 간부들이 약하다면 병사들이 강하건 약하건 관계없이 해이해질 수밖에 없습니다.

그렇다면 간부들이 약하다는 것은 무슨 의미일까요? 체력이 약하다는 의미일까요? 그 이상입니다. 업무능력이 미숙하고, 리더십도 부족하고, 자신감도 없고, 용기도 없는 등의 경우를 가리킵니다. 이런 간부들이 어떻게 부하들을 리드하여 훈련 시키고 전투를 할 수 있을까요? 쉽지 않겠지요?

그래서 간부라면 실력을 키워야 합니다. 간부라고 군림하려고만 하면 안 됩니다. 평상시에는 그래도 별 탈 없이 넘어갈 수 있습니다. 하지만 위기상황에서 모든 부하들이 그 간부만 쳐다보는데 헛발질만 해대면 불신과 원망을 살 수밖에 없겠지요?

함(陷)병

吏强卒弱　　曰　陷
사강졸약　　왈　함

세 번째는 함병입니다.

"간부는 강한데 병사들이 약한 경우를 가리켜 함병이라 한다."

함(陷)자는 '빠지다', '무너지다'라는 뜻입니다. 간부가 강하다는 건 능력이 출중하고, 리더십과 실력, 체력 등이 뛰어나다는 말입니다. 이런 간부가 무능한 병사들을 지휘하게 될 경우 어떤 일이 일어날까요?

그 간부의 눈에 부하들이 성에 찰까요? 전혀 아니겠지요? 그래서 몰아붙일 겁니다. 규율과 군기를 강조하고, 보다 높은 기준의 달성을 요구할 겁니다. 이렇게 되면 부하들이 버틸 수 있을까요? 만약 간부들이 강약조절을 잘하는 노련한 사람이라면 관계없지만 그렇지 않다면 아마 부하들이 버티지 못할 겁니다. 그래서 결국은 스스로 무너져 내린다는 의미입니다.

부하들을 내 마음대로 고를 수 있다면 얼마나 좋을까요? 하지만 대체로 그런 일은 불가능합니다. 주어진 상태 그대로 임무를 수행해야 합니다. 그래서 리더십이 어려운 것이지요.

붕(崩)병

大吏怒 **而不服** **遇敵懟** **而自戰**
대리노 이불복 우적대 이자전

將不知其能 **曰** **崩**
장부지기능 왈 붕

네 번째는 붕병입니다.

"높은 간부가 화를 내는데도 불복종하고, 적을 만나면 원망하면서 제멋대로 싸우는데도 장수가 어찌할 바를 모른다면 이를 가리켜 붕병이라 한다."

붕이란 '붕괴하다'라고 할 때의 붕입니다. 상급 지휘관이나 계급이 높은 간부가 화를 내는데도 복종하지 않는다고 한다면 그 군대는 이미 끝난 겁니다. 이미 무너졌지요. 군기가 무너졌고, 위계질서도 무너졌고, 간부의 권위도 무너졌습니다. 그러니 붕병이지요.

적과 봉착한 상태에서 간부의 말을 듣지 않고 제멋대로 싸우는 것은 이미 무너질대로 무너졌다는 말이겠지요? 더 한심한 것은 이를 보고도 간부들이 어찌할 바를 모른다는 것입니다. 대책 없는 군대입니다. 아마 최악의 조합일 겁니다.

관운이라는 게 뭐 특별할까요? 전혀 특별하지 않지요. 상관은 부하를 잘 만나고, 부하는 상관을 잘 만나는 것 그것이 바로 관운이지요. 여러분들에게도 관운이 따라주기를 희망합니다.

난(亂)병

將弱不嚴　　**教道不明**　　**吏卒無常**
장약불엄　　교도불명　　리졸무상

陳兵縱橫　　**曰**　**亂**
진병종횡　　왈　란

다섯 번째는 난병입니다.

"장수가 약한 데다 위엄이 없고, 교육하는 것도 명확치 못하며, 간부와 병사들 간에 법도가 없고, 진을 칠 때도 종횡으로 어지러운 경우를 가리켜 난병이라 한다."

난(亂)이란 어지럽다는 뜻입니다. 장수가 업무미숙하고 리더십 없고 실력도 없고 많이 모자랍니다. 이런 장수에게 위엄이 있을까요? 없습니다. 이런 사람이 부하들을 잘 지도할 리도 없습니다. 그러니 간부와 병사들 간에 상명하복 체계가 확립되지 못하지요.

거기다 진을 칠 때 일사불란하고 절도 있게 하지 못하고 이리저리 산만하게 진을 친다면 이런 군대는 어지럽지요. 아무것도 못 합니다.

배(北)병

將不能料敵	以少合衆	以弱擊强	兵無選鋒	曰	北
장불능요적	이소합중	이약격강	병무선봉	왈	배

마지막은 배병입니다.

"장수가 적을 잘 헤아리지 못하여 소부대로 적의 대부대를 공격하게 하거나 약한 부대로 적의 강한 부대를 공격하게 하고, 게다가 선봉 부대도 없다면 이를 가리켜 배병이라 한다."

여기서 배(北)자는 '패배하다'라고 할 때의 '배'자입니다. 소부대가 대부대를 공격하거나, 약한 부대가 강한 부대를 공격하면 당연히 질 수밖에 없지요. 이것은 누구 책임일까요? 그렇습니다. 장수들의 책임인 것이지요.

장수들이 무능해서 적을 제대로 파악하지 못하고, 올바른 대책을 수립하지 못하면 부하들 다 죽이는 꼴이지요. 그래서 장교들은 끊임없이 고민하고 연구하고 생각을 해야 합니다. 군인이 몸으로 하는 활동이 많다고 해서 장교들까지도 육체적인 것만을 중시하면 안 됩니다.

사고력, 지적 능력이 뒷받침되지 않으면 그 장교는 하급 지휘자로서는 적합할지 몰라도 전술 전략을 수립하고 지시하는 상급 지휘자로서는 부적합한 사람이지요.

이상의 6가지는 패배의 지름길이다

凡　此六者　敗之道也
범　차육자　패지도야

將之至任　不可不察也
장지지임　불가불찰야

소결론입니다.

"이 여섯 가지는 패배하는 방법으로서 장수의 막중한 책임이다. 반드시 잘 살펴야 한다."

앞서 6가지 지형과 더불어 패하는 방법 6가지도 장수의 막중한 책임이라고 강조합니다. 그러므로 반드시 살피고 또 살피라는 겁니다.

이런 충고를 들으면 '에이~ 남들은 몰라도 나는 전혀 이상 없어!'라고 생각하는 사람들이 대다수입니다. 하지만 인간이란 알 수 없는 동물이지요. 이런 알 수 없는 동물들로 이루어진 것이 조직입니다.

그 조직이 크면 클수록 불확실성은 더욱 더 늘어날 수밖에 없겠지요. 그런데도 아무 이상 없다고 호언장담하는 것은 옳은 것도 아니고 용감한 것도 아닙니다. 무모한 것입니다.

그러니 자신과 자신의 부대가 이 여섯 가지 망하는 방법에 해당하는 건 없는지 확인해 보기 바랍니다.

이기려면 지형을 잘 활용해라

夫　　地形者　　兵之助也
부　　지형자　　병지조야

料敵制勝　　計險阨遠近　　上將之道也
료적제승　　계험액원근　　상장지도야

지형을 잘 활용하라고 하는 손무의 충고입니다.

"지형이라고 하는 것은 전쟁을 도와주는 역할을 한다. 적을 헤아려 승리를 만들어 가는 것, 지형의 험하고 좁고 멀고 가까움을 계산하는 것은 고위 장교들이 반드시 해야 할 일이다."

전쟁은 진공상태에서 일어나지 않습니다. 기상도 영향을 미치고 특히 지형은 엄청난 영향을 미칩니다. 우리가 탁상 위에서 전쟁을 계획할 때는 기상이나 지형의 마찰적 요소를 거의 고려하지 않습니다. 그래서 독일의 명장 롬멜은 '나는 탁상 위의 전략은 믿지 않는다'라고 단언했던 것입니다.

현실 세계에서 일어나는 전쟁에는 지형이 엄청난 영향을 미칩니다. 지형을 잘 활용하는 편은 승리를, 지형의 영향을 무시하는 편은 패배를 당할 수밖에 없습니다.

참고로 여기에 '제승(制勝)'이라는 말이 나옵니다. 승리를 만들어 간다는 뜻입니다. 이순신 장군이 한산도에 3도 수군 통제영을 조성하고 난 뒤, 작전을 논의했던 사당의 명칭을 제승당이라고 명명했습니다. 이순신 장군은 병법에 통달한 분입니다. 아마도 여기에서 제승당이라는 문구를 착안하지 않았을까 짐작해 봅니다.

知此而用戰者	**必勝**	**不知此而用戰者**	**必敗**
지차이용전자	필승	부지차이용전자	필패

"이를 알고 싸우는 자는 반드시 승리하고, 이를 모르고 싸우는 자는 반드시 패한다."

무조건 알아야 합니다. 손무가 손자병법에서 일관되게 주장하는 것이 바로 '알아야 한다'입니다. 알면 이기고 모르면 지는 것입니다.

전쟁에서 진다는 것은 단순히 게임이나 스포츠에서 지는 것쯤으로 생각하면 안 됩니다. 사람들의 목숨과 희생, 헌신, 국가의 존립이 좌우되기 때문이지요.

해병대 막사에 가면 이런 문구가 액자에 걸려있습니다.

"전쟁이 스포츠와 다른 점은 패배한 자를 땅에 묻는 것이다."

어떻습니까? 섬뜩하지 않나요? 하지만 정말 현실적인 교훈이 담긴 말입니다. 전쟁을 대비하는 군인들이 전쟁을 마치 오락이나 스포츠 정도로 생각한다면 실제 전쟁에서 이길 수 없습니다.

그래서 알기 위해 사활을 걸어야 합니다. '평생학습'이라는 말을 들어보셨지요? 절대 빈말이 아닙니다. 알기를 중단하는 그 순간 우리는 퇴보합니다. 변화가 빠른 시대에 퇴보는 죽음을 의미하지요.

명심하시기 바랍니다.

능력 있는 군인이라면

故	戰道必勝	主曰無戰	必戰可也
고	전도필승	주왈무전	필전가야

戰道不勝	主曰必戰	無戰可也
전도불승	주왈필전	무전가야

故	進不求名	退不避罪	唯民是保而利於主	國之寶也
고	진불구명	퇴불피죄	유민시보이리어주	국지보야

다음은 신념과 확신이 있는 장수의 자세입니다.

"전쟁에 대해 반드시 승리할 것으로 확신한다면 왕이 싸우지 말라고 해도 싸우는 것이 옳고, 전쟁에 대해 승리의 확신이 없으면 왕이 반드시 싸우라고 해도 싸우지 않는 것이 옳다. 진격하되 명예를 구하지 않고, 후퇴를 해도 죄를 피하지 않는 사람이야말로 오직 백성들을 보호하고 왕에게 유익한 사람으로서 나라의 보배인 것이다."

말은 참 쉬운데, 현장 지휘관의 입장에서는 딜레마겠지요. 승산이 높은데 왕은 싸우지 말라고 하고, 승산이 없는데 왕은 싸우라고 하니 말이지요. 그래서 군인이라는 직업이 일반 직업과 다른 것입니다.

일반 직장인이 잘못을 한다 해도 나라까지 망할 일은 없습니다. 하지만 군인이 잘못하면 나라가 망할 수도 있습니다. 그래서 군인은 자신의 결정에 책임질 줄 아는 용기가 있어야 하는 겁니다. '왕이 그렇게 명령했기 때문에 나는 따랐을 뿐이다'라고 하는 것은 비겁한 변명에 불과할 뿐입니다.

그래서 실력이 있고 그 실력에 신념을 가진 지휘관이라면 자기보다 높은 사람이 이래라 저래라 해도 자신의 신념을 밀어붙일 수 있는 용기가 있어야 됩니다. 비록 명령을 어기는 꼴이 될지라도, 결과적으로 국가와 조직을 살리게 될 것이니까요.

이런 사람이 많아야 조직이든 나라든 발전할 수 있지 않을까요?

병사들을 자식처럼 사랑해라

視卒	如嬰兒	故	可與之赴深谿
시졸	여영아	고	가여지부심계
視卒	**如愛子**	**故**	**可與之俱死**
시졸	여애자	고	가여지구사

다음은 리더십에 관한 내용입니다.

"병사들을 대할 때 마치 어린애처럼 하면 깊은 계곡이라도 함께 들어갈 수 있고, 병사들을 대할 때 사랑하는 자식처럼 하면 죽음도 불사할 수 있다."

부하들을 아끼고 사랑하면 부하들은 리더를 위해 목숨을 바칠 각오로 싸울 겁니다. 물론 리더와 부하들 간에 진심이 통해야 한다는 전제조건이 있지요. 군림하려는 리더, 겉으로 위하는 척하는 리더들이 대부분이므로 부하들이 리더의 진심을 느끼기란 쉽지 않습니다. 이것도 능력이고 실력입니다.

하지만 이런 능력은 배운다고 될 수 있는 건 아닌 것 같아요. 배우더라도 긴 시간의 경험과 느낌을 통해 세포 하나하나에 까지 각인이 되어야 가능한 것 같습니다. 우리는 이것을 성품이라고 하지요. 성격은 아는 것이지만 성품은 느껴지는 것입니다.

부하들이 여러분의 진정성을 느끼느냐 느끼지 못하느냐는 여러분의 성품에 좌우됩니다. 그러므로 리더가 될 사람이라면 외적 수련 외에도 내적인 수양에도 많은 노력을 기울여야 합니다.

하지만 사랑이 지나치면

愛而不能令 애이불복령 **厚而不能使** 후이불능사 **亂而不能治** 난이불능치

譬如驕子 비여교자 **不可用也** 불가용야

하지만 사랑이 지나친 경우는 어떨까요?

"사랑하되 명령을 내리지 못하고, 너무 후해서 부리지를 못하며, 문란해서 다스리지를 못하면 마치 교만한 아들과도 같아서 (전쟁에서) 활용할 수 없다."

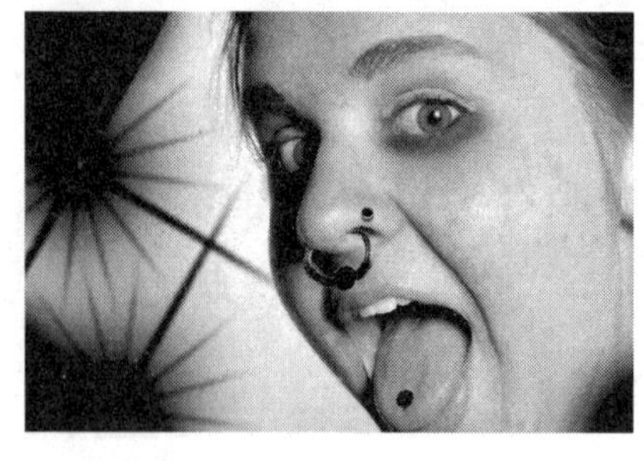

이번에는 반대로 사랑이 지나친 경우입니다. 요즘 부모들이 대부분 그렇지요. 자식들이 바라고 요구하는 건 다 해줍니다. 그래서 부족함을 모르고 자랍니다. 부족함을 모르고 자란 아이들이 성인이 되면 자신이 자라온 환경에 못 미치면 대번 거부합니다. 하려고도 하지 않지요.

요즘의 분노조절 장애도 그 결과 중의 하나라고 봅니다. 귀하게 자란 탓에 사소한 것에도 자존심 상해하고 분노를 느끼게 되는 것이지요. 이런 아이들이 불효를 하면 누구를 탓해야 하나요? 자식을 탓해야 하나요, 부모로서 자신을 탓해야 하나요? 참 어려운 문제입니다.

이런 문제의 원인은 요즘 부모들에게 원칙이 없기 때문입니다. 원칙이 없으면 무조건 들어주게 되어 있지요. 그래서 맞는 것은 '맞다'고, 아닌 것은 '아니다'라고 할 줄 알아야 한다는 겁니다. 그래야 적어도 자식을 교만하게 키우지 않을 수 있지요.

자식을 키우던지, 부하들을 교육하던지 '원칙'이 바로 서 있어야 한다는 점 명심하세요!

내 부하들을 알고 적도 알아야 이긴다

知吾卒之可以擊 **而不知敵之不可擊** **勝之半也**
지오졸지가이격 이부지적지불가격 승지반야

知敵之可擊 **而不知吾卒之不可以擊** **勝之半也**
지적지가격 이부지오졸지불가이격 승지반야

지피지기에 추가할 사항입니다.

"내 병사들에게 공격능력이 있음은 알되, 적을 치면 안 된다는 것을 모르면 이길 확률은 절반이다. 적을 공격할 수 있음은 알되, 내 병사들이 공격할 준비가 되어 있지 않음을 모르면 이길 확률은 절반이다."

또 알아야 될 내용이 등장했습니다. 알아야 될 것이 참 많지요?

이번에는 싸움에 임하는 부하 장병들의 능력과 심리, 적군의 능력과 상황을 알아야 한다는 것입니다. 이는 지피지기의 세부 사항인 셈이지요. 아군 병사들의 실력, 능력, 심리상태, 사기, 군기 등에 대해서 이성적으로 파악해야 하고, 직관적으로 느낄 수도 있어야 합니다.

이성적인 판단으로는 모든 준비를 갖췄다고 해도, 뭔가 석연찮은 느낌이 든다면 반드시 재고해야 합니다. 이를 과학적으로 설명하기란 어렵지만, 경험을 통해 터득한 직관을 무시할 경우 화를 부르는 경우가 많기 때문입니다.

또, 적에 대해서도 세부적으로 알고 있어야겠지요. 전쟁 영화를 보면 단지 아군의 기세등등함만을 믿고 싸우기도 전에 이미 개선장군처럼 행동하는 경우를 많이 봅니다. 이런 군대는 십중팔구 지는 것으로 결론이 나오지요.

왜 그럴까요? 아군만 알고 적군을 몰랐기 때문입니다. 적군도 살아있는 유기체이자 생각할 줄 아는 동물입니다. 내가 준비하듯이 적도 준비합니다. 적군도 사기와 군기가 높을 수 있습니다. 적군도 상하가 한마음으로 똘똘 뭉쳤을 수도 있습니다.

그런데도 대부분은 그 부분에 대해 눈을 감습니다. 의도적이든 아니든 말이지요. 이런 경우는 지피지기 중에서 지피를 하지 않은 것이지요. 그래서 손무는 승률이 반이라고 한 것입니다.

거기에다 지형까지 알아야 한다

知敵之可擊 **知吾卒之可以擊**
지적지가격 지오졸지가이격

而不知地形之不可以戰 **勝之半也**
이부지지형지불가이전 승지반야

故 **知兵者** **動而不迷** **擧而不窮**
고 지병자 동이불미 거이불궁

계속 이어집니다.

"적을 공격할 수 있다는 것을 알고, 내 병사들이 공격할 수 있음을 알더라도 지형적으로 싸울 수 없다는 것을 모르면 이 또한 이길 확률은 절반이다. 그러므로 앞에서 말한 내 병사들의 상태와 적군의 상태, 지형을 잘 아는 자는 움직이더라도 미혹됨이 없고, 거동을 함에 있어 다함이 없다."

앞서 언급한 내 병사들에 대해서와 적군에 대해서 알아야 한다는 것에 더해서 지형을 알아야 한다고 강조합니다. 지형편이니까 당연히 지형을 강조해야 하겠지요?

지형은 도움을 주는 요소입니다. 하지만 지형을 잘 알지 못하는 사람들에게는 도움이 아닌 마찰과 저항이 됩니다. 그래서 지형을 알지 못하면 이길 수 없는 건 당연합니다.

어디서 어떤 일을 하건 간에 지형, 즉 환경, 여건, 상황을 알면 유리하고, 모르면 불리합니다. 데이트를 하더라도 10분 일찍 나가서 주변 환경을 둘러보고 파악해 놓으면 만남을 주도할 수 있지요. 모르면 그때그때 알아보고 하느라 불필요한 노력을 들이게 되고 결국 좋은 인상을 줄 수가 없는 겁니다.

지형이라는 것이 바로 그런 것입니다.

결론 : 지피지기 + 지천지지

故　曰　知彼知己　勝乃不殆
고　왈　지피지기　승내불태

知天知地　勝乃可全
지천지지　승내가전

지형편의 결론입니다.

"지피지기하면 승리가 위태롭지 않고, 하늘도 알고 땅도 알면 승리가 온전할 수 있다."

'지피지기면 백전불태'라고 했지요? 승리가 위태롭지 않다는 말입니다. 절대로 백전백승을 확신하고 장담하지 않지요? 그 이유가 바로 여기에 나옵니다. 백전 백승을 하기 위해서는 지피지기에 지천지지가 더해져야 하기 때문입니다.

시계편에서 언급한 적이 있는데, 하늘이라는 요소는 운, 즉 행운 또는 불운과 관계가 있습니다. 날씨가 도와주지 않으면 이길 수 있는 전쟁도 패하게 되고, 질 수 있는 전쟁도 이기게 됩니다. 물론 현대에는 기상관측 장비가 좋아져서 예측이 가능하지만, 인간의 능력으로 변화무쌍한 하늘의 변화를 따라잡기란 아직 역부족인 듯 합니다. 결국 하늘을 안다는 것은 자기의 운을 안다는 말과도 상통한다고 봅니다.

그러므로 사려 깊게 전쟁을 생각해야 합니다. 지형은 하늘과 달리 파악이 되고, 볼 수 있고, 알 수 있습니다. 미리 대비하고 계획을 세울 수 있지요. 그래서 하늘을 변수로 본다면 지형은 상수가 되어야 합니다.

하지만 이는 지형을 잘 아는 측에만 해당합니다. 지형을 모르는 자에게는 지형조차도 변수가 되어 전쟁은 더욱더 복잡해지겠지요. 그래서 전쟁을 잘하려면 지피지기는 기본이고 지천지지를 할 줄 알아야 한다는 점, 꼭 명심하세요!

구지(九地)

지형이 바뀌면 전술도 바뀌라

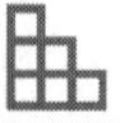
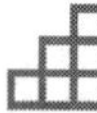

이제 제11 구지편입니다. 손자병법의 13편 중에서 가장 긴 편입니다.

구지란 말 그대로 아홉 가지의 지형을 말합니다. 지형은 앞에서도 언급이 된 바 있지요? 앞서의 지형들이 지형의 물리적 특성에 따른 구분이었다면 구지편에서 언급되는 아홉 가지 지형은 부대가 처한 상황별 특성에 따른 구분의 성격이 강합니다.

그리고 지형설명 외에도 전쟁에서 유용한 실전 노하우들이 대방출됩니다. 그러니까 다소 길더라도 인내심을 잃지 말고 끝까지 집중하기 바랍니다.

상황에 따른 지형 9가지

孫子曰	**用兵之法**			
손자왈	용병지법			
有散地	**有輕地**	**有爭地**	**有交地**	**有衢地**
유산지	유경지	유쟁지	유교지	유구지
有重地	**有圮地**	**有圍地**	**有死地**	
유중지	유비지	유위지	유사지	

구지의 종류가 나열됩니다.

"용병술에 따르면 산지, 경지, 쟁지, 교지, 구지, 중지, 비지, 위지, 사지 등 아홉 가지 지형이 있다."

앞에서 배운 지형편에서도 지형의 분류가 나왔었지요? 통, 괘, 지, 애, 험, 원형 6가지입니다. 이미 언급했듯이 지형편에서의 지형 분류는 지형의 물리적 특성에 따른 분류입니다.

구지편에서 다루는 지형은 물리적 특성이 아닌, 내가 처한 상대적 입장, 상황에 따른 분류입니다. 지형을 활용하는 방법적인 측면보다는 지형에 따라 부대와 병사들의 심리상태가 어떠할 것인지를 잘 헤아려 각각의 상황에 맞는 지휘법을 구사해야 한다는 점을 더욱 강조하고 있습니다. 부대 또는 조직을 이끌어나가는 리더십의 중요성이 강조됩니다.

그러면 각 지형별로 어떤 특성이 있는지 알아볼까요?

산(散)지

諸侯	**自戰**	**其地者**	**爲散地**
제후	자전	기지자	위산지

첫 번째, 산지입니다.

“제후가 자기네 땅에서 싸우는 경우를 일러 산지라 한다.”

산지의 뜻은 흩어지는 곳이라는 뜻입니다. 무엇이 흩어진다는 말일까요? 마음이 흩어진다는 겁니다. 왜 그럴까요? 자기 땅에서 싸운다고 했지요? 자기 땅, 즉 아직 우리나라 땅에 있다면 언제든지 부모 형제가 있는 고향으로 돌아갈 수 있습니다. 그러니 마음이 흔들리는 것이지요.

그래서 마음먹고 공부를 하려는 학생이 집에 있으면 절대로 공부가 안 되는 이유와 비슷하지요? 집에는 나에게 익숙한 환경과 먹을 것, 쉴 것, 즐길 것들이 가득 있기 때문입니다. 마음이 흩어질 수밖에요. 뭔가 각오를 했다면 집에 있으면 안 되겠지요?

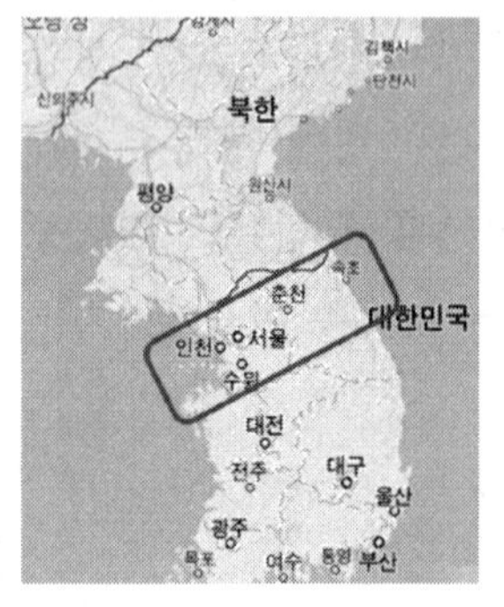

왼쪽 그림은 우리나라의 상황을 가정한 사진입니다. 만약 남북한 간에 전쟁이 벌어진다면 휴전선을 넘어가기 전 우리 땅에서 싸우는 경우가 바로 산지입니다.

이런 상황에서 병사들의 심리는 어떨까요? 죽음에 대한 공포 때문에 피할 수 있으면 피하고 싶은 게 인지상정 아닐까요? 그래서 마음이 흩어진다는 것입니다.

대처요령은 뒤에서 살펴보겠습니다.

경(輕)지

入人之地 **而不深者** **爲輕地**
입인지지 이불심자 위경지

두 번째는 경지입니다.

"적국의 영토로 들어가기는 했으나 깊이 들어가지 않은 경우를 경지라 한다."

국경선을 넘어갔지만 그렇게 멀리 들어가지 않은 경우를 말합니다. 이때 병사들의 심리는 어떨까요? 아직 많이 들어가지 않았으니 고국으로 돌아갈 수도 있겠다는 생각이 들지 않을까요?

기껏 열심히 공부할 각오를 하고 집을 나오긴 했는데, 아직 버스를 타기 전의 마음과 같을 겁니다. '지금이라도 늦지 않았어. 집에 가서 해도 충분하잖아?'라는 유혹의 소리가 들리고, 마음이 갈팡질팡하지요. 여기서 결단력이 약한 사람은 다시 집으로 돌아가게 되겠지요. 이런 경우가 바로 경지에 처한 상황입니다.

쟁(爭)지

我得亦利	**彼得亦利者**	**爲爭地**
아득역리	피득역리자	위쟁지

세 번째는 쟁지입니다.

"내가 득해도 이롭고, 적이 득해도 이로운 곳을 쟁지라 한다."

서로가 쟁탈하려고 하는 곳은 어떤 곳일까요? 아마도 요충지일 겁니다. 관측에도 유리하고, 방어하기에도 유리한 곳. 지키고 있으면 아군의 행군이나 안전을 보장할 수 있는 그런 곳이지요.

사진은 자유로를 타고 가다 보면 만날 수 있는 오두산 전망대입니다. 얕은 고지이지만 북한지역이 다 보이고, 임진강을 이용하여 침투하는 적군을 감시하기에 좋습니다. 이곳을 점령하면 물길이나 육로를 통제할 수도 있지요.

이런 곳이 쟁지입니다.

교(交)지

我可以往 아가이왕 **彼可以來者** 피가이래자 **爲交地** 위교지

네 번째는 교지입니다.

"나도 갈 수 있고 적도 올 수 있는 곳을 교지라 한다."

쉽게 말해서 교차로입니다. 길이 교차하는 곳이지요. 통상 교차로는 어디에 있나요? 그렇지요. 사람이나 물자의 통행이 빈번한 곳입니다. 이런 곳은 도로망이 잘 발달 되어 있어서 병력뿐만 아니라 전차, 짐마차 등이 행군하기에 좋습니다.

구(衢)지

諸侯之地三屬　　先至而得天下之衆者　　爲衢也
제후지지삼속　　선지이득천하지중자　　위구지

다섯 번째는 구지입니다.

"제후 세 나라의 땅에 인접한 곳으로서 먼저 도착하면 천하의 백성들을 얻을 수 있는 곳을 구지라 한다."

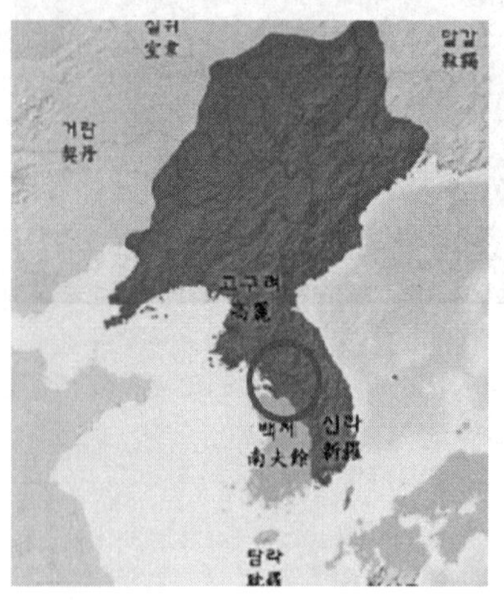

여기서 구지는 여러 나라가 국경을 맞대고 있는 지역을 말합니다. 천하의 백성을 얻는다는 말은 무슨 의미일까요? 적국을 제외한 나라들과 동맹을 맺으면 그 나라의 국민들이 모두 내가 필요로 할 때 도와주러 오겠지요? 그런 의미입니다.

그림의 경우 우리나라의 삼국시대 지도입니다. 세 나라가 국경을 맞대고 있는 지역을 찾아 본다면 한강 하구지역입니다. 지금의 서울입니다. 그래서 고구려, 신라, 백제는 한강을 쟁취하기 위해 많은 노력을 기울입니다. 바로 이런 곳이 구지입니다.

중(重)지

入人之地深	**背城邑多者**	**爲重地**
입인지지심	배성읍다자	위중지

여섯 번째는 중지입니다.

“적 영토 깊숙이 들어간 경우로서 우리 배후에 적국의 성읍이 많은 경우를 중지라 한다.”

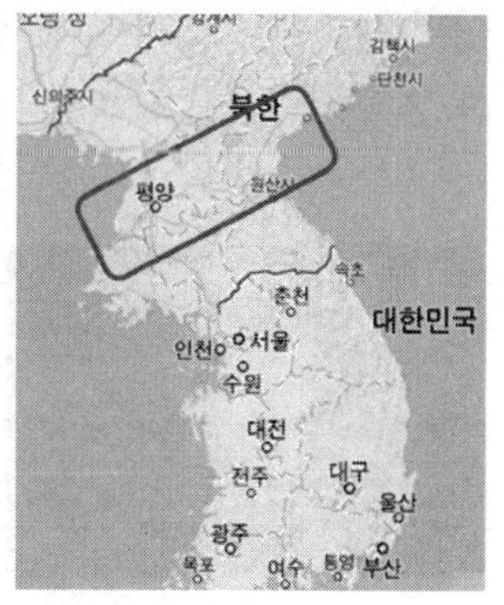

중지는 산지나 경지의 반대겠지요? 왼쪽의 그림과 같이 적 영토로 깊숙이 들어간 경우를 말합니다. 적지 깊이 들어갔으니 당연히 등 뒤에는 적국의 산과 들, 마을들이 있겠지요.

중지에서의 병사들의 심리상태는 어떨까요? 산지나 경지에서 사이가 나빴던 병사들일지라도, 적지 한복판에서는 믿을 수 있는 건 아군밖에 없다는 생각으로 저절로 사이가 좋아지지 않을까요? 말하지 않아도 스스로 뭉치게 될 겁니다.

비(圮)지

山林	險阻沮澤	凡	難行之道者	爲圮地
산림	험조저택	범	난행지도자	위비지

일곱 번째는 비지입니다.

“산림, 험한 곳, 소택지 등 이동하기에 어려운 지형을 비지라 한다.”

비지는 물리적 특성에 따른 분류입니다. 무너진 곳을 말하는데, 행군하기에 어려운 곳을 통칭합니다. 산림으로 우거진 곳, 험난한 산악지형, 늪이나 물이 많은 소택지 등이 비지입니다.

이런 곳은 수백에서 수천, 수십만에 이르는 군대가 행군하기에는 난코스입니다. 가급적이면 피해서 가야 되는 지형이지요.

위(圍)지

所由入者　隘　所從歸者　迂
소유입자　애　소종귀자　우

彼寡　可以擊吾之衆者　爲圍地
피과　가이격오지중자　위위지

여덟 번째는 위지입니다.

"들어가는 길은 좁고, 나가는 길은 멀리 우회하는 곳으로서, 소규모 적군이라도 아군의 대부대를 공격할 수 있는 곳을 위지라 한다."

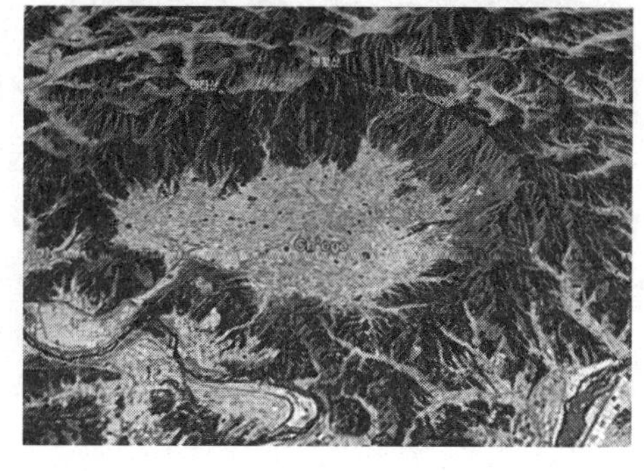

멋모르고 들어갔다가는 독 안에 든 쥐꼴이 되는 곳이 바로 위지입니다. 사진에서처럼 사방이 산으로 둘러싸여 있는 곳일 겁니다.

만약 사방을 둘러싼 산악지역을 적군이 미리 점령이라도 하고 있으면 어떻게 될까요? 왔던 길로 돌아 나가면 되나요? 혼자이거나 소수라면 그게 가능하겠지만 대부대일 경우는 말이 다릅니다. 영문을 모르는 후미 부대는 좁은 통로를 통해 계속 앞으로 가려고 할 것이고, 적의 공격을 받고 있는 선두부대는 뒤로 돌아 나가려고 할 것입니다. 대혼란이 일어나겠지요. 아마도 전멸할 가능성이 큽니다.

이런 곳도 피해야 합니다.

사(死)지

疾戰則存　　**不疾戰則亡者**　　**爲死地**
질전즉존　　부질전즉망자　　위사지

끝으로 사지입니다.

"신속히 결전을 벌이면 살아남을 수 있는 반면, 그렇게 하지 못하면 망하는 곳이 사지다."

사지라는 말은 직역하면 '죽을 땅'이라는 뜻입니다. 지나가기에도 어렵고, 싸우기에도 어려운 지형을 뜻합니다. 이런 곳에서는 심사숙고는 아무짝에도 쓸모가 없습니다. 오로지 신속한 결단과 행동만이 전멸을 면할 수 있는 유일한 방법입니다.

각 지형별 대응 : 산(散)지

散地則無戰
산지즉무전

지금부터는 각 지형별로 어떻게 대응해야 하는지에 대한 설명이 이어집니다.

먼저 산지입니다.

"산지에서는 싸우면 안 된다."

산지에서 싸우면 왜 안 될까요?

앞에서도 말했지만 병사들의 마음은 고향에 있습니다. 전투에 집중하기가 어렵습니다.

반대로 적군은 경지 또는 중지에 있기 때문에 서로 뭉치려고 할 겁니다.

그러므로 아군에게 절대적으로 불리한 싸움이 되겠지요.

아울러, 아직 우리나라의 영토입니다. 우리나라 영토에서 싸우면 피해는 전부 우리가 봅니다. 인명은 물론이고 시설, 자연 등이 파괴되겠지요.

이런 측면에서라도 산지에서는 싸우면 안 됩니다.

각 지형별 대응 : 경(輕)지

輕地則無止

경지즉무지

다음은 경지입니다.

"경지에서는 멈추지 마라."

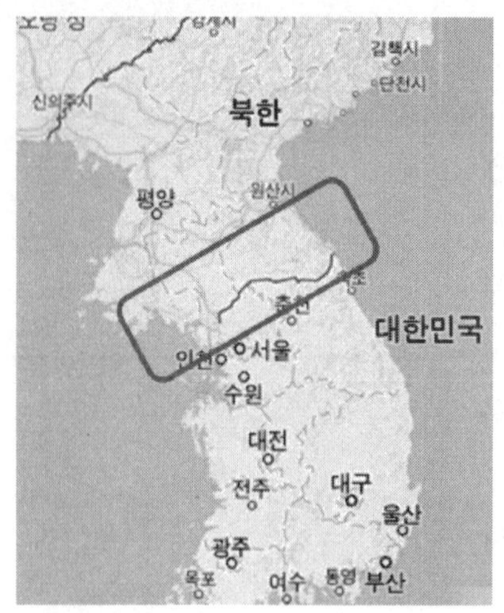

경지에서는 왜 멈추지 말라고 했을까요? 앞서도 말했지만 심리적인 이유가 크겠지요.

아직 본국에서 멀리 오지 않았기 때문에 병사들의 마음이 확고하게 다잡힌 상태가 아닙니다. 이 때 멈추거나 느린 속도로 이동한다면 탈영병이 많이 발생할 가능성이 큽니다. 그러니 싸우러 가는 입장에서는 멈추지 않는 것이 더 유리하겠지요.

살아가다 늘 경계선상에서 갈등하는 사람들을 자주 만나게 됩니다. 안 할 것 같으면 아예 하지 말든가, 하려고 했으면 다 잊고 푹 빠져서 하든가 둘 중 하나여야 하는데 이것도 아니고 저것도 아닌 애매한 부류들 말이지요. 이런 경우를 두고 '죽도 밥도 안 된다'라고 하는 겁니다.

결단은 이런 사람들에게 필요한 말이겠지요?

각 지형별 대응 : 쟁(爭)지

爭地則無攻
쟁지즉무공

다음은 쟁지입니다.

"쟁지에서는 공격하지 마라."

쟁지는 요충지라고 했습니다. 적이든 아군이든 서로 뺏으려고 하는 지역이지요.

그러면 왜 쟁지에서는 싸우지 말라고 했을까요? 여기에는 '적군이 먼저 점령했을 경우'라고 하는 단서가 붙습니다. 적군이 없다면 굳이 공격할 게 아니고 재빨리 가서 내 것으로 삼으면 되는 일이지요.

공격하지 마라는 것은 적이 먼저 점령하고 있다는 것을 전제하는 말입니다. 이런 곳은 관측, 수비, 방어, 안전 등에 유리하다고 했지요? 그러므로 섣불리 공격했다가는 낭패를 보기 쉽습니다.

스마트폰의 최강자는 애플과 삼성이지요? 전자업계의 '쟁지'는 스마트폰입니다. 그리고 쟁지를 점령하고 있는 측은 애플과 삼성입니다. 어떤 기업이 여기에 도전장을 내밀면 어떻게 될까요? 이미 유리한 고지를 점하고 있는 애플과 삼성에게 이길 수 있을까요?

여러분의 상상에 맡깁니다.

쟁지란 바로 이런 경우를 말한다는 거 아시겠지요?

각 지형별 대응 : 교(交)지

交地則無絶
교지즉무절

다음은 교지입니다.
“교지에서는 단절시키지 마라.”
교지는 교통이 발달한 곳이라고 했지요?

이런 곳에서는 단절시키지 말라고 합니다. 무엇을 단절시키면 안 될까요? 부대 간의 간격, 연락, 통신, 보급 등을 말합니다.

전쟁을 하러 가는 군대가 행군하면 그 길이가 얼마나 될까요? 아마 짧게는 수 km, 길게는 수십 km에 달할 겁니다.

옛날 중국의 수나라가 고구려를 정벌하러 갈 때, 출발하는 데에만 며칠씩이나 걸렸다고도 합니다. 그만큼 긴 거리입니다. 그렇게 긴 대형이 교지와 같은 인파와 물자가 혼잡한 곳을 통과한다는 것이 쉽지 않습니다.

대형이란 한 번 이격되면 다시 따라잡기가 쉽지 않고, 그렇게 되면 작전에 차질을 초래하게 됩니다. 이런 착오를 예방하기 위해서 단절시키지 말라고 한 것입니다.

여행을 위해 복잡한 공항이나 인파가 많은 곳에서는 절대 대열에서 벗어나면 안 되는 거 다 아시죠? 그와 마찬가지라고 보시면 됩니다.

각 지형별 대응 : 구(衢)지

衢地則合交

구지즉합교

다음은 구지입니다.

"구지에서는 외교관계를 맺어라."

구지는 여러 국가가 국경을 접하고 있는 곳입니다.

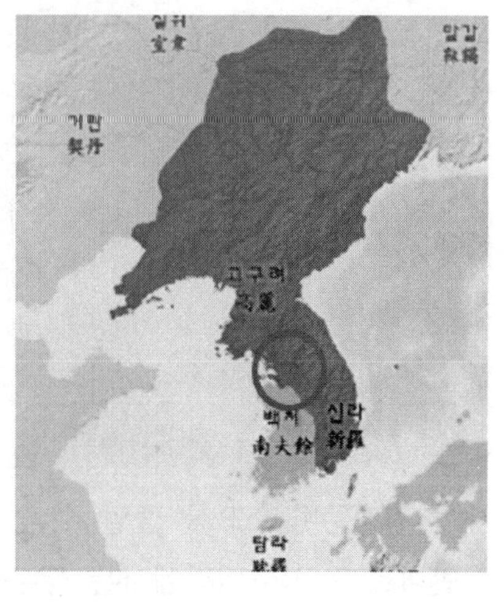

전쟁을 하기 위해서는 나 혼자만의 힘으로는 안 됩니다. 힘도 모자랄 뿐만 아니라, 전쟁하는 동안 텅 빈 본국을 노리는 제3의 세력을 미연에 없앨 필요성이 있지요. 그래서 구지와 같은 지역에서는 동맹관계를 수립하는 것이 필수가 되겠지요.

동맹을 맺으면 여러모로 유리합니다. 전쟁에 필요한 전쟁물자를 지원받을 수도 있고, 행군을 위한 도로를 제공받을 수도 있습니다. 또 전투병력을 지원받을 수도 있으며, 적국에 대해 함께 위협을 가할 수도 있습니다.

동맹이란 친구를 만드는 차원에서도 중요합니다. 하지만 더 중요한 것은 적을 만들지 않기 위함이라는 사실을 꼭 명심하기 바랍니다.

각 지형별 대응 : 중(重)지

重地則掠
중지즉략

다음은 중지입니다.

“중지에서는 약탈(현지조달)해라.”

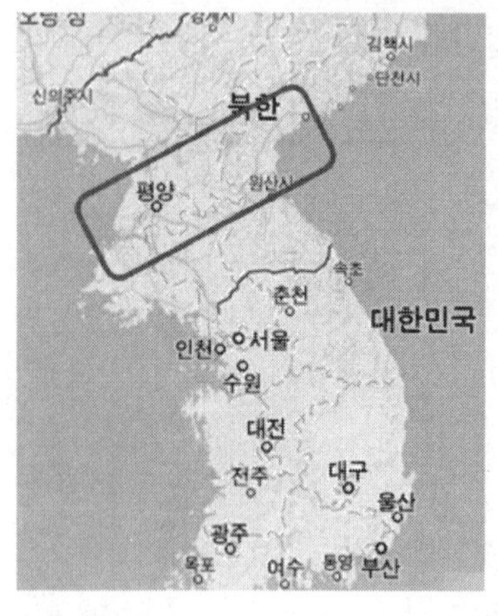

중지는 적지 깊숙이 들어간 곳이라고 했지요? 이제 본국과의 보급선, 통신선은 두절됐다고 보는 게 옳습니다. 먹고 입고 자고 싸는 모든 부분들을 자급자족에 의존해야 하는 상황이지요. 그래서 이런 경우에는 현지조달을 해야 합니다. 적 백성이나 적군으로부터 탈취한 식량과 장비를 활용해야 합니다.

현지조달이라는 개념은 전쟁에서 상당히 중요한 개념입니다. 현지조달로 인하여 군대의 막대한 전쟁준비 소요를 줄일 수 있기 때문이지요.

반대로 적군의 입장에서는 상대방에게 식량이나 물자를 빼앗기지 않기 위해서 어떤 전략을 쓸까요? ‘청야작전’이라고 해서 들판을 불태웠습니다. 들판의 곡식을 약탈하지 못하게 말이지요.

약탈이 나쁜 것이라고 생각하면 안 됩니다. 물론 좋은 행위는 아닙니다만, 전쟁상황에서 도덕을 따지면 안 되겠지요. 살고 죽느냐의 문제가 걸린 만큼 주변 환경을 최대한 활용하는 자세가 필요합니다.

각 지형별 대응 : 비(圮)지

圮地則行

비지즉행

다음은 비지입니다.

"비지는 빨리 지나가라."

비지는 행군하기에 적합하지 않은 곳이라고 했지요?

상상해 보세요. 수백, 수천, 혹은 수만 명의 병사들로 구성된 군대가 사진에서 보이는 곳들을 행군해서 가는 모습을 말입니다. 어떨까요?

부대의 대오가 흐트러집니다. 부대와 부대간, 개인간 간격이 떨어지고 멀어집니다. 그렇게 되면 지휘관이 지휘할 수도 없고, 전투상황에서는 효과적인 작전도 어렵습니다. 반면 상대방의 입장에서는 정말 좋은 기회지요. 적군이 제대로 움직일 수 없는 지형에서 어려워하는 상황이므로 적은 병력으로도 큰 성과를 거둘 수 있습니다.

그러므로 이런 지형은 재빨리 통과하거나 돌아가는 것이 상책입니다.

어떤 일을 하려 할 때, 우리의 발목을 잡는 일들이 꼭 있기 마련입니다. 그런 경우가 '비지'에 비유될 수 있을 겁니다. 이런 경우에는 앞으로 나가기가 어렵습니다. 경우에 따라서는 거기서 멈추고 마는 경우도 비일비재합니다.

따라서 비지와 같은 상황을 만나지 않도록 잘 살피는 것이 중요합니다.

각 지형별 대응 : 위(圍)지

圍地則謀
위지즉모

다음은 위지입니다.

“위지에서는 꾀를 생각해 내라.”

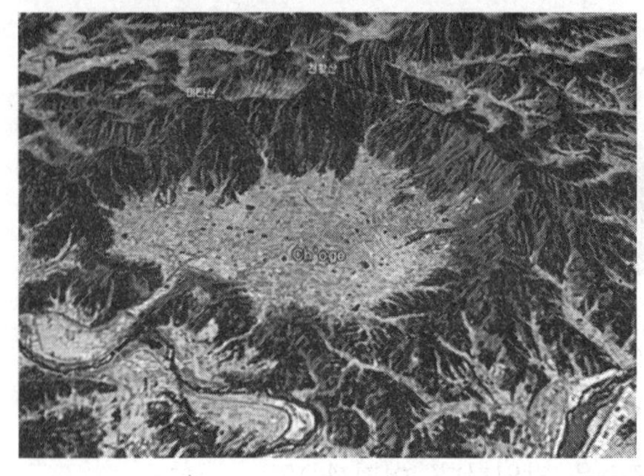

위지는 포위된 곳이라고 했지요? 적으로 둘러싸여 있다면 더더욱 살아남기 힘듭니다. 이런 곳에서는 살기 위한 방책을 생각해 내야 합니다. 꾀를 짜내야 합니다. 그것도 빠르면 빠를수록 좋겠지요.

만약 적절한 꾀가 생각나지도 않고, 빠져나갈 방법도 없다면 어떻게 해야 될까요? 항복해서 살 길을 찾는 방법 밖에 없습니다. 그래야만 최소한 병사들의 목숨만은 살릴 수 있으니까요.

그래서 현명한 장수라면 이런 곳으로 가지 않도록 지형정찰에 주의를 기울여야 합니다.

살아가다 보면 모든 면에서 위기인 경우가 있습니다. ‘화불단행’이라는 말처럼 말이지요. 피할 수 있었다면 얼마나 좋았을까요? 하지만 삶이라는 것이 뜻대로 되는 게 절대 아니지요. 하늘이 무너져 내릴 듯한 상황에 봉착한 겁니다. 어떻게 해야 할까요?

지금까지 해 온 일을 끝까지 붙잡고 있으면서 상황이 역전되기를 기다려야 할까요? 아니면 빨리 포기하는 것이 좋을까요?

물론 답은 없습니다. 다만 계속 그 길을 고수하는 것은 밑 빠진 독에 물 붓기처럼 의미 없는 행위가 될 수 있습니다. 그래서 추천을 한다면 빨리 손을 떼는 것이 낫다는 겁니다.

위지 상황에서의 대처! 꾀를 내거나 아니면 빨리 항복하거나 둘 중의 하나입니다.

각 지형별 대응 : 사(死)지

死地則戰
사지즉전

끝으로 사지입니다.

"사지에서는 묻지도 따지지도 말고 싸워라."

사지는 죽는 곳이라고 했지요? 이렇게 해도 죽고, 저렇게 해도 죽는다면 어떻게 해야 할까요? 맞습니다. 죽기 살기로 싸워야 합니다. 이왕 죽는데 무엇이 두렵습니까?

그런데 이런 상황에서 초인 같은 힘이 발휘될 수도 있습니다. 막다른 골목, 더 이상 잃을 게 없는 상황에서는 어쩌면 생의 마지막일 수도 있기 때문에 모두가 젖 먹던 힘까지 끄집어내서 싸울 겁니다. 이판사판인 셈이지요. 그래서 상황이 역전될 수도 있고, 살아남아 그 곳을 빠져나가는 사람들도 있을 것입니다.

세상에서 가장 무서운 사람들이 바로 이런 사람들입니다. 죽는 것 외에는 방법이 없는 사람들 말입니다.

그런 상황에서는 이판사판으로 싸워야 하지만, 반대의 경우에는 이런 사람을 만나거나 이런 상황을 만들면 안 되겠지요. 큰 코 다칠 수 있습니다.

궁지에 몰린 쥐는 고양이를 물 수도 있으니까요.

전략의 귀재가 쓰는 방법

所謂古之善用兵者 能使敵人 前後不相及

소위고지선용병자 능사적인 전후불상급

전략의 귀재들은 적군에 대해서 어떻게 전략을 구사할까요?

"예로부터 전쟁을 잘 하는 사람은 적군으로 하여금 전위부대가 후위부대를 서로 못 도와주도록 하고."

잘 싸우는 사람은 '치인이 불치어인', 즉 내가 적을 이끌지, 적에 의해 이끌리지 않습니다. 여기서 말하는 내용이 바로 이런 의미입니다. 적을 내 뜻대로 움직이는 것이지요. 그러면서도 적은 내 장단에 맞춰 움직인다는 생각을 못하는 것이지요.

여기서는 적군의 전위와 후위가 서로 도와줄 수 없도록 만든다고 했습니다. 어떻게 하면 가능할까요?

적의 전방과 후방에 동시다발적으로 공격하면 됩니다. 특히 후방의 경우에는 적의 퇴로이기 때문에 소수의 특공대만으로도 적을 혼란에 빠트릴 수 있습니다. 왜냐구요? 퇴로가 차단당했다는 것은 포위됐음을 의미하기 때문에, 실제로 포위되지 않았더라도 단지 소문만으로도 적은 공황상태에 빠지게 됩니다.

이렇게 되면 적군은 붕괴될 수밖에 없겠지요.

衆寡不相恃 貴賤不相救 上下不相扶

중과불상시 귀천불상구 상하불상부

계속 이어집니다.

"대부대와 소부대간 서로 못 믿게 하고, 좌익과 우익끼리 서로 못 구하도록 만들며,

상급부대와 하급부대가 서로를 못 돕도록 하고."

여기서도 마찬가지로 대부대와 소부대간에, 좌익과 우익간에, 상급부대와 하급 부대간에 도와줄 수 없도록 만들 수 있다고 했습니다. 이 또한 같은 방법을 쓰면 됩니다. 어떤 유형의 적 부대든지 간에, 동시다발적으로 공격하거나 기습하면 적은 정신을 못 차리게 됩니다.

이런 것이 바로 '이정합 이기승'에서의 '기교'의 활용이고, 허실의 활용이며, 궤도의 활용인 셈이지요.

卒離而不集	**兵合而不齊**
졸리이불집	병합이불제
合於利而動	**不合於利而止**
합어리이동	부합어리이지

"적병들을 떼어놓되 모이지 못하도록 하고, 적병들이 모인다 해도 질서가 없도록 만든다. 이익에 합치하면 움직이고, 이익에 합치하지 않으면 멈춘다."

적 병사들을 떨어트려 놓고 모이지 못하게 하는 방법은 무엇일까요? 동시에 여러 곳을 공격하면 적은 분산되겠지요. 적이 분산된 상태에서 지속적으로 기만작전을 펼치면 됩니다. 실제로 공격하지는 않지만 공격하는 것처럼 위장하는 것이지요. 그러면 적군은 대비를 해야 하기 때문에 모일 수가 없게 됩니다.

적의 부대가 모인다 해도 혼란스럽게 만들 수 있는 방법은 무엇일까요? 혼란스럽다는 말은 지휘체계나 명령계통에 문제가 생겼다는 말입니다. 아군의 의도를 모르게 하여 혼란스럽게 하거나, 심리전을 전개해서 서로 불신하게 만들 수도 있습니다.

이렇게 적측을 교란시킨 후 아군에게 유리한 상황이 조성되면 군대를 움직여 이익을 취하고, 이익이 안 된다 싶으면 굳이 움직여서는 안 되겠지요. 이익이 없는데도 전투를 하게 되면, 아무리 적이 제대로 싸울 수 없는 경우라도 피해가 발생할 수밖에 없기 때문입니다.

강적을 대하는 비결

敢問, **敵** **衆整而將來** **待之若何**
감문 적 중정이장래 대지약하

曰 **先奪其所愛** **則聽矣리라**
왈 선탈기소애 즉청의

강적을 만나면 어떻게 해야 할까요?

"적군의 대부대가 질서정연한 가운데 장차 진격해 온다면 도대체 어떻게 할 것인지를 묻는다면 '먼저 적이 아끼는 곳을 뺏어라! 그러면 네 말을 잘 들을 것이다'라고 대답할 것이다."

질서정연한 부대는 군기가 살아 있는 군대입니다. 정예 군대라는 말입니다. 이런 군대가 진격해 온다면 어떨까요? 살이 떨리지 않을까요?

그러면 어떻게 대응하면 될까요? 손무는 명쾌하게 말합니다. 적이 아끼는 곳을 뺏어라!라고 말입니다. 이 말을 다르게 표현하면 '급소를 쳐라'는 말입니다. 아무리 그 군대가 정예군대라 해도 급소를 공격 당하면 백기를 들 수밖에 없습니다.

사람이 싸울 때 손과 발을 씁니다. 이 부분은 정말 강합니다. 명치, 낭심 등은 정말 약합니다. 그리고 노출되어 있지요. 작정하고 그곳을 공격하면 제대로 막지 못합니다. 여자나 노약자도 그곳을 공격하면 거구를 제압할 수 있지요.

이렇게 하려면 적군의 급소를 찾는 노력을 기울여야 하겠지요?

작전의 최고봉은 속전속결이다

兵之情	**主速**
병지정	주속

乘	**人之不及**	**由**	**不虞之道**	**攻**	**其所不戒也**
승	인지불급	유	불우지도	공	기소불계야

작전을 할 때는 속전속결의 원칙을 지켜야 합니다.

"전쟁의 속성은 신속함이 으뜸이다. 적이 따라잡을 수 없는 틈을 타고, 적이 예상치 못한 길을 가고, 적이 지키지 않는 곳을 공격해라!"

시계편의 '공기무비 출기불의'와 비슷하지요? 단지 속도라는 요소가 추가되었습니다.

작전은 신속해야 효과를 거둘 수 있습니다. 느리면 적이 눈치채고 준비하게 됩니다. 그렇게 되면 쉽게 끝낼 수 있는 싸움도 어렵게 만드는 꼴이 되지요.

신속하면 적을 심리적으로 마비시킵니다. 마비된 적은 제대로 대응할 수 없습니다. 이런 군대를 패배시키는 것은 어려운 일이 아니지요.

그래서 손무는 작전실행의 속도를 강조하는 것입니다.

타국 원정 시 유의사항

凡　　爲客之道　　深入則專　　主人不克
범　　위객지도　　심입즉전　　주인불극

타국으로 원정을 가면 어떻게 해야 할까요?

"원정군의 행동요령으로서 깊게 들어가면 하나로 뭉쳐서 적군이 이기지 못하게 해야 하고."

객이란 손님을 말하지요. 적국에 손님으로 갔다는 건 원정을 간 군대를 말합니다. 원정군이 적지에 깊숙이 들어가면 병사들은 말하지 않아도 뭉친다고 했습니다. 사방이 적군이기 때문에 믿을 것은 전우들 뿐 입니다.

이렇게 뭉친 후에는 주인, 즉 적군이 이길 수 없게 하라고 했습니다. '뭉치면 살고, 흩어지면 죽는다'라는 표현은 바로 여기에 딱 맞는 표현인 것 같네요.

掠於饒野　　三軍足食　　謹養而勿勞　　幷氣積力
략어요야　　삼군족식　　근양이물노　　병기적력

이어집니다.

"적의 풍요로운 들판을 약탈하여 군대의 식량을 충분히 확보하며 병사들을 잘 돌보는데 힘쓰되 피로하게 만들지 말고, 기를 아우르고 힘을 비축해야 한다."

적국에서는 본국으로부터의 보급을 받기 어렵거나 못 받을 가능성이 큽니다. 따라서 현지조달에 힘써야 합니다.

그리고 적국에 있는 만큼 장병들의 심리적 긴장도가 높기 때문에 육체적 정신적 피로도 또한 높을 수밖에 없고, 피로가 누적된 상황에서는 전투에 불리하겠지요. 그래서 최대한 병사들이 피로해 지는 일을 만들지 말고, 최적의 컨디션을 유지할 수 있도록 세심한 주의를 기울여야 합니다.

군대를 싸우게 하려면 위기로 몰아라

投之無所往 **死且不北** **死焉不得士人盡力**
투지무소왕 사차불배 사언부득사인진력

이 또한 원정작전 시의 노하우입니다. 그런데 병사들을 어떻게 하면 싸우게 만들 수 있는지에 대한 냉혹한 조언들이 제시되네요.

"(병사들을) 돌아올 수 없는 곳에 던져 넣으면 죽는 한이 있어도 도망가지 않고 죽음이 부득이하다면 장병들은 전력을 다할 것이다."

부전승, 온전함 등을 최고의 가치로 주장해 온 손무를 생각하면 지금 이와 같은 표현은 상당히 냉혹한 말인 듯 합니다만, 전쟁에서 살아남고 이기려면 맞는 말입니다.

그래서 옛날의 유명한 장군들은 장병들이 결사항전 하도록 유도하기 위해서 타고 온 배를 불사르거나 침몰시키고, 배수의 진을 친 것이지요. 물러설 곳이 없으면 죽기 살기로 싸울 수밖에 없기 때문입니다.

兵士甚陷則不懼 **無所往則固**
병사심함즉불구 무소왕즉고

이어집니다.

"병사들이 깊은 함정에 빠지면 두려워하지 않고, 돌아갈 곳이 없다면 견고하게 뭉치게 된다."

같은 얘기를 반복해서 강조하는 것 같네요. 앞서 언급한 '사지'와 같은 경우에 처하면 어쩔 수 없이 뭉치고 싸우게 된다는 말입니다.

위기에 처하면 시키지 않아도 살 방도를 찾는다

是故	**其兵**	**不修**	**而戒**	**不求**	**而得**
시고	기병	불수	이계	불구	이득
不約	**而親**	**不令**	**而信**		
불약	이친	불령	이신		

앞의 내용에 이어집니다. 위기는 기회입니다. 위기에 처하면 비로소 움직이니까요.

"그러므로 (위기 시에는) 군대가 명령을 받지 않아도 스스로 지키고, 요구하지 않아도 이득이 되도록 행동하고, 약속하지 않아도 친해지게 되며, 명령하지 않아도 믿게 된다."

이런 경험을 한 적이 있을 겁니다. 평소에는 친하지도 않고 별로 대화할 생각도 안 했던 친구인데, 우연히 타학교 등 낯선 환경에서 그 친구를 봤을 때 반가워 했고 심리적으로 위안을 느꼈던 경험 말입니다. 이런 일을 계기로 친하게 되는 경우도 많습니다.

중지에서의 병사들도 마찬가지입니다. 평소에는 티격태격하고, 짓궂은 장난에 상처를 받기도 하지만, 전투에 임하면 그렇게 싫었던 선임병이 믿음직스럽고 안심이 됩니다. 별로 친하지 않았던 동기들과도 친하게 됩니다.

이 모든 것이 가능한 것은 바로 '위기' 입니다. 그래서 위기를 잘 활용하면 기회가 된다는 말이 이런 경우를 두고 하는 말일 겁니다.

禁祥去疑	**至死**	**無所之**
금상거의	지사	무소지

계속 이어집니다.

"미신을 금지시켜 의혹을 없애면 죽더라도 미신을 믿지 않을 것이다."

미신이나 유언비어는 어떤 조직이든지 금기사항입니다. 조직의 단합과 단결을 저해하고, 조직의 체계를 와해시켜버립니다. 그래서 미신이나 유언비어 유포자는 색출해서 반드시 처벌하고 병사들에게 강력하게 경고를 줘야 합니다.

특히 적지에 있는 군대, 즉 심리적으로 위축되고 불안한 경우에는 더더욱 그렇습니다. 작은 유언비어도 파급효과가 크고 전파속도도 빠릅니다.

일이 커진 뒤에는 수습하기가 쉽지 않고, 최악의 경우에는 집단 탈영, 항명 등의 사태가 발생할 수도 있습니다. 군대든 일반 조직이든 마찬가지입니다.

순조로운 상황에서는 크게 문제될 것 없지만, 순탄하지 못한 경우에는 작은 불씨가 들판을 태우듯 사소한 유언비어가 조직을 무너뜨릴 수 있음을 명심하세요.

吾士	**無餘財**	**非惡貨也**	**無餘命**	**非惡壽也**
오사	무여재	비오화야	무여명	비오수야

적지에서의 아군 병사들은 어떤 마음일까요?

"내 병사들이 재물을 남기지 않는 것은 재물을 싫어해서가 아니고, 목숨을 아끼지 않는 것은 오래 살기를 싫어해서도 아니다."

적국에서 결전을 앞둔 병사들의 모습입니다. 죽음을 앞두고 금은보화나 장수 등이 어떤 가치를 가질까요? 덧없는 것들이지요.

令發之日	**士卒坐者**	**涕霑襟**
령발지일	사졸좌자	체점금

"명령이 하달되는 날에 간부와 병사들이 자리에 앉아 눈물로 옷깃을 적시고."

결전을 위한 명령이 하달되면 간부든 병사들이든 죽을 수도 있기 때문에 온갖 회한과 후회, 미련, 애착 때문에 눈물을 흘립니다.

여러분! 때로는 '내일 죽으면' 이라는 생각을 한 번 해 보시기 바랍니다. 평소에 가치를 두고 살았던 것들이 무의미해지고 오히려 진정 소중한 것들을 등한시하고 살아 왔음을 느끼게 될 겁니다. 막연하게 오래 살거라는 생각으로 허투루 보낸 시간들이 후회되고 순간순간이 소중하게 느껴질 겁니다.

전장에서 결전과 죽음을 앞둔 병사들의 마음을 한 번쯤 느껴보시기 바랍니다.

偃臥者　　涕交頤

언와자　　체교이

"자리에 누운 자는 눈물이 턱을 적신다."

같은 얘기입니다. 이 순간 눈물을 흘리면서 가장 먼저 떠올릴 사람은 누구일까요? 가족일겁니다. 부모, 형제, 자매, 자식입니다. 하지만 우리는 가족보다는 친구 등 사회적 관계에 더 가치를 두고 살아갑니다.

정말 소중한 것은 늘 가까이 있습니다. 정말 소중한데 지금껏 못보고 지나쳤던 것들이 어떤 것이 있는지 둘러 보는 시간을 가져 보세요.

投之無所往　　則諸劌之勇也

투지무소왕　　즉제귀지용야

"돌아올 수 없는 곳에 던져 넣으면 용장이었던 전제와 조귀와 같은 용맹으로 싸운다."

사지에서의 용맹함이지요.

여러분! 혼자서 뭔가 제대로 못할 것 같으면 '사지'와 같은 상황 속으로 자기를 던져 넣으세요. 그래야 합니다. 여러분의 자율, 자유의지를 너무 과신하지 마세요. 때로는 강제도 필요할 때가 있습니다.

손무의 말대로 부득이해야 나도 몰랐던 힘이 발휘될 수도 있습니다.

화공(火攻)

이득이 없으면 전쟁하지 마라

제12 화공편입니다.

화공편은 말 그대로 불로 공격하는 것입니다. 손무가 화공편을 통해 말하고자 하는 것은 전쟁의 참혹함입니다.

옛날 전쟁에서 화공은 현대전의 대량살상무기와도 같은 위력을 가집니다. 수많은 인명이 한꺼번에 그리고 한 순간에 희생되는 것이지요.

부전승 사상과 온전함을 강조해 온 손무로서는 화공의 위력과 그로 인한 파괴는 바람직하지 못했던 것이지요. 그래서 전쟁을 결심할 때에는 정말 신중할 것을 강조합니다.

화공의 방법은 현대적 적용이 불가합니다. 이 부분은 참고만 해도 좋습니다. 하지만 화공편을 통해 손무가 말하려 했던 점은 반드시 명심하기를 당부합니다.

그러면 화공편으로 들어가 볼까요?

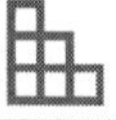

화공의 대상

孫子曰	凡	火攻	有五
손자왈	범	화공	유오

一曰	火人	二曰	火積	三曰	火輜	四曰	火庫	五曰	火隊
일왈	화인	이왈	화적	삼왈	화치	사왈	화고	오왈	화대

화공으로 공격할 수 있는 대상에 대한 설명입니다.

"화공의 대상에는 다섯 가지가 있는데, 사람, 적의 저장물품, 적의 보급품, 적의 창고, 적 부대 등이다."

화공은 옛날 전투방식이기 때문에 '아 그렇구나'라고만 생각하고 참고하면 됩니다. 옛날에는 진짜 불로 화공을 했지요. 그러면 지금은 무엇으로 화공을 할까요? 미사일, 폭탄, 포탄 같은 종류의 무기입니다. 대량으로 인명을 살상하고 시설을 파괴할 수 있는 수단입니다.

손무는 화공의 대상으로 사람, 적의 저장물품, 보급품, 창고, 적 부대라고 했습니다. 현대전은 어떨까요? 손무의 시대와 많이 다를까요? 아쉽게도 거의 같습니다. 시대가 변해도 전쟁의 속성은 변하지 않기 때문입니다.

화공의 조건

行火　　必有因
화공　　필유인

煙火　　必素具
연화　　필소구

다음은 화공을 시행하기 위한 조건입니다.

"화공을 실행하려면 반드시 발화에 맞는 조건이 충족되어야 하고, 불을 붙이기 위해서는 반드시 도구가 있어야 한다."

진짜 불을 이용한 공격에는 기상, 기온, 바람, 풍향 등의 요소가 갖추어 져야 실행 가능하겠지요? 삼국지의 적벽대전을 위해 제갈공명은 때를 기다렸지요. 제갈공명이 신기가 있어 바람을 일으킨 건 아닙니다. 동남풍이 불 때까지 기다린 것입니다. 즉, 화공에는 시기가 중요하다는 겁니다.

그리고 화공을 하려면 당연히 불을 붙일 수 있는 도구가 있어야 합니다. 화공을 하려고 해도 마른 장작, 풀, 짚더미, 기름 등이 없으면 실행할 수가 없겠지요?

發火有時　　起火有日
발화유시　　기화유일

화공의 조건입니다.

"불을 일으키기에 적당한 때가 있고, 불이 잘 타오르기에 적당한 날이 있다."

요즘 뉴스를 보면 원인 모를 산불이 많이 납니다. 그러면 산불이 잘 나는 계절은 언제일까요?

우리나라의 경우는 대체로 가을 말기부터 겨울철에 산불이 많이 일어납니다. 비가 오지 않기 때문에 대기가 건조하고, 식물이나 낙엽이 바싹 말라서 불이 붙기에 최적의 상태입니다. 여기에 작은 담배꽁초라도 튀면 삽시간에 대형 산불이 됩니다.

화공을 위해서는 때가 있다는 말입니다.

하지만 현대전에서는 옛날과 같은 때는 의미가 없어졌습니다. 다만 그 무기를 사용할 시기에 대한 정치 군사적 판단의 때가 있을 뿐이지요.

時者	**天之燥也**
시자	천지조야

日者	**月在**	**箕壁翼軫也**	**凡**	**此四宿者**	**風起之日也**
일자	월재	기벽익진	범	차사수자	풍기지일야

이어집니다.

"화공을 위한 때는 기후가 건조할 때이고, 화공을 위한 날은 달이 기벽익진의 위치에 가 있을 때이다. 이 네 가지는 바람이 일어나는 날이다."

앞에서 언급했듯이 대기도 건조해야 하고, 지표상에 습기가 없어야 합니다. 손무가 언급한 기벽익진은 옛날 달의 이동주기상 위치를 말하는 것으로 현대에는 의미가 없습니다. 그보다 더 정확한 일기예보가 있으니까요.

다만 손무가 하고자 한 말은 '바람이 부는 날'을 택하라는 겁니다.

화공의 실행

凡　火攻　必因五火之變　而應之
범　화공　필인오화지변　이응지

다음은 화공의 실행입니다.

"화공을 함에 있어 반드시 다섯 가지의 원칙이 있는데 이를 따라야 한다."

화공의 원칙 5가지를 알아볼까요?

火發於內　則早應之於外
화발어내　즉조응지어외

첫 번째 입니다.

"만약 적 내부에서 불이 일어나면 빠른 시간 안에 외부에서 응해야 한다."

적의 내부에서 불이 일어나는 경우가 가장 바람직한 경우이겠지요. 아군의 입장에서는 가장 바랐던 상황일 겁니다. 이런 경우에는 당연히 외부에서 응해야만 화공의 효과를 극대화시킬 수 있습니다.

火發　而其兵靜者　待而勿攻
화발　이기병정자　대이물공

두 번째 입니다.

"불이 일어났는데도 적군이 질서 있고 정돈된 상태라면 공격하지 말고 기다려라."

이런 상황에서 적군의 동정이 침착하고 안정되어 있다면 이는 무엇을 의미할까요? 뭔가 함정이 있을 수 있다는 말입니다. 그래서 섣불리 공격하지 말고 기다리라고 한 것이지요.

경주 지진 발생 시에 대부분의 국민들이 당황했을 겁니다. 이런 긴급하고 급박한 상황에서 초연할 수 있다는 것은 비정상이지요.

極其火力　　可從而從之　　不可從而止
극기화력　　가종이종지　　불가종이지

세 번째입니다.

"불길이 극에 달하면 공격 할만 하면 공격하고, 그렇지 않으면 그쳐라."

불길이 극에 달하면 적군에게는 당연히 불리하지만, 화공을 하는 아군에게도 피해가 생길 수 밖에 없습니다. 그래서 잘 판단해서 피해가 없도록 하라는 것이지요.

불은 피아를 가리지 않지요. 아군이 불을 질렀다고 해서 불이 아군을 봐주지는 않습니다.

火可發於外　　無待於內　　以時發之
화가발어외　　무대어내　　이시발지

네 번째 입니다.

"불을 밖에서 붙일 수 있으면 내부에서 일어나기를 기다리지 말고 때를 맞추어 불을 질러라."

불이 적군 진영에서 일어난다는 건 사실 어렵지요. 아군의 스파이가 침투해서 그런 노력을 하기도 쉽지 않습니다. 그렇기 때문에 외부에서 시도하는 경우가 많았겠지요.

그래서 앞서 언급한 때와 조건이 맞으면 더 이상 기다릴 필요 없이 공격하라는 겁니다.

火發上風　　無攻下風
화발상풍　　무공하풍

晝風久　　夜風止
주풍구　　야풍지

다섯 번째입니다.

"바람이 적 쪽으로 불 때 화공을 하고, 아군 쪽으로 불면 공격하지 마라. 바람이란 낮에는 오래 불되, 밤에는 그친다."

당연한 말입니다. 화공을 하려는 사람이 이 사실을 간과할 경우 도리어 아군이 화공에 당하는 꼴입니다. 자살골인 셈입니다.

화공을 하기 위해서는 반드시 풍향을 고려해야 하겠지요.

凡　軍　　必知五火之變　　以數守之
범　군　　필지오화지변　　이수수지

소결론입니다.

"군이 화공을 할 때에는 반드시 이 다섯 가지의 원칙을 알고, 잘 헤아려 준수해야 한다."

화공은 위력적인 만큼 그 조건과 시기, 방법, 요령 등이 까다로울 수밖에 없습니다. 그럼에도 불구하고 원칙을 지키기 보다는 경험에 의존할 경우 낭패를 보게 되겠지요.

수많은 안전사고들이 원칙을 지키지 않아서 일어나는 일들입니다. 원칙준수가 생명을 살린다는 사실을 잊지 마세요!

화공이 수공보다 더 치명적이다

故	**以火佐攻者**	**明**	**以水佐攻者**	**强**
고	이화좌공자	명	이수좌공자	강

水可以絶	**不可以奪**
수가이절	불가이탈

화공이 강할까요 수공이 강할까요?

"불로 공격을 돕는 것은 그 효과가 분명하고, 물로 공격을 돕는 것은 그 효과가 강하다. 물은 적군을 차단시킬 수는 있어도 적군의 생명을 뺏을 수는 없다."

화공과 수공의 비교입니다.

모세 신화에 보면 추격부대인 이집트 군이 홍해에 수장 당하는 장면이 나오지요. 그런데 수공을 할 경우 추격대형이 깨지고 병사들이나 전차들이 피해를 입는 것은 맞지만 확실하게 죽이지는 못합니다. 많은 수가 죽기도 하겠지만 또 많은 수가 단지 떠내려가거나 피해를 입는 경우일 겁니다.

하지만 화공은 그렇지 않습니다. 화마가 지나간 곳에는 남는 것이 없습니다. 죽는 것도 고통스럽습니다. 그만큼 위력적이지요.

현대전에는 미사일, 폭탄 등도 있지만, 현대의 진정한 화공 수단은 핵폭탄입니다. 화공을 한답시고 핵을 투하하는 일이 있어서는 안 되겠지요?

전쟁을 했으면 반드시 전쟁목적을 달성해라

夫	戰勝攻取	而不修其功者	凶	命曰	費留
부	전승공취	이불수기공자	흉	명왈	비류

화공의 위력이 막강한 만큼 신중할 것으로 당부합니다.

"전쟁에서 이기고 공격하여 적국을 취했음에도 불구하고, 승리를 제대로 활용하지 못하면 흉하다. 이를 일러 '비류' 즉 경비만 쓸데없이 낭비한 꼴이 되는 것이다."

이렇게 막강한 화공을 펼쳐서 수많은 인명을 빼앗고, 수많은 시설과 국토가 유린된 결과로 승리를 했다면 그 승리를 잘 활용하는 게 옳습니다.

하지만 그 승리가 아무런 의미도 없고 아무런 가치도 없이 방치된다면 화공으로 인한 무고한 희생과 피해만 입힌 꼴이 된 것입니다. 이를 손무는 '비류'라고 표현했습니다.

전쟁은 심심풀이로 하는 것이 아닙니다. 전쟁의 목적 달성을 위해서 하는 것이지요. 아무리 사소한 전투라도 전쟁의 목적에 합치되지 않으면 해서는 안 됩니다.

하물며 화공과 같은 막대한 희생이 요구되는 경우는 더더욱 해서는 안 되겠지요.

故	曰	明主	慮之	良將	修之
고	왈	명주	려지	양장	수지

현명한 왕과 훌륭한 장수라면 어떻게 해야 할까요?

"현명한 군주는 승리를 어떻게 활용할 것인지를 깊이 생각하고, 훌륭한 장수는 왕의 지시를 처리한다."

바로 이 부분에서 시계편과 맞닿아 있습니다. 전쟁은 국지대사이므로 살피지 않으면 안 된다고 했던 바로 그 부분입니다.

현명한 군주, 현명한 장수라면 이러한 피해와 희생을 사전에 고려해야 합니다. 근거 없는 자신감과 막연한 기대감만으로 전쟁을 결심하게 되면 의미 없는 비극만 초래할 뿐입니다.

따라서 얻을 게 없으면 전쟁하지 마라

非利不動 **非得不用** **非危不戰**
비리부동 비득불용 비위부전

그러므로 얻을 게 없으면 전쟁을 해서는 안 됨을 강조합니다.

"이익이 없으면 움직이지 말고, 얻을 게 없으면 군대를 쓰지 말고, 위태롭지 않으면 싸우지 마라."

그래서 손무는 강조합니다. 이익이 없고 얻을 게 없으며 위태롭지 않으면 아예 전쟁을 하지 말라고 말이지요.

전쟁이든, 사소한 말다툼이든, 친구간의 싸움이든 다 마찬가지 입니다. 대부분의 싸움은 감정의 폭발입니다. 원래부터 계획된 것도 아니고, 얻을 것도 없는 싸움이지요. 그래서 싸움이 끝나면 어떻게 되나요? 후회할 일만 남게 되지요.

主 **不可** **以怒而興師요**
주 불가 이노이흥사

將 **不可** **以慍而致戰**
장 불가 이온이치전

"따라서 왕은 화가 났다고 해서 군대를 일으키면 안 되고, 장수는 노여움 때문에 싸움을 해서는 안 된다."

한 나라의 통치자가 화가 났다고 전쟁을 일으킨다는 건 말이 안 됩니다. 물론 현대적 사고에서는 그렇다는 말입니다. 예전에는 대부분의 왕들이 사사로운 이유로 전쟁을 했지요. 정당성이 없는 전쟁입니다.

하지만 현대에는 있을 수 없고, 또 있어서는 안 됩니다. 장수가 열 받아서 싸움을 해도 당연히 안 되지요. 대표적인 사례가 장비입니다. 관우의 복수를 위해 싸움을 준비하다가 부하들을 함부로 다룬 탓에 살해당했지요. 관우가 죽고 장비가 죽은 다음부터 삼국지는 급격하게 재미가 떨어집니다. 그 원인을 장비가 제공한 것이지요.

사사로운 분노에 의해 전쟁을 한다는 것은 지극히 단세포적인 발상에 지나지 않음을 명심해야 합니다.

合於利而動 　　**不合於利而止**
합어리이동 　　불합어리이지

"이익에 합치하면 움직이고, 이익에 합치하지 않으면 그쳐라."

전쟁을 통해 내가 얻고자 했던 것과 일치한다면 군을 움직이되 그게 아니라면 군을 움직이려고 했던 계획을 즉각 중단시켜야 한다는 뜻입니다. 뒤에 나오듯이, 한 번 죽은 사람은 살릴 수 없고, 한 번 망한 나라는 다시 돌릴 수 없기 때문입니다.

일상 생활에서도 마찬가지입니다. 친구와의 경쟁과 싸움, 직장에서의 경쟁과 싸움, 부부간의 싸움, 부모와 자식 간의 갈등 상황에서 말입니다. 경쟁과 싸움, 갈등을 통해 얻을 게 있다면 몰라도 대부분 얻을 건 없습니다.

따라서 싸움의 순간, 갈등의 순간을 회피하는 것이 상책입니다.

한 번 죽은 생명과 망한 나라는 다시 되돌릴 수 없다

怒可以復喜　　**慍可以復悅**
노가이복희　　온가이복열

亡國　**不可以復存**　**死者**　**不可以復生**
망국　불가이복존　사자　불가이복생

왜 그래야만 하는지에 대한 설명입니다.

"화난 것은 다시 기쁨으로 되돌릴 수 있고, 노여움은 다시 즐거움으로 바뀔 수 있으나, 한 번 망한 나라는 다시 되돌릴 수 없고, 죽은 사람은 다시 살려낼 수 없다."

한 순간의 화는 쉽게 가라앉습니다. 한 순간의 열받음은 쉽게 사라집니다. 하지만 그로 인해 죽은 목숨과 망한 나라는 다시 되돌릴 수 없지요.

그래서 신중해야 합니다.

故　**曰**　**明主愼之**　**良將警之**
고　왈　명주신지　양장경지

此　**安國全軍之道也**
차　안국전군지도야

"그러므로 현명한 왕은 이를 신중히 생각하고, 훌륭한 장수는 이를 경계해야 한다. 이것이 나라를 안전하게 지키고 군을 보전할 수 있는 방법이다."

부부싸움을 칼로 물베기라고 하지요. 역사상 대부분의 전쟁도 이와 같다고 봅니다. 삼국지의 영웅호걸들이 그렇게 천하를 위해 다투지만 천하는 제3자에게 돌아갑니다. 참 허무한 결말입니다.

1차 세계대전 시 유럽 각국은 자신감에 차 있었지요. 하지만 비극 외에는 건

진 것이 없습니다. 2차 세계대전 시 독일은 전격적으로 화려하게 전쟁을 시작했지만 무수한 피해만 남겼습니다. 이 모두가 위정자 한 사람의 판단이 초래한 지구적 비극인 셈입니다.

지금까지 화공편에 대해서 배웠습니다. 현대전에 비유하자면 대량살상무기인 핵을 활용한 공격에 비유될 수 있습니다. 핵폭발의 위력은 익히 알고 있습니다. 그리고 핵전쟁이 발발하면 지구의 종말을 초래한다는 것도 압니다.

하지만 아직도 불장난을 일삼는 국가들이 있지요. 전지구적 공멸을 막기 위해서라도 손무의 교훈을 되새겨 볼 필요가 있습니다.

이익이 없으면 싸우지 말고,
얻을 게 없으면 쓰지를 말고,
위험이 없으면 싸우지 마라!

용간(用間)

이기려면 스파이를 활용하라

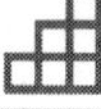

손자병법의 마지막 편인 용간편입니다.

용간편은 간첩, 즉 스파이의 활용에 관한 내용입니다. 손자병법을 통해 손무가 강조하고 있는 것이 '알아야 한다'인데요, 그러면 어떻게 적을 알 수 있을까요? 맞습니다. 스파이를 활용한 방법 밖에 없습니다.

요즘에야 인공위성도 있고, 무인항공기도 있어서 적국의 지형정보나 군사활동 정보를 쉽게 얻을 수 있지만 옛날에는 사람을 통하는 방법 외에는 없습니다. 현대에도 가장 믿을 만한 것은 사람이 직접 가져온 정보입니다.

첨단장비가 발달해도 적국의 속사정이나 주관적인 사항들은 결국 사람을 통해 파악할 수 밖에 없는 것이지요. 결국은 스파이는 정보의 원천입니다. 이들을 잘 활용해야, 부전승도 가능하고, 또는 속전속결도 가능하고, 피아를 온전히 할 수도 있습니다. 이렇게 하려면 스파이 활용을 잘 해야 하겠지요?

그럼 용간편으로 들어가 볼까요?

전쟁은 돈이 많이 드는 사업이다

孫子曰	凡	興師十萬	出征千里
손자왈	범	흥사십만	출정천리

百姓之費	公家之奉	日費千金
백성지비	공가지봉	일비천금

內外騷動	怠於道路	不得操事者	七十萬家
내외소동	태어도로	부득조사자	칠십만가

스파이 활용이 긴요한 이유에 대한 설명입니다. 작전편에서 나온 내용과 유사합니다. 들어볼까요?

"십만 대군을 일으켜 천리를 원정가면, 백성들의 비용과 정부의 예산이 하루 천금씩이나 든다. 나라 안팎으로 시끄러워지고 도로를 쓸 수 없게 되며, 생업에 종사하지 못하는 사람이 70만 가구나 된다."

전쟁을 하려면 돈이 필요합니다. 그것도 많은 돈이 필요하지요.

반대로 돈이 없으면 전쟁도 못하는 겁니다.

정보수집에 돈을 아끼면 이길 수 없다

相守數年　　以爭一日之勝
상수수년　　이쟁일일지승

而愛爵祿百金　　不知敵之情者　　不仁之至也
이애작록백금　　부지적지정자　　불인지지야

이어집니다.

"전쟁을 일으켜 적군과 대치한 지 수년일지라도 단 하루 만에 승부가 결정 난다. 그럼에도 백금에 해당하는 관직과 보상이 아까워 스파이를 쓰지 않아 적정을 모르면 모자람의 극치라 할 수 있다."

지금도 세계 곳곳에서는 치열한 첩보전이 전개되고 있다는 걸 혹시 알고 있나요? 총성 없는 전쟁입니다. 세계 각국의 스파이들이 전 세계를 무대로 활동하며 자국의 이익을 위해 임무를 수행하고 있습니다. 이들에 의해서 치열한 물밑 작전이 이루어지기도 합니다. 전쟁이 극적으로 예방되기도 하고, 전쟁으로 비화되기도 하지요. 군사력의 동원은 최후의 수단일 뿐입니다.

그래서 첩보작전에 인색해서는 안 된다는 겁니다. 이로 인해 전쟁을 예방할 수 있다면 그 돈을 쓰는 것이 낫지요. 돈 몇 푼 아끼려다 전쟁이 일어나게 되면 더 큰 희생을 치르고 심지어 나라까지 잃게 될 수도 있기 때문입니다.

非人之將也　　非主之佐也　　非勝之主也
비인지장야　　비주지좌야　　비승지주야

정보수집에 돈을 아끼는 사람이 어떤 사람일까요?

"장수가 될 수 없고, 왕을 보좌할 수도 없고, 승리의 주인공도 될 수 없다."

첩보활동에 돈을 아껴서 첩보가 없다면 이는 눈을 감고 전쟁을 하는 것과 같습니다. 눈 뜨고 싸우는 사람을 상대로 맹인이 이길 수 있나요?

그렇기 때문에 이런 사람은 장수가 될 자격도, 왕을 보좌할 자격도 없고, 당연히 승리할 수도 없다는 겁니다.

승리의 비결 = 먼저 아는 것

故	明君賢將	所以動	而勝人	成功	出於衆者	先知也
고	명군현장	소이동	이승인	성공	출어중자	선지야

"따라서 현명한 군주와 장수는 움직이는 대로 적에게 승리하고, 남보다 뛰어나게 일을 성사시키는 까닭은 먼저 알기 때문이다."

여러분은 걸프전을 들어본 적이 있나요? 중동 국가인 이라크와 미국의 전쟁이었지요.

이라크는 이란과의 전쟁을 통해 엄청난 군사력을 키운 나라였습니다. 전 세계가 지켜보는 가운데 전쟁이 발발했습니다. 어떻게 되었을까요?

어른과 아이의 싸움처럼 싱겁게 끝났습니다.

왜 그렇게 되었을까요? 무슨 차이일까요? 물론 군사력의 차이도 있지만, 이라크는 눈을 감고 싸웠고, 미국은 훤히 다 보면서 싸웠기 때문입니다.

승리의 비결은 '선지' 즉 먼저 아는 것에 있습니다.

먼저 아는 것은 스파이 활용에 달렸다

先知者　　**不可取於鬼神**
선지자　　불가취어귀신

不可象於事　　**不可驗於度**
불가상어사　　불가험어도

“먼저 안다는 것은 귀신으로부터 얻을 수 있는 것도 아니고 일어난 일의 모습에서 알 수 있는 것도 아니며, 계산으로 알 수 있는 것도 아니다.”

먼저 안다는 것! 예언이나 점으로 알 수 있는 게 아니죠. 옛날에는 점도 보고 했겠지만 지금은 그것이 잘못된 것임을 압니다. 오직 사실에 기초한 정보를 통해 미리 알고, 예측하고, 판단하는 것이지요.

월드컵 시즌 때 보면 항상 이런 사례가 등장합니다. 예언자 문어도 등장하지요. 물론 재미로 하는 것이지만, 문어가 어떻게 축구 결과를 알 수 있겠습니까? 말이 안 되지요.

必取於人　　**知敵之情者也**
필취어인　　지적지정자야

“반드시 사람으로부터 얻을 수 있는 것이고, 이를 통해 적의 정황을 알 수 있다.”

첩보는 사람을 통해서 얻는 것이지요. 물론 현대전에서는 인공위성, 무인항공기, 무선감청, 도청 등을 통해 얻기도 합니다. 하지만 정황에 대한 첩보는 결국

사람을 통해서 밖에 얻을 수가 없습니다.

귀신도 아니고, 점쟁이도 아닌, 바로 스파이지요.

스파이에는 다섯 가지가 있다

故　用間　有五
고　용간　유오

有鄕間　有內間　有反間　有死間　有生間
유향간　유내간　유반간　유사간　유생간

스파이의 5가지 종류입니다.

"스파이에는 5가지가 있는데, 향간, 내간, 반간, 사간, 생간이 그것이다."

당시의 스파이 종류입니다. 손무의 시대로부터 2천5백여 년 이상 지난 현대에도 이런 유형의 스파이 구분이 유효할까요?

유효하다고 봅니다. 그러니까 손자병법이 대단한 것입니다. 온 세상의 모든 전쟁, 역사상의 모든 전쟁이 손자병법 한 권에 다 담겨 있으니까요.

은밀하게 위대하게

五間	俱起	莫知其道	是謂神紀	人君之寶也
오간	구기	막지기도	시위신기	인군지보야

"5가지 종류의 스파이가 동시에 움직이면 적의 입장에서 그들이 어떻게 움직이는지를 알 도리가 없다. 이를 일러 '신의 경지'라 하며, 군주의 보배라 할 수 있다."

스파이를 잘 활용하는 사람은 방안에 앉아서도 세상이 어떻게 돌아가는지를 다 알 수 있습니다. 요즘처럼 인터넷이나 스마트폰이 없던 옛날에는 더더욱 요긴한 수단이었을 겁니다.

스파이를 활용한 첩보활동으로 적국에 관한 정보, 동향, 적군의 실상 등을 알 수 있다면 싸워보기도 전에 승부를 예측할 수 있겠지요.

그래서 군주의 보배라고 하는 것이지요.

향간이란?

鄕間者　　因其鄕人而用之
향간자　　인기향인이용지

향간에 대한 설명입니다.

"향간이란 그 동네 사람을 활용하는 것이다."

먼저 향간에 대한 설명입니다. 향(鄕)자는 시골, 지방을 의미합니다. 그 지방 사람을 매수하든 회유하든 내 사람으로 만들어 활용하는 것을 향간이라고 합니다.

우리 영토에서 전쟁을 한다고 하면 굳이 향간이 필요치 않지만 적국의 영토에서 전쟁을 할 경우에는 향간이 반드시 필요하지요.

지형정보는 물론 그 지방의 속사정, 동향을 모르면 제대로 된 대응을 못하게 되고, 그렇게 되면 배후를 위협받을 수도 있기 때문입니다.

내간이란?

內間者　　因其官人而用之
내간자　　인기관인이용지

다음은 내간입니다.

"내간이란 그 나라의 관리를 활용하는 것을 말한다."

내간이란 적국의 정부기관 내부인을 매수, 회유하여 활용하는 경우를 말합니다. 그러므로 적국의 내부사정에 대해 구체적이고 정확한 첩보를 얻을 수 있습니다.

장기적으로는 어릴 때부터 그 나라에 침투시켜 그 나라 사람인 것처럼 생활하면서 성인이 되면 정부기관, 군대, 기업 등에 취직하여 스파이 활동을 하게 하는 경우도 있습니다.

반간이란?

反間者　　因其敵間而用之
반간자　　인기적간이용지

다음은 반간입니다.

"반간이란 적이 보낸 간첩을 역으로 이용하는 것이다."

손무가 그 중요성을 강조하는 반간입니다. 말 그대로 적의 간첩을 반대로 이용하는 경우를 말합니다. 5가지의 스파이 중에서 가장 난이도가 높고 주의가 요구되는 유형이지요.

자세한 설명은 뒤에서 살펴보겠습니다.

사간이란?

死間者	**爲誑事於外**	**令吾間**	**知之**	**而傳於敵間也**
사간자	위광사어외	령오간	지지	이전어적간야

다음은 사간입니다.

"사간이란 외부에서 일을 가짜로 만들어 우리 스파이가 알도록 하고, 이를 다시 적 간첩에게 전해지도록 하는 것이다."

사간은 발각되면 죽임을 당할 수도 있는 스파이를 말합니다. 물론 스파이 활동 자체가 위험하지만, 사간은 특히 그럴 가능성이 높은 유형입니다.

뉴스에서 가끔 타국에서 스파이 활동을 하다가 발각되어 그 나라의 법에 따라 사형 등의 처벌을 받는 사례가 보도되곤 합니다. 굳이 비유하자면 이런 경우가 사간에 해당된다고 할 수 있겠습니다.

생간이란?

生間者　　反報也
생간자　　반보야

마지막으로 생간입니다.

"생간은 다시 살아 돌아와 보고하는 자를 말한다."

생간과 사간은 백지 한 장 차이가 아닐까 싶습니다. 발각되지 않으면 생간이고 발각되면 사간 것이지요.

스파이 활용은 은밀하고 주도면밀해야 한다

故	三軍之事	莫親於間	賞莫厚於間	事莫密於間
고	삼군지사	막친어간	상막후어간	사막밀어간

스파이 활용의 유의사항입니다.

"군대를 지휘통솔함에 있어 스파이를 운용하는 것만큼 친밀하게 할 것이 없고, 스파이에게 포상하는 것만큼 후하게 줄 것도 없으며, 스파이에 관한 업무만큼이나 주도면밀해야 할 일도 없다."

앞서도 언급했지만 스파이는 군대를 움직이기 위한 눈을 제공합니다. 일종의 특수부대이죠. 이들을 움직이는 것은 눈에 뻔히 보이는 군대의 운용과는 차원이 다릅니다. 정말 치밀해야 하고, 은밀해야 합니다.

생명을 걸고 하는 만큼 보상에 인색해서도 안 되지요. 보상에 인색하다고 판단되어 마음을 나쁘게 먹는 스파이라면 적국으로 전향하여 반간이 될 수도 있겠지요? 그러면 아군의 정보가 그대로 적군에게 흘러 들어가므로 위험해 집니다.

그러므로 이들의 관리에 주도면밀해야 하는 것입니다.

非聖智 **不能用間**
비성지 부능용간

非仁義 **不能使間**
비인의 불능사간

유의사항이 이어집니다.

"지극한 지혜가 없으면 스파이를 활용할 수 없고, 인의가 없으면 스파이를 부릴 수 없다."

당연한 얘기입니다.

스파이 활동은 일반 부대나 보통 조직을 운영하는 것과는 엄연히 다르지요. 이들의 활동분야에서부터 활용지역, 활동 방법 등 모든 면에서 다릅니다. 그렇기 때문에 첩보활동에 대한 전문지식, 사람을 다루는데 대한 용인술 등이 없다면 절대로 스파이들을 다루지 못합니다.

비록 내 스파이이지만 스파이라는 특수한 신분을 활용해서 무슨 일을 꾸미는지를 알 수 없기도 하거니와 적국과 내통하는지도 알 수 없기 때문입니다.

非微妙　　**不能得間之實**
비미묘　　불능득간지실

微哉微哉　　**無所不用間也**
미재미재　　무소불용간야

계속 이어집니다.

"세밀하지 않으면 스파이가 가져온 정보의 실체를 얻을 수 없다. 미묘하고 미묘하다. 스파이를 쓰지 않는 곳이 없다."

스파이의 중요성을 말하는 것이지요.

현대에는 정치, 군사, 외교 분야 외에 산업분야의 스파이가 중요합니다. 냉전이 종식된 이후, 이데올로기적 갈등 보다는 경제 분야의 경쟁이 심화되었기 때문이지요.

중국에서 삼성이나 현대의 신개발 정보를 빼내기 위해 직원을 매수하여 발각된 사례가 보도되곤 하는 것이 이런 이유 때문입니다. 좀 소박하게는 요즘 모든 사람들이 스마트폰을 들고 다니지요.

카메라 기능을 활용하여 언제 어디서든 모니터링이 가능해 졌습니다. 굳이 스파이를 쓰지 않더라도 전국에 있는 국민들 모두를 첩보획득의 수단으로 활용할 수도 있다고 봐도 과언이 아니라고 봅니다.

비밀이 탄로 나면 관련자들은 모두 죽여라

間事 간사 **未發** 미발 **而先聞者** 이선문자 **間與所告者** 간여소고자 **皆死** 개사

만약 비밀이 탄로날 경우에는 어떻게 해야 할까요?

"만약 첩보사항이 공식적으로 발표가 되지도 않았는데 누군가 먼저 알고 있다면 스파이와 더불어 이를 누설한 자까지 모두 죽여야 한다."

비밀이 사전에 유출되었다면 해당 스파이와 알고 있는 사람들을 모두 반드시 죽이는 것이 맞습니다. 국가의 운명과 전쟁의 승패에 직결되기 때문이지요.

영화에서 보면 차마 죽이지 못하여 나중에 화근이 되는 경우가 있습니다. 물론 영화이지만, 현실적으로도 충분히 그럴 수가 있으므로 냉정할 때는 냉정해야 하겠지요?

첩보수집의 대상

凡	**軍之所欲擊**	**城之所欲攻**	**人之所欲殺**
범	군지소욕격	성지소욕공	인지소욕살

必先知	**其守將**	**左右**	**謁者**	**門者**	**舍人之姓名**
필선지	기수장	좌우	알자	문자	사인지성명

令吾間	**必索知之**
령오간	필색지지

그러면 첩보수집의 대상은 무엇일까요?

"공격하기를 원하는 적의 군대, 공격을 원하는 적의 성, 죽이기를 원하는 적 요인이 있다면, 반드시 수비를 담당하는 장수, 측근, 조언자, 문지기, 집사 등의 이름 등을 나의 스파이로 하여금 반드시 알아오게 해야 한다."

이 정도로 세부적으로, 꼼꼼하게 파악을 해야 한다는 것입니다. 스파이가 누구나 아는 정보만을 가지고 온다면 스파이로서의 의미가 없지요.

옛날 소련에서는 타국 대통령이 방문했을 때 그의 대변까지도 채취하여 건강상태에 관한 정보를 획득했다고 하는 사례가 있습니다. 그만큼 미주알 고주알 세부적인 첩보라 하더라도 다 쓰임이 있다는 겁니다.

그러므로 첩보활동의 분야에 한계가 있어서는 안 되겠지요?

적의 첩자를 잡아서 내 편(반간)으로 삼아라

必索　　敵人之間來間我者　　因而利之　　導而舍之
필색　　적인지간래간아자　　인이리지　　도이사지

손무는 반간의 역할을 중요하게 보고 있습니다.

"아군 사이에 들어와 활동하고 있는 적군의 스파이를 반드시 찾아내서 이익을 줘서 우리 편으로 이끌어야 한다."

만약 우리 진영에 적군의 스파이가 있다면 일단 잡아야 합니다. 간첩활동을 못하게 막아야 합니다. 그 다음으로 그를 반간으로 삼기 위해서 회유를 하느냐, 아니면 죽이느냐를 결정해야 하겠지요. 반간의 뜻이 있다면 반간으로 활용할 수 있지만, 그렇지 않다면 죽여야 합니다. 아군의 존립이 위태로워 질 수 있기 때문입니다.

적의 스파이를 반간으로 삼아서 활용할 때, 100% 신뢰를 가지고 활용할 수는 없겠지요? 한 번 배신한 사람은 두 번, 세 번도 배신한다는 말이 있습니다. 마찬가지로 반간도 충분히 그럴 수 있습니다. 그러므로 그에 대한 감시망을 별도로 마련해 놓지 않으면 도리어 적군에게 유리한 일을 하는 꼴이 될 수도 있습니다.

각별히 주의해야 합니다.

故　反間　可得而用也
고　반간　가득이용야

반간에 관한 내용이 이어집니다.

"그래서 반간이란 획득해서 활용할 수 있는 것이다."

앞서 언급한 내용과 동일합니다. 키워서 활용하는 것이 아니라, 획득하는 것이지요.

첩보수집은 반간의 역할에 달렸다

因是而知之
인시이지지

故	**鄕間**	**內間**	**可得**	**而使也**
고	향간	내간	가득	이사야

반간의 역할입니다.

"반간으로 인해서 적에 대해 알 수 있고, 따라서 적국으로부터 향간과 내간을 얻어 부릴 수 있게 되는 것이다."

일단 반간은 적국의 간첩이었기 때문에 그를 통해 적국에 관한 정보를 알 수 있습니다. 다음으로는 반간이기 때문에 적국을 자유롭게 드나들면서 적국에서 활동하고 있는 향간과 내간을 통제할 수 있다는 이점이 있습니다. 물론 그 반간이 반간임을 적에게 발각되면 안 되겠지요.

因是而知之
인시이지지

故	**死間**	**爲誑事**	**可使告敵**
고	사간	위광사	가사고적

반간의 역할에 대한 내용이 이어집니다.

"반간으로 인하여 적에 대해 할 수 있으므로 사간이 일을 꾸며 적에게 (허위 정보를) 보고하게 만들 수 있다."

사간이 죽을 각오로 일을 꾸미면 반간은 원래가 적국의 간첩이므로 이를 적국에 보고할 수 있습니다. 적국은 그것이 허위사실인지를 모르고 의사결정에 참고를 하게 되겠지요. 그러면 오판을 하고, 대국을 그르치는 결과를 얻을 수가 있습니다.

因是而知之
인시이지지

故　生間　可使如期
고　생간　가사여기

계속 이어집니다.

"반간으로 인하여 적을 알 수 있으므로 생간이 본국으로 돌아갈 기약을 할 수 있다."

반간은 적의 간첩이므로 적에게 의심받을 일이 없습니다. 따라서 적지에 침투해 있는 아군의 스파이를 도와줄 수 있지요. 그래서 그가 살아서 돌아오게 할 수 있는 것입니다. 그가 바로 생간인 샘입니다.

五間之事　主必知之　知之必在於反間
오간지사　주필지지　지지필재어반간

故　反間　不可不厚也
고　반간　불가불후야

"다섯 가지 스파이의 활용에 대해 왕이라면 반드시 알아야 하는데, 이는 반간을 통해 알 수 있는 것이다. 따라서 반간에게 후하게 대우하는 것은 당연한 일이다."

요약하자면 이렇습니다.

우리나라를 예로 들면, 만약 반간이 있다면 북한에서도 자유롭게 활동할 수 있기 때문에 북한에서 활동하는 향간, 내간을 통해 북한의 내부 정보를 획득하여 한국 측에 보고할 수 있습니다.

또 사간의 허위정보를 북한 수뇌부에 전달하여 의사결정을 그르치게 할 수도 있습니다. 끝으로 북한에서 활동하고 있는 남한 측 스파이를 보호하고 도와줌으로써 무사생환을 보장할 수도 있습니다.

손무의 말대로 가장 활용성이 높은 스파이입니다. 그런 만큼 잘 대우를 해줘야 첩보활동의 질을 높일 수도 있고, 아울러 다시 배반하는 일이 없겠지요?

반간의 역사적 사례

昔　殷之興也　伊摯在夏
석　은지흥야　이지재하

周之興也　呂牙在殷
주지흥야　여아재은

다음은 반간의 사례입니다.

"옛날에 은나라가 일어설 때 이지(이윤)라는 사람이 하나라에 있었고, 주나라가 일어설 때에 여아(강태공)라는 사람이 은나라에 있었다."

이윤이라는 사람은 몰라도 강태공은 다 알지요? 곧은 바늘로 낚시를 하며 때를 기다린 사람이지요. 무슨 때를 기다렸을까요? 망조가 깃든 은나라가 망하는 때입니다. 그 때가 오면 자신이 해야 할 역할이 있을 거라는 확신이 있었던 것이지요.

그리고 때가 왔을 때, 주나라 건국의 일등공신이 된 것입니다. 원래는 은나라 사람이었지만 주나라 건국을 도왔다는 측면에서 반간으로 본 것입니다.

참고하시면 됩니다.

스파이의 활용에 승패가 좌우된다

故	**明君賢將**	**能以**	**上智爲間者**	**必成大功**
고	명군현장	능이	상지위간자	필성대공

此	**兵之要**	**三軍之所恃而動也**
차	병지요	삼군지소시이동야

스파이 활용에 따라 승패가 결정된다는 내용입니다.

"현명한 왕과 장수라면 가장 지혜로운 자를 스파이로 삼아야 반드시 큰 공을 이룰 수 있다. 이것이 용병술의 요체이고, 전 군을 움직임에 있어 믿을 수 있는 근거가 되는 것이다."

따라서 스파이의 활용에 인색하면 안 되겠지요?

대군을 움직여 나감에 있어 눈과 귀가 되고, 도처에 도사린 암초와 함정을 발견할 수 있도록 도와주는 존재가 스파이입니다. 그럼에도 불구하고 스파이 활용에 인색하다든지, 아예 스파이를 활용할 생각조차 하지 않는다면 전쟁에서 이길 수 없겠지요.

따라서 스파이 활용을 잘 하는 자는 전쟁의 신이 될 수 있는 것입니다.

지금까지 손자병법의 마지막 용간편을 마쳤습니다.

첩보는 눈에 해당합니다. 눈을 뜨고 싸우느냐 눈을 감고 싸우느냐는 스파이의 활용에 달려있습니다. 그러므로 스파이 활용에 각별한 관심과 노력을 기울여야 함을 잊어서는 안 됩니다.

에필로그

손무의 핵심 사상

부전승 사상 + 만전 사상 + 속전속결 사상 + 선지 사상

지금까지 손자병법을 공부했습니다.

시계편부터 용간편까지를 쭉 상기해 보면서 손무가 손자병법을 통해 후세에게 전하고자 했던 핵심사상이 뭔지를 생각해 보는 시간을 가져보기 바랍니다. 학자마다 조금씩 차이는 있겠지만 크게 4가지 사상으로 볼 수 있습니다.

첫째는 부전승 사상입니다. 손무는 될 수 있는 대로 싸우지 않고 이기는 방법을 추구하라고 했습니다. 왜냐하면 전쟁은 사람이 죽고 살고, 나라가 망하고 존립하는 문제가 달려있기 때문입니다.

두 번째는 만전 사상입니다. 아군이든 적이든 온전히 할 수 있기를 바랐습니다. 아무리 승리했어도 국민을 잃고 국토를 유린시키고 폐허로 만들었다면 이긴 보람이 없기 때문이지요.

세 번째는 속전속결 사상입니다. 만전을 달성하기 위해서라도 일단 전쟁을 시작했으면 최대한 빨리 끝내야 하는 것이지요.

네 번째는 선지 사상입니다. 먼저 알아야 한다는 겁니다. 지피지기 + 지천지지 = 승내가전입니다. 알아야 이기고 모르면 집니다.

이 4가지 핵심사상을 중심으로 해서 손자병법을 다시 읽는다면 손무의 가르침이 좀 더 명확하게 보일 것으로 생각합니다.

이 책을 통해서 여러분들이 손자병법을 일독했다는 것에 가장 큰 의미가 있고, 혼자서도 손자병법을 읽고 생활화 할 수 있는 기반을 마련했다는 점에서 두 번째 의미가 있다고 봅니다.

아무쪼록 손자병법을 통해서 여러분의 전략적 사고가 발전되고, 나아가 리더십과 삶의 지혜가 더 성장하여 풍요로운 삶을 영위해 나가는데 도움이 되기를 기원합니다. 감사합니다.

삽화 참고 및 출처

9페이지

https://ko.wikipedia.org/wiki/%EB%85%B8%EB%A5%B4%EB%A7%9D%EB%94%94_%EC%83%81%EB%A5%99#/media/%ED%8C%8C%EC%9D%BC:Meeting_of_the_Supreme_Command,_Allied_Expeditionary_Force,_London,_1_February_1944_TR1631.jpg

11페이지

상단

https://mg.co.za/article/2015-10-30-00-south-africa-could-have-helped-the-icc-evolve/

하단

https://www.vanityfair.com/news/2015/04/vietnam-war-napalm-girl-photo-today

14페이지

http://the-edit.co.kr/21916

16페이지

https://www.amazon.com/Cossacks-Napoleonic-Poster-Wallpaper-NeuHorris/dp/B014CD50E6

17페이지

https://movie.daum.net/moviedb/contents?movieId=42533#photoId=99997

20페이지

http://blog.moneta.co.kr/pbk603/5438201/219537

21페이지

https://corneliusndubuisi.com/2016/08/04/

22페이지

https://pixabay.com/ko/photos/%EA%B7%9C%EB%AA%A8-%EC%A0%95%EB%8B%B9%EC%84%B1-%EB%AC%B4%EA%B2%8C-%EA%B1%B4%EA%B0%95-2634795/

23페이지

https://namu.wiki/jump/WcvtlhsIZfzsVs%2BBOD%2FWc6Wugs%2Ff1pV%2BuVeNWlz6N8xP5K%2BapcA3Wc%2Fmu3Nb6krDdoO0uW%2FkVWf%2FusJFM0AiMA%3D%3D

24페이지

http://english.hani.co.kr/arti/PRINT/650413.html

25페이지

상단

https://www.10wallpaper.com/view/lightning_sky_trees_weather-Natural_landscape_HD_wallpaper.html

하단

https://mblogthumb-phinf.pstatic.net/20150619_128/moeblog_1434696568298eFAnI_JPEG/%C5%BE%C4%AB%B8%A3%BD%BA%C6%AE.jpg?type=w2

26페이지

http://www.consumerwide.com/news/articleView.html?idxno=5850

27페이지

https://eurasiantimes.com/us-deploys-101st-airborne-division-very-close-to-russia-us-troops-build-trenches-stage-helicopter-attacks-fire-artillery/

28페이지

#게티이미지뱅크: 494932511

29페이지

상단

https://pixabay.com/photo-1083235/

하단

게티이미지뱅크: 181437845

30페이지

http://image.dongascience.com/Photo/2018/01/15165241554155[1].jpg

31페이지

http://uny.kr/?q=%E8%81%BD

32페이지

http://dimg.donga.com/ugc/CDB/SHINDONGA/Article/5c/9b/07/d3/5c9b07d32580d2738de6.jpg

33페이지

https://91b6be3bd2294a24b7b5-da4c182123f5956a3d22aa43eb816232.ssl.cf1.rackcdn.com/contentItem-9678563-87319499-ywdrvpzbzeoft-or.jpg

34페이지

https://upload.wikimedia.org/wikipedia/commons/thumb/1/18/Heungseon_Daewongun_Portrait.jpg/200px-Heungseon_Daewongun_Portrait.jpg

35페이지

https://upload.wikimedia.org/wikipedia/commons/thumb/d/dc/Adolf_Hitler_cropped_restored.jpg/250px-Adolf_Hitler_cropped_restored.jpg

36페이지

#게티이미지뱅크: 477612390

37페이지

#게티이미지뱅크 : 641028358

38페이지

#이미지 : 픽사베이

https://pixabay.com/photo-618899/

39페이지

https://ojsfile.ohmynews.com/STD_IMG_FILE/2017/0818/IE002205124_STD.jpg

40페이지

https://issuetouch.tistory.com/entry/%ED%9D%91%EC%9D%B8%EC%B0%A8%EB%B3%84%EC%97%90-%EC%A0%80%ED%95%AD%ED%95%9C-%EB%B3%B5%EC%84%9C-%EB%AC%B4%ED%95%98%EB%A7%88%EB%93%9C-%EC%95%8C%EB%A6%AC-%EC%98%81%EB%A9%B4%ED%95%98%EB%8B%A4

41페이지

#게티이미지뱅크 : 505261524

42페이지

https://img.hani.co.kr/imgdb/resize/2006/0719/115329294797_20060719.jpg

43페이지

https://upload.wikimedia.org/wikipedia/commons/a/a8/Soldier%27s_comrades_watching_him_as_he_sleeps%2C_Thievpal%2C_France%2C_during_World_War_I_%283012796098%29.jpg

44페이지

https://cdn.pixabay.com/photo/2021/02/05/20/34/woman-5985784_1280.jpg

45페이지

https://sg-wotp.wgcdn.co/dcont/fb/image/1_ijhpgtc_684x.jpg

46페이지

https://cdn.pixabay.com/photo/2019/08/08/22/51/man-4393964_1280.jpg

47페이지

https://dimg.donga.com/wps/NEWS/IMAGE/2009/03/20/7117522.1.jpg

51페이지

상단

http://kungfus.net/daumeditor/attache/61.41.143.219_78911193269178421.jpg

하단

https://media.vingle.net/images/ca_l/j991twdbpe.jpg

52페이지

상단

https://mimg.segye.com/content/image/2009/11/13/20091113000650_0.jpg

하단

https://img.seoul.co.kr/img/upload/2004/09/23/SSI_20040922183622.jpg

53페이지

상단

https://gdb.voanews.com/A558EF54-9D8E-42B9-95A2-705C87330244_cx0_cy13_cw0_w1023_r1_s.jpg

하단

https://www.arabnews.com/sites/default/files/styles/n_670_395/public/2019/10/21/1809291-108513379.jpg?itok=2LfiTO9K

54페이지
https://cdn.pixabay.com/photo/2015/10/30/10/03/gold-1013618_1280.jpg

55페이지
https://img.hani.co.kr/imgdb/resize/2007/0206/03915101_20070206.JPG

56페이지
상단
https://texashistory.unt.edu/ark:/67531/metapth391734/m1/1/med_res/

하단
https://t1.daumcdn.net/cfile/tistory/99A9D94C5F346D420D

57페이지
https://armymomstrong.com/wp-content/uploads/2010/01/tent-300x181.jpg

58페이지
https://www.atlanticcouncil.org/wp-content/uploads/2015/12/20151211ISIS.jpg

61페이지
https://assets.editorial.aetnd.com/uploads/2009/10/vietnam-war-gettyimages-615208290.jpg?width=1248&height=624&crop=1248%3A624%2Csmart&quality=75

62페이지
http://www.idjnews.kr/news/photo/202006/123320_83322_559.jpg

63페이지
https://cdn.thekpm.com/news/photo/202210/135737_116024_431.jpg

64페이지
http://www.biznews.or.kr/data/photos/20190730/art_15637789129206_124f55.jpg

65페이지
http://fabiano.dothome.co.kr/data/cache/blog/1514959319361643.jpg

66페이지
상단
http://newsimg.hankookilbo.com/2015/04/09/201504090441682299_2.jpg

하단

https://img.bemil.chosun.com/nbrd/data/10044/upfile/201308/20130820170259_1.jpg

67페이지

https://image.dongascience.com/Photo/2023/05/34d8e8d165922ea20e713f1ac5ee643d.jpg

68페이지

http://www.goodmorningcc.com/news/photo/201801/80512_97075_4330.jpg

69페이지

https://cphoto.asiae.co.kr/listimglink/1/2014060208300448243_1.jpg

70페이지

http://www.econovill.com/news/photo/201601/277347_83625_157.jpg

71페이지

https://ko.wikipedia.org/wiki/%EC%9D%BC%EB%B3%B8%EC%9D%98_%ED%95%AD%EB%B3%B5

72페이지

http://komsf.or.kr/data/editor/1804/a823de42fc0f22b03a7ac628c14da770_1524558647_917.jpg

75페이지

https://cemk.org/cemk_wp/wp-content/uploads/2020/06/timeline_19450201.jpg

76페이지

https://image.fmkorea.com/files/attach/new/20191124/486263/2360502297/2415854034/0c4fe62
40d0690bcbf1742ed2122a1df.jpg

77페이지

게티이미지뱅크: 469841815

78페이지

상단

http://cdn.hitnews.co.kr/news/photo/202103/33414_35706_721.jpg

하단

https://news.kbs.co.kr/data/news/2017/04/08/3460134_ZHQ.png

79페이지

상단

http://pds.joongang.co.kr/news/component/htmlphoto_mmdata/201111/29/htm_2011112923162950105011.jpg

하단

https://img.extmovie.com/files/attach/images/135/475/556/063/99a95eb062520afef5d567dbdf61e177.jpg

80페이지

https://upload.wikimedia.org/wikipedia/commons/thumb/7/75/Attack_of_Rhodes.jpg/1920px-Attack_of_Rhodes.jpg

81페이지

https://static1.smartbear.co/smartbear/media/blog/wp/scaling_the_wall-300x211.jpg

84페이지

https://www.medicalworldnews.co.kr/data/news_image/1406/373fc446d570c09e6bababca531e6805_2FIDOohjN.jpg

87페이지

https://www.idomin.com/news/photo/201810/579929_442950_3420.jpg

92페이지

상단

https://cnts-image.godpeople.com/160/3160/730_GettyImages-535461540.jpg

하단

https://cdn.pixabay.com/photo/2015/12/07/10/42/chess-1080533_1280.jpg

93페이지

상단

https://cdn.pixabay.com/photo/2016/10/16/00/36/one-against-all-1744091_1280.jpg

하단

https://hms.harvard.edu/sites/default/files/media/Better%20Together.jpg

94페이지

상단

https://image.kmib.co.kr/online_image/2023/0105/2023010420550657382_1672833306_0924281244.jpg

하단

직접 촬영한 사진

96페이지

https://cdn.pixabay.com/photo/2014/05/26/14/49/binoculars-354623_1280.jpg

101페이지

https://postfiles.pstatic.net/data6/2005/1/28/4/Carcassonne-4t-bamtolee.jpg?type=w3

102페이지

https://cdn.jejusori.net/news/photo/200611/23966_25730_712.jpg

103페이지

https://image.kmib.co.kr/online_image/2010/0602/100602_20_001.jpg

104페이지

https://image.kmib.co.kr/online_image/2020/0102/611211110014087698_1.jpg

105페이지

좌측

https://thehansom.com/data/item/1680068356/thumb-33_340x511.jpg

우측

https://upload.wikimedia.org/wikipedia/commons/thumb/7/71/Uncrossed_gladius.jpg/150px-Uncrossed_gladius.jpg

107페이지

상단

https://cdn.pixabay.com/photo/2020/01/14/22/05/soldier-4766432_1280.jpg

하단

https://cdn.pixabay.com/photo/2012/11/28/13/53/osprey-67786_1280.jpg

109페이지

https://cdn.pixabay.com/photo/2017/08/07/19/55/people-2607201_1280.jpg

110페이지

상단

https://cdn.pixabay.com/photo/2017/11/03/02/38/moon-2913221_1280.jpg

하단

https://cdn.pixabay.com/photo/2015/09/23/08/16/thunder-953118_1280.jpg

111페이지

https://img.seoul.co.kr/img/upload/2015/02/06/SSI_20150206104252_O2.jpg

112페이지

https://cdn.pixabay.com/photo/2016/07/29/08/51/target-1551492_1280.jpg

113페이지

상단

https://mblogthumb-phinf.pstatic.net/20160327_297/bruceltk_1459044625578EskTf_JPEG/Wolf-In-Sheeps-Clothing.jpg?type=w2

하단

https://dimg.donga.com/wps/NEWS/IMAGE/2014/08/06/65621340.1.jpg

114페이지

http://www.biznews.or.kr/data/photos/20190730/art_15637789129206_124f55.jpg

117페이지

상단

https://wallpapercave.com/wp/wp11137648.jpg

하단

https://kamericatour.com/wp-content/uploads/2023/03/MAIN-NEW-YORK-NIAGARA.jpg

121페이지

https://dataonair.or.kr/publishing/img/knowledge/dbin_236.jpg

122페이지

https://scontent-lax3-1.xx.fbcdn.net/v/t1.18169-9/10269557_1582002985348904_6644535309366942134_n.jpg?_nc_cat=108&ccb=1-7&_nc_sid=e3f864&_nc_ohc=bGH3WIcRlY4AX_BJX3J&_nc_ht=scontent-lax3-1.xx&oh=00_AfDpLljisWhr0P5O_vson0Z6p0E-kOPDaMANNSfn_K8ztQ&oe=64BBBD63

123페이지

게티이미지뱅크: a10495695

124페이지

#게티이미지뱅크: 492056607, 638837030

126페이지

https://image.fmkorea.com/files/attach/new2/20220416/486263/2505882115/4530555480/52d8db63a69b9269afaa90361de02eb6.jpg

127페이지

http://img.etoday.co.kr/pto_db/2021/03/20210326154557_1599476_700_385.jpg

129페이지

상단

https://cdn.pixabay.com/photo/2016/11/19/10/01/woman-1838412_1280.jpg

하단

https://cdn.pixabay.com/photo/2021/05/30/23/58/abstract-6297317_1280.jpg

130페이지

상단

https://cdn.pixabay.com/photo/2019/05/07/09/01/spices-4185324_1280.jpg

하단

https://cdn.pixabay.com/photo/2013/07/13/11/45/seasons-158601_1280.png

131페이지

https://image.librewiki.net/thumb/4/4b/%EB%AB%BC%EB%B9%84%EC%9A%B0%EC%8A%A4%EC%9D%98_%EB%9D%A0.jpg/300px-%EB%AB%BC%EB%B9%84%EC%9A%B0%EC%8A%A4%EC%9D%98_%EB%9D%A0.jpg

132페이지

https://cdn.pixabay.com/photo/2010/11/25/torrent-87_1280.jpg

133페이지

https://cdn.pixabay.com/photo/2017/01/28/11/00/white-tailed-eagle-2015098_1280.jpg

134페이지

상단

https://cdn.pixabay.com/photo/2018/07/26/13/18/archer-3563580_1280.jpg

하단

https://cdn.pixabay.com/photo/2015/08/13/05/04/man-886601_1280.jpg

137페이지

https://mblogthumb-phinf.pstatic.net/20150702_122/hartman10_1435797895499 62GiM_JPEG/%BF%B5%C8%AD300%C0%FC%BB%E7.jpg?type=w2

138페이지

https://cdn.pixabay.com/photo/2019/01/17/12/28/thief-3937676_1280.jpg

139페이지

https://cdn.pixabay.com/photo/2014/04/05/11/28/index-315754_1280.jpg

140페이지

https://cdn.pixabay.com/photo/2017/02/16/11/12/wood-2071179_1280.jpg

141페이지

상단

http://inapcache.boston.com/universal/site_graphics/blogs/bigpicture/hunza_06_04/h01_00000001.jpg

하단

https://menafn.com/updates/pr/2023-01/14/KO_b74d6image_story.jpg

143페이지

https://file1.bobaedream.co.kr/multi_image/strange/2014/06/19/10/BgQ53a23cc0c5e7c.jpg

145페이지

https://qph.cf2.quoracdn.net/main-qimg-b36cd9663f8a78ed18f9c2184004bbb9-lq

146페이지

상단

https://cdn.pixabay.com/photo/2018/04/16/15/52/chess-3325010_1280.jpg

하단

https://cdn.pixabay.com/photo/2017/10/12/22/02/mouse-trap-2846147_1280.jpg

147페이지

https://cdn.pixabay.com/photo/2017/07/31/15/31/usa-2558489_1280.jpg

148페이지

상단

https://texashistory.unt.edu/ark:/67531/metapth391734/m1/1/med_res/

하단

https://cdn.pixabay.com/photo/2012/11/28/11/55/pearl-harbor-67756_1280.jpg

149페이지

https://upload.wikimedia.org/wikipedia/commons/thumb/c/cc/Napoleons_retreat_from_moscow.jpg/320px-Napoleons_retreat_from_moscow.jpg

150페이지

상단

https://www.worldhistory.biz/uploads/posts/2015-12/493w-20.jpg

하단

https://cdn.pixabay.com/photo/2022/09/10/10/06/masada-national-park-7444620_1280.jpg

151페이지

https://cdn.pixabay.com/photo/2018/06/12/15/08/question-mark-3470783_1280.jpg

154페이지

https://img.etoday.co.kr/pto_db/2018/08/600/20180819114837_1240874_817_1000.jpg

155페이지

https://cdn.pixabay.com/photo/2017/04/25/05/14/samurai-2258604_1280.jpg

156페이지

https://images.christiandaily.co.kr/data/images/full/82761/6-25-6-25.jpg?w=600

161페이지

https://www.historyfiles.co.uk/images/Europe/Greece/Sparta_Thermopylae01_full.jpg

162페이지

https://cdn.pixabay.com/photo/2021/09/20/09/04/zhuge-liang-6640254_1280.jpg

165페이지

https://www.topsecrets.com/wp-content/uploads/2022/12/invisible-1289746138-1024x512.jpg

166페이지

상단

https://cdn.pixabay.com/photo/2016/08/07/16/45/owl-1576572_1280.jpg

하단

https://cdn.pixabay.com/photo/2014/05/16/13/02/concept-345541_1280.jpg

168페이지

상단

https://cdn.pixabay.com/photo/2013/10/15/10/29/water-195926_1280.jpg

하단

https://cdn.pixabay.com/photo/2013/11/26/11/27/niagara-falls-218591_1280.jpg

171페이지

https://cdn.pixabay.com/photo/2020/08/31/20/18/zen-5533487_1280.jpg

173페이지

https://cdn.pixabay.com/photo/2021/08/06/16/15/tug-of-war-6526675_1280.jpg

176페이지

국토교통부 보도자료(2017.1.23.)

177페이지

https://lh3.googleusercontent.com/-Ek1-KgGHUas/X2D6aBUszgI/AAAAAAAABNQ/H78GQkKz9h4fATP5aWpOTWF-2u8rfps6wCLcBGAsYHQ/w480-h640/image.png

178페이지

https://cdn.pixabay.com/photo/2017/01/01/22/27/risk-1945683_1280.jpg

181페이지

http://chinesewiki.uos.ac.kr/wiki/images/thumb/0/08/%EC%A0%84%EA%B5%AD%EC%B9%A0%EC%9B%85.gif/400px-%EC%A0%84%EA%B5%AD%EC%B9%A0%EC%9B%85.gif

182페이지

https://cdn.pixabay.com/photo/2017/05/08/03/29/maps-2294276_1280.jpg

183페이지

https://t1.daumcdn.net/cfile/blog/25087E375318927531

185페이지

상단 좌측

https://cdn.pixabay.com/photo/2022/06/02/11/18/tornado-7237726_1280.jpg

상단 우측

https://cdn.pixabay.com/photo/2016/07/28/08/50/sunbeams-1547273_1280.jpg

하단 좌측

https://cdn.pixabay.com/photo/2014/03/25/21/37/fire-298105_1280.jpg

하단 우측

https://cdn.pixabay.com/photo/2022/09/02/13/35/mountains-7427623_1280.jpg

186페이지

상단

https://cdn.pixabay.com/photo/2019/09/23/12/46/airsoft-4498481_1280.jpg

하단

https://cdn.pixabay.com/photo/2017/08/19/15/54/france-2658990_1280.jpg

188페이지

http://www.hanamtimes.com/news/photo/201601/306_195_5428.jpg

189페이지

상단

https://www.history.navy.mil/content/history/nhhc/our-collections/photography/technology/communications/flag-signals-and-semaphore/l09-01-01-01-communication-via-flag-semaphore/_jcr_content/mediaitem/image.img.jpg/1436538227067.jpg

하단

https://cdn.civilreporter.co.kr/news/photo/201603/26152_25344_2138.jpg

190페이지

상단

https://cdn.pixabay.com/photo/2017/09/18/21/01/soldiers-2763257_1280.jpg

하단

https://cdn.pixabay.com/photo/2016/06/09/23/45/war-1447014_1280.jpg

191페이지

https://cdn.pixabay.com/photo/2015/03/06/11/27/sun-rise-661541_1280.jpg

192페이지

상단

https://cdn.pixabay.com/photo/2017/08/19/11/40/sky-2658216_1280.jpg

하단

https://cdn.pixabay.com/photo/2018/02/17/15/17/sunset-3160122_1280.jpg

198페이지

https://selfish.jp/wp-content/uploads/2014/05/20140515001-300x204.jpg

201페이지

상단

https://cdn.pixabay.com/photo/2019/07/18/20/21/rubble-field-4347353_1280.jpg

하단

https://upload.wikimedia.org/wikipedia/commons/thumb/5/51/History_of_Korea-Three_Kingdoms_Period-576_CE.gif/280px-History_of_Korea-Three_Kingdoms_Period-576_CE.gif

202페이지

상단

https://cdn.pixabay.com/photo/2017/04/02/18/47/la-vella-2196560_1280.jpg

중간

http://tong.visitkorea.or.kr/cms/resource/37/2616537_image2_1.bmp

하단

https://cdn.pixabay.com/photo/2013/11/13/12/27/mountains-209956_1280.jpg

203페이지

상단

https://cdn.pixabay.com/photo/2012/10/10/18/21/reconnoiter-60779_1280.jpg

하단

https://www.gov.pl/photo/format/0776b063-87df-4c76-9f58-c1e5bb761638/resolution/1408x594

204페이지

https://cdn.pixabay.com/photo/2017/03/05/19/53/foix-2119596_1280.jpg

205페이지

상단

https://cdn.pixabay.com/photo/2021/02/03/14/43/sunset-5978175_1280.jpg

하단

KBS 역사드라마 '불멸의 이순신' 중에서

208페이지

https://cdn.pixabay.com/photo/2017/08/12/21/09/scale-2635397_1280.jpg

215페이지

https://scontent-ssn1-1.xx.fbcdn.net/v/t31.18172-8/241992_490305524328320_2015306485_o.jpg?stp=cp0_dst-jpg_e15_q65_s320x320&_nc_cat=109&ccb=1-7&_nc_sid=e007fa&_nc_ohc=bd6SOgDvOQMAX-tfEvV&_nc_ht=scontent-ssn1-1.xx&oh=00_AfBCEkzk2tt7tE7cmULlujUHlhoJcx37HD7bOvg6M2SUsA&oe=64C0BE33

217페이지

https://cdn.pixabay.com/photo/2017/03/28/21/44/autumn-2183489_1280.jpg

218페이지
https://cdn.pixabay.com/photo/2013/11/28/10/03/river-219972_1280.jpg

219페이지
https://gdlsg.tistory.com/1593

220페이지
https://cdn.pixabay.com/photo/2017/10/13/13/01/sunset-2847590_1280.jpg

221페이지
https://cdn.pixabay.com/photo/2018/11/06/22/29/land-3799279_1280.jpg

223페이지
https://cdn.pixabay.com/photo/2020/06/10/22/13/field-5284501_1280.jpg

224페이지
https://cdn.pixabay.com/photo/2020/06/10/22/13/field-5284501_1280.jpg

225페이지
https://cdn.pixabay.com/photo/2013/06/08/14/04/high-water-123207_1280.jpg

226페이지
https://cdn.pixabay.com/photo/2019/07/23/07/23/zhangjiajie-4356771_1280.jpg

227페이지
상좌
https://cdn.pixabay.com/photo/2012/02/17/14/54/mountains-14197_1280.jpg

상우
https://cdn.pixabay.com/photo/2018/01/03/09/15/swamps-3057911_1280.jpg

하좌
https://cdn.pixabay.com/photo/2015/01/16/15/00/jungle-601542_1280.jpg

하우
https://cdn.pixabay.com/photo/2021/10/05/14/31/reed-6682868_1280.jpg

242페이지

https://cdn.pixabay.com/photo/2022/07/27/21/59/freeway-7348817_1280.jpg

243페이지

상단

https://cdn.pixabay.com/photo/2021/10/29/13/04/mountains-6751888_1280.jpg

하단

https://img.danawa.com/prod_img/500000/965/295/img/14295965_1.jpg?shrink=330:*&_v=20210526181945

244페이지

https://cdn.pixabay.com/photo/2015/01/16/15/00/jungle-601542_1280.jpg

245페이지

https://cdn.pixabay.com/photo/2017/08/07/23/53/nature-2609335_1280.jpg

248페이지

https://cdn.pixabay.com/photo/2015/05/28/20/03/castle-788428_1280.jpg

249페이지

https://cdn.pixabay.com/photo/2021/04/18/16/00/chess-6188879_1280.jpg

250페이지

https://cdn.pixabay.com/photo/2017/05/04/18/07/fight-2284723_1280.jpg

257페이지

https://post-phinf.pstatic.net/MjAxODAzMDdfMjEw/MDAxNTIwMzg0MjE1NjY5.f7xfj0jYEzueBBiLi8ePwN1hXyxkbUPpzmoO3RQ1nlAg.W8NuxbCpAHB3cA84SZSOMN5-4pVFTX7IFdjW0DioHLIg.JPEG/03-072%EC%A0%9C%EC%8A%B9%EB%8B%B9%28%EC%97%BD%EC%84%9C%29.jpg?type=w1200

258페이지

https://cdn.pixabay.com/photo/2017/04/12/20/55/arlington-national-cemetery-2225762_1280.jpg

259페이지

https://cdn.pixabay.com/photo/2018/09/13/16/07/yi-sun-sin-3675113_1280.jpg

261페이지

https://cdn.pixabay.com/photo/2012/02/27/15/35/baby-17342_1280.jpg

262페이지

https://cdn.pixabay.com/photo/2014/03/14/13/43/girl-287138_1280.jpg

272페이지

https://dynamic-media-cdn.tripadvisor.com/media/photo-o/05/e1/cc/c3/caption.jpg?w=800&h=-1&s=1

273페이지

https://cdn.pixabay.com/photo/2017/10/07/16/22/way-2826933_1280.jpg

276페이지

좌측

https://cdn.pixabay.com/photo/2015/01/16/15/00/jungle-601542_1280.jpg

중간

https://cdn.pixabay.com/photo/2017/08/07/23/53/nature-2609335_1280.jpg

우측

https://cdn.pixabay.com/photo/2017/10/13/13/01/sunset-2847590_1280.jpg

277페이지

https://cdn.ppomppu.co.kr/zboard/data3/2022/1010/m_20221010224108_LQYsbIBdUe.jpg

278페이지

https://cdn.pixabay.com/photo/2021/05/04/19/11/canyon-6229500_1280.jpg

281페이지

https://dynamic-media-cdn.tripadvisor.com/media/photo-o/05/e1/cc/c3/caption.jpg?w=800&h=-1&s=1

282페이지

https://cdn.pixabay.com/photo/2017/10/07/16/22/way-2826933_1280.jpg

285페이지

좌측

https://cdn.pixabay.com/photo/2015/01/16/15/00/jungle-601542_1280.jpg

중간

https://cdn.pixabay.com/photo/2017/08/07/23/53/nature-2609335_1280.jpg

우측

https://cdn.pixabay.com/photo/2017/10/13/13/01/sunset-2847590_1280.jpg

286페이지

https://cdn.ppomppu.co.kr/zboard/data3/2022/1010/m_20221010224108_LQYsbIBdUe.jpg

288페이지

https://cdn.pixabay.com/photo/2021/05/04/19/11/canyon-6229500_1280.jpg

291페이지

https://img1.daumcdn.net/thumb/R1280x0/?scode=mtistory2&fname=https%3A%2F%2Ft1.daumcdn.net%2Fcfile%2Ftistory%2F0115BE3951B726890C

292페이지

https://cdn.pixabay.com/photo/2022/09/12/21/37/running-7450542_1280.jpg

299페이지

https://pds.skyedaily.com/news_data/14028448338tYNbi3jQGotIGYPPS.jpg

302페이지

https://pds.skyedaily.com/news_data/14028448338tYNbi3jQGotIGYPPS.jpg

303페이지

https://cdn.pixabay.com/photo/2015/06/25/17/21/smart-watch-821557_1280.jpg

307페이지

https://wol.jw.org/kvk/wol/mp/r391/lp-ksl/my/2005/247

311페이지

https://pds.joongang.co.kr/news/component/htmlphoto_mmdata/201704/09/6322444e-568a-4652-bf7a-971ce105a69f.jpg

317페이지

https://cdn.pixabay.com/photo/2012/03/02/00/25/bank-20619_1280.jpg

318페이지

https://img.etoday.co.kr/pto_db/2012/04/20120405083237_190557_492_306.jpg

319페이지

https://mblogthumb-phinf.pstatic.net/20160203_195/jnopen_1454470802740PMPtv_JPEG/2009-12-08_21%3B55%3B34_akekdthkl200.jpg?type=w2

320페이지

https://upload.wikimedia.org/wikipedia/commons/thumb/e/e5/Combined_Air_and_Space_Operations_Center_151007-F-MS415-015.jpg/1024px-Combined_Air_and_Space_Operations_Center_151007-F-MS415-015.jpg

321페이지

https://cdn.pixabay.com/photo/2020/04/29/02/45/fortuneteller-5106944_1280.jpg

322페이지

https://cdn.pixabay.com/photo/2020/12/11/04/16/spy-5821903_1280.jpg

323페이지

https://www.lgcns.com/wp-content/uploads/2021/11/2762C44058C8C9862F.jpg

324페이지

https://cdnuploads.aa.com.tr/uploads/Contents/2020/05/13/thumbs_b_c_378a641df3e23e662d6b02b959ce07dc.jpg?v=193452

332페이지

https://cdn.pixabay.com/photo/2019/08/08/22/51/man-4393964_1280.jpg.

337페이지

https://postfiles.pstatic.net/MjAxNjEyMDhfMjQ0/MDAxNDgxMTc5NDIzNTc5.x-MVlwWM_BodRAMH6PdTPiQSROKewEYCOTuhhm9-Q84g.6BNxiy8RhULk9eJAgXt6Q9VC0dMjbZSOTH1Gr3iUUOYg.JPEG.swings81/C5%C2%B0F8B8C1.jpg?type=w3